信访工作培训教材

丛书编委会主任◎王石奇　王剑辉



# 信访工作

# 概论

王剑辉　郑佳节　赵瑛琦◎编著

中国人力资源和社会保障出版集团

中国劳动社会保障出版社　中国人事出版社

**图书在版编目(CIP)数据**

信访工作概论/王剑辉，郑佳节，赵瑛琦编著. -- 北京：中国劳动社会保障出版社：中国人事出版社，2023

信访工作培训教材

ISBN 978-7-5167-5607-2

Ⅰ.①信…　Ⅱ.①王…②郑…③赵…　Ⅲ.①信访工作-中国-职业培训-教材　Ⅳ.①D632.8

中国国家版本馆 CIP 数据核字(2023)第 082756 号

**中国劳动社会保障出版社**
**中 国 人 事 出 版 社**　**出版发行**

(北京市惠新东街 1 号　邮政编码：100029)

*

北京市艺辉印刷有限公司印刷装订　新华书店经销

787 毫米×1092 毫米　16 开本　19.25 印张　239 千字

2023 年 5 月第 1 版　2023 年 5 月第 1 次印刷

**定价：48.00 元**

营销中心电话：400-606-6496

出版社网址：http://www.class.com.cn

# 信访工作培训教材

## 编委会

# 内容简介

本书内容是从事信访工作人员须了解和掌握的信访基本常识，能够满足信访工作人员及相关人员了解信访活动的历史发展轨迹，增长信访工作理论和基础知识，掌握从事信访工作的实际技能，提高信访工作业务素质的要求。全书共分八章，分别对信访与信访工作的基本概念、信访工作机构及其职责、信访工作人员和信访人、信访工作程序、信访业务工作、信访其他相关业务、我国信访工作演进史、新时代信访工作及其发展趋势等内容进行系统而完整的介绍。

本书内容全面广泛，贴近实际，可以作为全国各级信访部门、信访工作人员从事信访工作的基础性教育读本和培训教材。

# 序言

治理之道，莫要于安民；安民之道，在于察其疾苦。

信访工作历来是党的群众工作的重要组成部分，是了解社情民意的重要窗口。当前，中国特色社会主义进入新时代，我国社会主要矛盾已经转化为人民日益增长的美好生活需要和不平衡不充分发展之间的矛盾，信访工作也面临着许多新情况新问题。2022 年 5 月 1 日，中共中央、国务院颁布实施《信访工作条例》，是习近平总书记关于加强和改进人民信访工作的重要思想在法规制度层面的具体体现，是新时代信访制度改革的标志性成果，是信访工作的基本遵循。特别是将党对信访工作的领导写入法规，对新时代党领导下的信访工作格局作出全新界定，明确党领导信访工作的体制机制，实现对信访工作领域的全覆盖，对党的十八大以来信访制度改革成果进行系统整合提升，构建起较为完整的信访工作监督体系。

民之所盼，政之所向。让人民生活幸福是“国之大者”。习近平总书记指出：“江山就是人民、人民就是江山，打江山、守江山，守的是人民的心。”人民群众的每次来信来访，都寄托着对党和政府的信任与期待。信访工作，就是要发挥“民意站”“连心桥”的作用，密切党同人民群众的血肉联系，维护社会和谐稳定。

做好信访工作，不能只是简单的“你说我听”或“上传下达”，它需要信访工作者以时时放心不下的责任感，多听听群众的心声，多想想如何尽职尽责办好群众关心关切的每一件民生实事。各级信访部门要引导信访干部和广大信访群众建立良好的互动沟通关系，让老百姓遇到问题能有地方“找说法”，通过对话和协商解决分歧和矛盾，实现“找到说法”。通过畅通信访渠道，使信访工作真正成为了解民情、集中民智、维护民利、凝聚民心的一项重要工作。

常言道：“工欲善其事，必先利其器。”如何提升信访干部队伍素质，培训是关键，教材是基础。为此，我们组织相关人员编写了这套信访工作教材，丛书共有四本，其中《信访工作概论》《信访工作实务》阐述了信访工作的历史沿革、发展脉络，对信访工作的程序和方法进行认真的梳理和总结；《信访工作心理学》《信访工作者心理健康促进》以心理学的视角，对信访工作、信访人的心理状态进行了分析研究，对信访工作者的心理健康维护提出了具体的方法，是心理学在信访工作中的运用和探索，是一种理论和实践的创新。编写成员都是长期从事信访工作一线人员，在工作实践当中总结积累了丰富经验，为写好这套丛书，历时多年，反复修改，数易其稿。它的出版，对于提升信访干部队伍的服务能力、心理素质，以及业务水平将起到积极的促进作用。

回首过往，信访工作改革创新依然任重道远，只要我们始终恪守为民之责，认真贯彻落实习近平总书记关于加强和改进人民信访工作一系列重要指示精神，力行为民之举，坚持人民至上，真正把解决信访群众实际困难作为改进信访工作的突破口，就能充分释放出改革的新动力。在历史的新征程上，信访工作必将更加凸显其重要性和必要性，也必将为实现“中国之治”、构建社会主义和谐社会发挥其重要的作用。

是为序。

国务院参事室原参事，国家信访局原党组副书记、副局长

王石奇

2022 年 12 月 30 日于北京

# 丛书前言

民生无小事，枝叶总关情。作为党和政府联系群众的重要桥梁和纽带，信访工作一头牵着党心，一头连着民心，承担着为民解难、为党分忧的神圣使命。习近平总书记高度重视信访工作，指出信访工作是党的群众工作重要组成部分，是了解社情民意的重要窗口，强调“信访工作是送上门的群众工作，要通过信访渠道摸清群众愿望和诉求，找到工作差距和不足，举一反三，加以改进，更好为群众服务”。

中国特色社会主义进入新时代，信访工作已成为党和政府了解民情、集中民智、维护民利、凝聚民心的一项重要工作，是各级机关、单位及领导干部、工作人员接受群众监督、改进工作作风的重要途径，在建立民主政治、保障群众切身利益、监督行使权力、维护正常经济秩序和社会稳定方面，发挥着举足轻重的作用。当前，我国发展进入战略机遇和风险挑战并存、不确定难预料因素增多的时期，社会主要矛盾是人民日益增长的对美好生活需要和不平衡不充分发展之间的矛盾，党的二十大报告中提出要“完善正确处理新形势下人民内部矛盾机制，加强和改进人民信访工作，畅通和规范群众诉求表达、利益协调、权益保障通道”，这就要求信访工作在服务党和国家工作大局、维护群众合法权益、促进社会安全稳定等方面担负起更重要的责任。

多年来，在各级党委政府的关心指导下，信访工作在组织建设、制度建设、运行机制和实践积累等方面，都有了长足的发展。尤其中共中央、国务院2022年发布实施的《信访工作条例》，是党对信访工作的全面领导在法规制度层面形成的标志性成果，是在新的历史起点上深化信访制度改革、实现信访工作高质量发展的纲领性文件，为新时代推动信访工作提供了制度保障，可以说，信访工作正沿着法治轨道进入新的发展阶段。信访工作取得的瞩目成就，也催生信访工作的理论研究和学术探讨结出累累硕果，大批有关信访工作的专著和学术论文相继问世，丰富的实践经验被升华为新时期的信访工作理论，从而逐步形成了一门独特的学科——信访学，融合了社会学、政治学、管理学、心理学、信息学、秘书学等多个学科的特点，为推动信访工作的创新发展，提高信访干部的职业素质，提供了理论指导。

随着我国经济社会的快速发展，信访工作呈现出信访载体多样化，工作方法不断创新，思想认识日益深化的新特点，加之信访干部新老交替和岗位流动频繁，广大信访工作者迫切需要一套全新系统的信访工作培训教材用于指导实践。因此，本丛书的编委成员作为长期从事信访工作的一线工作者，总结多年的信访培训工作经验，专门就编写新时代的信访培训工作教学资料进行了研究讨论，商定了信访工作培训教材的编写原则、内容和章节划分，历时数年，数易其稿，形成了本套信访工作培训教材。本套教材共分四册，包括：《信访工作概论》《信访工作实务》《信访工作心理学》和《信访工作者心理健康促进》，内容充分吸取了近年来各类信访工作理论研究成果中的基本观点和主要工作方法，聚焦当前信访工作中的热点、难点和焦点问题，涵盖了从事信访工作所需了解和掌握的基本常识，内容全面新颖，案例真实鲜活，贴近工作实际，特别是从心理学的角度对信访工作进行了有益的探索，为信访工作者心理健康促进给予了具体的指导。

奋进新征程、建功新时代。希望丛书能够满足信访工作者了解信访活动的历史发展规律、掌握信访工作理论和基础知识、学习从事信访工作的实际技能、提高信访业务素质的需要，为各级信访部门和广大信访工作者提供有益的参考，帮助大家精准把握新时代信访工作的基本原则和总体要求，也希望广大的信访工作者坚守人民情怀，坚持人民至上，牢记职责使命，主动担当作为，不断开创新时代信访工作新局面。

丛书编委会

2022 年 12 月 30 日

# 目录

# 第一章

# 信访与信访工作

信访工作是党的群众工作的重要组成部分，是党和政府了解民情、集中民智、维护民利、凝聚民心的一项重要工作，是各级机关、单位及其领导干部、工作人员接受群众监督、改进工作作风的重要途径。信访工作促进信访活动的规范化，信访活动又为信访工作开辟新的广阔前景，两者是相辅相成、相互促进的关系。随着人们对信访活动的深入研究，信访工作逐步呈现科学化、制度化、规范化的崭新局面，为社会主义建设做出巨大贡献。

## 第一节　信 访 概 述

“信访”一词，是新中国成立后各级党政机关、人民团体和企事业单位在处理人民来信来访工作的实践中逐步形成的，如今已为社会约定俗成。当然，新中国成立之前的有关政府也有民众来信来访，也要处理有关问题，但那时还没有正式明确形成“信访”规范用词。

新中国成立初期，人民群众通过写信、访问等形式，向各级党政机关、人民团体和企事业单位及其负责人反映生产、生活等各方面的情况，提出各种批评、建议、申诉、揭发、控告和要求。为了处理人民群众在来信来访中提出的问题，各级党政机关、人民团体和企事业单位出现了一项崭新的工作——处理人民群众来信来访工作。1950 年 11 月，中共中央办公厅秘书室向毛泽东同志报告人民群众来信来访情况时，首次提出把处理人民群众来信来访作为一项专门工作。1966 年 7 月，中共中央办公厅把专门负责人民群众来信来访工作的中共中央办公厅秘书室改为“信访处”，在党政机关内部正式确认“信访”一词。

## 一、何谓信访

信访，是指公民、法人或者其他组织（统称为信访人）采用信息网络、书信、电话、传真、走访等形式，向各级机关、单位（包括党的机关、人大机关、行政机关、政协机关、监察机关、审判机关、检察机关以及群团组织、国有企事业单位等）反映情况，提出建议、意见或者投诉请求，由有关机关、单位依规依法处理的活动。

信访是我国的一项特色制度，它为群众提供了一条向国家发表意见、提出建议、批评和投诉的渠道，也是国家沟通群众、了解下情的途径。

1995 年国务院颁布了《信访条例》，2005 年进行了修订对行政机关办理信访事项作出一系列的规定。2022 年 2 月 25 日，中共中央、国务院印发了《信访工作条例》，于 2022 年 5 月 1 日起正式施行。与此同时，2005 年国务院《信访条例》废止。

## 二、信访事项

信访是国家设定的下情上达的渠道，原则上信访人的所有意见和建议都可以通过信访途径向党和国家提出。具体说来，对下列 9 类事项，公民可以提出信访：

（1）各级党的机关职权范围内的事项；

（2）各级人大机关职权范围内的事项；

（3）各级行政机关职权范围内的事项；

（4）各级政协机关职权范围内的事项；

（5）各级监察机关职权范围内的事项；

（6）各级审判机关职权范围内的事项；

（7）各级检察机关职权范围内的事项；

（8）各级群团组织职权范围内的事项；

（9）各级国有企事业单位职权范围内的事项。

信访人对各类事项的信访，可以是对各级机关、单位工作提出建议、意见，或是提出批评，也可以是对各级相关、单位的决定提起申诉，还可以是对各级机关、单位工作人员的违法违纪行为提出检举控告等。

## 三、信访提出渠道与方式

信访可以通过信息网络、书信、电话、传真、走访等多种渠道提出。而在现代网络资源和技术不断发展的今天，大部分信访人通过网络直接提出信访诉求。

根据《信访工作条例》规定，各级机关、单位应当向社会公布网络信访渠道、通信地址、咨询投诉电话、信访接待的时间和地点、查询信访事项处理进展以及结果的方式等相关事项，在其信访接待场所或者网站公布与信访工作有关的党内法规和法律、法规、规章，信访事项的处理程序，以及其他为信访人提供便利的相关事项。

## （一）来信的办理

（1）信访工作人员要严格按照受信访范围处理信访人来信，及时拆启，按主件、附件、信封顺序装订整齐，以便于交办和存档。

（2）所有来信必须登记编号。信访工作人员应对信访人采用书信、传真等形式提出的信访事项，以及领导批示和上级机关下转的信访函件进行登记。根据来信提出的不同事项、不同情形进行摘要登记，并将信件的主要内容输入信访信息系统备查。对5名及以上联名人的联名信，要注意将联名人相关信息也做好登记。

（3）根据“党政同责、一岗双责，属地管理、分级负责，谁主管、谁负责”的原则，按来信内容，区分不同情况，在15日内予以处理并告知信访人。对重大、疑难信件摘报领导批阅后转送、交办；对不予受理、不再受理的信件书面函告当事人；对不属于本部门受理的信件事项，应告知信访人向有关部门提出。

## （二）来电的办理

### 1. 接电

接电话时要主动报工号，使用普通话，接电话过程应使用规范、礼貌用语，做到热情、耐心。

### 2. 登记

要按照工作要求，及时登记来电基本情况，确保基本信息准确、完整。

（1）详细登记必要的信息，如来电人姓名、性别、身份证号、联系电话、来电日期、时间、主要诉求、处理意见、接听人等。主要诉求和处理意见两项应简明扼要，区别不同情况，做到详略得当。

（2）对拟上报领导或需要交办、转送的来电，及反映重要情况，提出重要建议、意见的来电，其摘要应尽量详细，表达准确到位。

（3）不需要办理的重复来电，按《信访工作条例》规定不予受理、不再受理和内容不清的来电，可作简略登记。

## （三）网上信访的办理

（1）参照来信、来电相关规定处理。

（2）坚持“高效与轻重缓急相结合”的原则，在系统稳定情况下，每个工作日至少接收一次。对接收后的邮件，原则上两个工作日内清理完毕。

## （四）来访的办理

### 1. 群众来访类型

（1）个体访。单个或2~3名信访人到有权处理的本级或者上一级机关、单位设立或者指定的接待场所，陈述同一件事。

（2）集体访。信访人5人以上，或数十人，甚至上百人相聚集，反映同一信访事项。

（3）越级访。信访人对各级机关、单位的职责或对反映渠道不了解，本应该在本级或者本地反映的问题，直接到省或者进京上访，盲目找“清官”、告“御状”。

（4）重信重访。重信重访是信访的一种特殊状态，它是指信访人对信访问题得不到自认为满意的答复而采取的连续不断的信访活动。

### 2. 登记

（1）使用信访信息系统或《群众来访情况登记簿》登记，对来访人自然情况和主要诉求进行详细登记。

（2）登记时应要求来访人提供有效身份证件，耐心询问来访缘由，搞清问题性质和责任单位。对集体访，应当组织推选安排5人以下代表等候接谈。

（3）对初次个体访要逐人登记，对初次集体访要逐件进行详细登记；未经登记，接谈室一律不予接待。重信重访要逐件补充登记，填写重复时间、复访人数、重访要求或原因。

（4）登记信息作为信访统计、分析的基础，登记人员要对信息质量负责，并将来访情况进行统计和数据汇总，形成书面材料后报有关领导。

（5）登记数据一经录入，不得随意改动。如有特殊情况，需要变更统计数字、内容或不做通报处理的，须经分管领导签批同意方可进行。

## 四、信访活动的特性

从信访活动的表现形式看，信访活动具有如下五大特性。

### （一）综合性

信访部门受理的信访事项，涉及面广泛，涵盖了社会生活的方方面面，既有对党政机关的意见建议，对行政部门处理不妥、个人权益受到侵害的投诉，也有反映党员、干部工作方法和工作作风的问题，加上基层一些民事纠纷以及土地占用、经济承包等问题，都希望到信访部门要求解决，使信访内容具有较强的综合性。

### （二）直接性

直接性主要体现在两个方面：一是反映问题的直接性。群众可以经常地将他们感受和觉察到的问题采取写信或走访的形式，直接向信访部门反映。二是处理问题的直接性。在处理基层信访问题时，往往直接与群众接触，直接与各方当事人见面，直接听取意见，甚至直接进入事件的现场。这一特点决定了基层信访工作的重点应放在密切联系群众、认真解决群众反映的各种问题，努力做好群众思想政治工作上。

### （三）集中性

基层的信访问题绝大多数是涉及群众的利益问题，但由于群众切身的依托不同，使不同基层单位的信访问题具有相对的集中性。例如，农民以土地为依托，农村信访绝大多数是涉及土地问题及由此引发的其他问题；职工以企业为依托，企事业单位职工信访多涉及劳动合同、劳动关系、工资福利、社会保险等问题。这一特点要求基层信访部门在处理信访问题时要严格执行有关政策，努力避免由于处理不当而造成连锁反应，引发大规模集体访。

### （四）协调性

基层的信访问题大多涉及民生，事情小且情节轻微，很多时候需要靠协调、规劝和教育来解决，这样就决定了基层信访工作要有很强的协调性。这一特点要求基层在处理信访问题时必须坚持标本兼治、综合治理、齐抓共管，发挥组织协调作用。

### （五）复杂性

基层的党员干部大多数来自本乡本土，不少与当地群众有宗亲关系、邻里关系、同学关系、同事关系等。这在客观上对信访部门正确处理群众的问题既有有利的一面，也有一定的不利影响，增加了处理信访问题的复杂性。这一特点要求在处理信访问题时更要坚持原则，防止说情、袒护，干扰查处；防止泄密，造成不良后果。

## 第二节 信访工作的性质、任务和原则

信访工作是一项复杂的、联系广泛的工作，主要是各级机关、单位处理人民来信来访，促进信访矛盾转化的有组织有领导的活动。信访工作包含两个相互联系的方面——信访人和信访工作者。其中，信访工作者的任务是代表信访部门处理信访人的信访问题。信访问题的解决，表明信访关系的转化。由此可见，信访工作具有自身独特的特点，这与信访工作的性质、任务和原则密切相关。了解信访工作的性质、任务和原则，对于提高信访工作的认识，强化信访工作者责任，充分发挥信访工作的作用具有积极意义。

### 一、信访工作的性质

信访工作是一项重要的、经常性的政治工作，也是党的群众工作的重要组成部分，是为社会主义政治服务的。具体地说，信访工作的性质包括三个方面。

#### （一）信访工作是党的群众工作的重要组成部分

信访工作是党和政府密切联系群众的桥梁和纽带。信访活动的发起者是广大人民群众，他们反映情况、提出要求，都具有自发性和群众性，而看待、处理这些问题，就必须以党和国家的政策、法律为准绳，这就使得信访工作具有强烈的政治性。从现象上看，信访工作体现了信访人与信访工作者之间的关系；从实质上看，它体现了人民群众与国家和社会组织管理者之间的关系。因此，信访工作是一项群众性很强的政治工作。

## （二）信访工作是各级机关、单位及其领导干部、工作人员接受群众监督、改进工作作风的重要途径

在我们社会主义国家，人民是国家的主人，他们可以依照法律法规，通过各种途径和形式，维护自己的合法权益，行使民主权利，参与国家管理。可以这样说，在现阶段，信访已成为人民代表大会制度之外，人民群众表达意愿，参政议政，实施民主监督、公开监督的一种最常用的形式，而信访工作的任务恰恰是要尽可能恰当地解决人民群众的实际问题，满足人民群众的正当要求，反映人民群众的真实意愿，为人民群众参政议政、实施民主监督提供便利条件。同时，还要严格按照宪法的规定，保障人民群众来信来访的民主权利的顺利行使，坚决反对和制止任何阻挠、压制人民群众正当行使信访权利的错误行为，对打击报复信访人的单位和个人要依照党纪、政纪和法律予以制裁。

## （三）信访工作是党和政府了解民情、集中民智、维护民利、凝聚民心的一项重要工作

信访工作是了解社情民意的重要渠道。社会主义初级阶段，党和国家的一切决策必须以广大人民群众的利益和愿望为前提。人民群众来信来访，正是各级机关领导和负责人了解民意的重要渠道，是领导与群众进行交往的一个不可缺少的环节。从某种意义上讲，信访工作就是领导与人民群众之间的一种联系，是“官方”与“民间”的一种沟通，是信访工作者与信访人之间的一种对话。这种联系、沟通与对话，具有比较直接、比较广泛、比较迅速、比较真实等特点。

## 二、信访工作的任务

### （一）受理、交办、转送信访人提出的信访事项

各级党委和政府信访部门收到信访事项后，根据信访事项的内容及性质决定是否受理；对受理的信访事项，转送给依法有权处理的机关、单位；对转送的信访事项中有比较重要的情况需要反馈办理结果的，要在指定办理期限内反馈结果，提交办结报告。

### （二）承办上级和本级党委、政府交办的信访事项

对党委和政府信访部门或者本系统上级机关、单位转送、交办的信访事项，属于本机关、单位职权范围的，有关机关、单位应当自收到之日起 15 日内书面告知信访人接收情况以及处理途径和程序；不属于本机关、单位或者本系统职权范围的，有关机关、单位应当自收到之日起 5 个工作日内提出异议，并详细说明理由，经转送、交办的信访部门或者上级机关、单位核实同意后，交还相关材料。

### （三）协调处理其他重要信访事项

涉及两个或者两个以上机关、单位的信访事项，由所涉及的机关、单位协商受理；受理有争议的，由其共同的上一级机关、单位决定受理机关；受理有争议且没有共同的上一级机关、单位的，由共同的信访工作联席会议协调处理。

### （四）督促检查信访事项的处理

各级党委和政府应当对开展信访工作、落实信访工作责任的情况组织专

项督查。

### （五）提出行政处分建议和完善政策、解决问题的建议

党委和政府信访部门发现有关机关、单位存在违反信访工作规定受理、办理信访事项，办理信访事项推诿、敷衍、拖延、弄虚作假或者拒不执行信访处理意见等情形的，应当及时督办，并提出改进工作的建议。对工作中发现的有关政策性问题，应当及时向本级党委和政府报告，并提出完善政策的建议；对在信访工作中推诿、敷衍、拖延、弄虚作假造成严重后果的机关、单位及其工作人员，应当向有管理权限的机关、单位提出追究责任的建议。

### （六）对本级机关、单位和下级的信访工作进行指导

各级党委和政府信访部门指导本级其他机关、单位和下级的信访工作；各级党委和政府以外的其他机关、单位应当做好各自职责范围内的信访工作，按照规定及时受理办理信访事项，预防和化解政策性、群体性信访问题，加强对下级机关、单位信访工作的指导。

## 三、信访工作的基本原则

信访工作的基本原则主要包括以下几点：

（1）坚持党的全面领导。把党的领导贯彻到信访工作各方面和全过程，确保正确政治方向。

（2）坚持以人民为中心。践行党的群众路线，倾听群众呼声，关心群众疾苦，千方百计为群众排忧解难。

（3）坚持落实信访工作责任。党政同责、一岗双责，属地管理、分级负责，谁主管、谁负责。

（4）坚持依法按政策解决问题。将信访工作纳入法治化轨道，依法维护

群众权益、规范信访秩序。

（5）坚持源头治理化解矛盾。多措并举、综合施策，着力点放在源头预防和前端化解，把可能引发信访问题的矛盾纠纷化解在基层、化解在萌芽状态。

此外，信访工作的原则还包括信访工作的指导原则和信访工作的特有原则。

## （一）信访工作的指导原则

### 1. 全心全意为人民服务的原则

全心全意为人民服务是党的根本宗旨。只有树立全心全意为人民服务的思想，才能在处理具体问题时诚恳相待、热情相助、克服困难、不怕麻烦，切实为信访人解决实际问题。要牢牢把握信访工作保稳定促发展的定位，把信访放在国家工作全局中思考，放在改革发展稳定的大背景下谋划，放在构建和谐社会和全面建成小康社会的伟大实践中推进。

### 2. 密切党和政府同人民群众联系的原则

各级信访部门要以对人民群众负责的精神，认真协调处理好信访人反映的每一个问题；要把维护信访人合法权益作为工作的出发点和落脚点；要做好信访工作，把党和政府、各级组织对人民群众的关心送到人民的心坎上，齐心协力构建和谐社会。

### 3. 畅通信访渠道，维护信访人合法权益的原则

信访渠道的畅通包括信访事项的提出、受理和办理、答复等全部环节的到位。信访人向各级信访部门反映信访事项，表现出对各级信访部门的信任。畅通信访渠道，实际上就是密切信访部门与广大人民群众的联系。

### 4. 维护正常信访秩序，促进社会稳定的原则

各级信访部门要坚持畅通信访渠道与维护信访秩序并重，既要依法保障

信访人的信访权利，又要确保信访人反映的信访事项能够得到及时处理。各级信访部门既要建立健全主要领导信访接待日制度，又要建立信访信息系统，实现各级党委和政府、上下级信访部门及其他工作部门的互联互通、信息共享。同时对于非正常上访、扰乱公共秩序和恶意制造事端等情况，要与有关部门配合，对信访人进行引导、批评和教育，维护正常信访秩序。

**5. 与时俱进、开拓创新的原则**

政策法律是静态的，而社会活动是动态的，这就要求在贯彻实施国家政策法律，接待、处理信访的工作过程中，始终坚持解放思想、实事求是、与时俱进、开拓创新，在实践中探索规律，研究解决信访问题的有效方法，建立做好信访工作的长效机制。

### （二）信访工作的特有原则

**1. 各负其责的原则**

信访问题的处理要以地方各级党委和政府为主，在发生地解决。同级党委和政府各职能部门按照信访问题的性质，属于哪个部门职责范围的，就由哪个部门负责处理。各级信访部门要努力将信访纳入党和政府工作大局，依靠党和政府解决信访人的困难和问题，建立有效的工作机制。

**2. 教育疏导的原则**

这一原则强调信访工作既是依法、高效处理信访问题的过程，又是对群众开展思想政治工作，进行宣传教育、疏导情绪的过程。要依照有关政策法律、规定解决信访问题，依政策办事、依法办事，保护人民群众的合法权益。

**3. 化解矛盾的原则**

这一原则强调信访工作的主动性和整体性，要变被动为主动，不仅要及时处理信访问题，而且要深入分析信访问题的成因，超前预防、正本清源、标本兼治。

**4. 公开便民的原则**

各级信访部门在处理信访问题的过程中，除涉及国家秘密和法律另有规定外，要向信访人公开信访工作相关信息、信访事项的处理过程及结果等，保障信访人的知情权，增加工作透明度和便利化，自觉接受社会监督。

**5. 双向规范的原则**

信访活动是互动、双向的过程，既包含信访人采用信息网络、书信、电话、传真、走访等形式提出信访事项的活动，又包含各级信访部门依法处理信访事项的活动。各级信访部门要依照双向规范原则，规范信访人、信访部门及其工作人员的信访活动和工作行为。违反法律法规规定造成严重后果的，要承担相应的法律责任，并对相关人员进行责任追究。

## 四、加强基层信访工作的重要性

信访工作作为各级党委、政府与人民群众联系的桥梁和纽带，在构建和谐社会这一战略中，起到举足轻重的作用。特别是随着我国改革不断深化、经济社会加速转型以及社会利益格局的调整，管理机制发生了重大变革。由计划经济向市场经济，农村经济向城市经济和工业经济转型，信息由较为缓慢、闭塞的人文传播向快速扩展的网络传播等方面转变，已日益凸显并成为社会发展的主流方向。通过利益分配形式和标准的变化，以及信息的高速传递带来的各类观点的融合渗透，大多数人的维权意识逐步加强，部分群众利己观念有所抬头，信访出现了许多新情况、新问题。这一特点更易于使简单的问题复杂化，较小的事态扩大化，给新形势下的信访工作提出了新的要求，增加了新的难度。

做好信访工作，尤其是要认真按照《信访工作条例》规定，进一步加强和开展好基层信访工作，始终是密切与人民群众血肉联系，解决好社会转型期间出现的各种人民内部矛盾的有效途径和方式之一。

## （一）充分认识做好基层信访工作的必要性和紧迫性

长期以来，信访工作在我国社会主义初级阶段的各方面发挥了“稳压器”“晴雨表”以及党和政府与人民群众之间的“压仓石”“联心桥”作用。

**1. 准确掌握和正确认识基层信访工作形势**

当前，由于信访量大幅增加，使基层信访工作面临新的考验，主要表现如下：

（1）以维权为由带来的信访问题大幅增多。如某单位前两年内 237 件群众来信来访中，有 93 件是涉及维权方面的问题，占期内信访总量的 39%。

（2）信访人认为政策不合理或执行政策不公引发的信访问题比较突出。如某单位 2021 年群众来访总量是 87 件，以上述理由来访的达 38 件，约占当年信访总量的 44%；在深入调查处理、解释政策和耐心劝导后仍然缠访、闹访的有 7 件，约占总量的 8%。

（3）在经济社会转型和利益分配过程中，因企业改制、房屋拆迁、承包收入、经营方式、社会保障等方面为适应社会发展需要而进行政策调整，在执行新政策当中出现的一些信访问题增多。如当年实施养老保险扩面时，某单位有 22 件群众信访问题都是因不愿缴纳社会保险费，或是要求解决以往社会保障体系尚未健全时期所出现的补缴费问题。

（4）涉法、涉诉信访问题增多。相当一部分群众仍受人治社会管理意识的影响，信访不信法，认为权大于法，走司法程序解决问题需要支付一定费用，认为向党政机关信访的形式又直接、又不需要交费等。明明行政手段无法解决的问题，偏偏坚持走信访之路寻求解决。

（5）异常访有增无减。如发生交通事故方面的问题，本应由交通管理部门依法裁决处理；正常情况下的职工病故非工伤死亡等问题，部分信访人在信访部门明确解释和引导后，仍然坚持到党政机关缠访、闹访要求解决。如某单位2020年有类似群众信访问题4件，2021年有6件，2022年上半年就达到5件。

（6）有组织的突发群体性事件时有发生，且矛盾趋向社会性。部分信访人利用便捷的交通和信息工具，特别是通过QQ群、微信群等即时通信工具，能跨区、跨省甚至跨国界在极短的时间内组织串联起大批人员、多个单位，采取突发行动，搞轰动效应，快速演变为群体性治安事件。20世纪60年代的“五·七”人员要求享受职工退休待遇的信访问题等，其中有很多是经少数人较短时间内串联而突发的规模较大的信访案件。

（7）择机上访现象突出。近年来国家重大活动和重要节假日期间，已成为信访敏感期和群众上访高发期。部分人以个人利益至上，在统一政策框架下想当然地要求特殊化，在没有得到满足的情况下产生抵触情绪，赴省城和进京信访。信访统计数据显示，这一现象已越来越突出，越来越明显。

上述种种现象，只是导致“信访洪峰”的部分因素，随着改革的进一步深化，这样或那样的新问题、新情况将不断出现。作为产生信访问题的基层，是成千上万信访问题的发源地，是形成“信访洪峰”的上游。要减轻上层压力，就必须从整治“微波细流”入手，全面加强基层信访工作的组织领导，加强对发生信访问题的基层单位责任要求，加大信访问题始发前的预防和始发期的解决力度，使大多数群众信访问题少发生或将其解决在初始阶段。因此，要准确把握当前信访形势，追根求源、注重治本，科学地做好基层的信访工作。

**2. 加强基层信访工作就是把好信访工作第一关**

结合当前我国社会发展、改革和稳定的形势，信访工作能有效预防和化解人民内部矛盾，将群众信访问题解决在基层，处理在萌芽状态，是维护好社会稳定大局的一项重要任务。

基层是信访工作的基础，是形成信访问题，及时解决和处理信访问题的源头。加强基层信访工作，就是从源头上解决、处理好现存的人民群众来信来访，研究制定更加科学、更加合理的政策、措施，以减少信访问题的发生。

只有加强基层的信访工作，特别是更直接地明确基层单位如县、乡（镇）两级在信访工作中的主体责任，减少和杜绝因人为因素造成不该出现的信访问题，将出现在正常情况下的信访问题及时、就地、依法解决在萌芽状态，才能夯实信访工作基础，使大多数群众信访问题在基层得以化解。

**3. 加强基层信访工作就是降低信访成本**

重访、缠访、越级访、集体访和群体性事件等，都将造成信访成本增加，加大了信访人经济负担，而各级党政机关、单位就同一信访事项重复处理，也加大了社会管理成本。

众所周知，群众信访一旦延伸 2~3 个环节以上，其成本必将成倍增加，比如误工费、食宿费、车船费，如果赴省进京，则时间长，成本更高，各级信访工作机构工作人员接待信访人也将产生社会成本。而信访问题最终还必须由基层解决，这期间造成了巨大浪费。因此，各级党政机关、单位要高度重视解决好群众初信初访，竭尽全力将信访问题解决在最基层，矛盾化解在初始阶段，既能达到解决信访问题的难度小、成本小、影响小的效果，又利于社会稳定、赢得民心、节约成本，减少信访人和相关党政机关、单位等各方面的损失。

**4. 加强基层信访工作有利于构建和谐社会**

信访工作是构建和谐社会的重要内容，而构建和谐社会的关键在于以人民为中心，做好“人”的文章，办好“人”的事情，是基层组织应尽的职责。

## （二）做好基层信访工作应有的认识

**1. 党政齐抓共管，是基层信访工作的重要保证**

扎实开展好信访工作必须做到党政齐抓共管，各级党委和政府应将信访工作列入重要议事日程。要做到：影响稳定的政策不出，影响稳定的事不做。主要领导要亲自协调解决重大群众信访问题，遇到重大信访问题，领导都能亲临现场，解决问题。特别要坚持主要领导参与信访接待制度，提前公告、固定场所，集中解决群众来访问题。

**2. 加强基础工作，是开展信访工作的前提**

（1）坚持实行信访工作汇报制。信访部门对阶段信访情况应以书面形式向党委和政府做简要汇报，对重要信访信息随时报告，确保信访问题事事有回音、件件有结果。

（2）规范日常办信接访工作。信访工作者应树立超前预防和解决问题的思想，要始终站在第一线，尽可能提前疏导、妥善处理好群众来信来访，为领导工作创造轻松环境。

（3）坚持信访问题集中排查和处理制度。要对每个阶段信访问题做到心中有数，对较突出的问题提出意见和建议。对集体访等重大信访问题，坚持情、理、法并用，同时加强政策法律的宣传，提高全民素质，营造良好的信访工作环境，为更快捷、更全面地解决群众信访问题提供方便。

（4）有效发挥基层调解组织和听证会的作用。有效发挥基层调解组织作用，部分信访事项可采取听证会的形式，充分发挥群团组织的调解作用，积极调解民事纠纷，将信访工作责任实行合理分流。

（5）坚持实行重点时期和节假日信访值班制。要坚持主要领导带班接待群众来访、处理突发事件，维护重点时期的稳定。

（6）加强建章立制工作。在贯彻执行好《信访工作条例》等法律法规的同时，要不断地完善、巩固和落实好信访工作联席会议制度、信访首问首办责任制、重大信访问题听证会制度、信访工作属地管理的有关规定和领导信访接待日制度、信访工作责任追究制、信访问题督查督办制度等制度，强化部门和基层单位抓信访的工作职责，规范信访程序。

**3. 采取有效措施，使信访问题的处理落到实处**

（1）实行定期汇办通报、督查督办制度。基层单位应每季度举行一次信访形势通报分析会，每月进行一次信访案件会办、督查督办会，研究部署信访工作，检查落实情况，以此促进信访工作的落实。

（2）全面加强信访工作责任制度建设。切实把《信访工作条例》赋予信访部门的“三个权利（督办权、建议权、受理和交办权）”落到实处，着力把矛盾化解在基层，责任和任务分解在基层。

（3）变群众上访为干部下访，坚持走村入户，排查调处信访问题。组织好专项工作组，每月开展一次集中排查处理信访问题活动，将苗头性事件妥善处理在基层。

（4）信访部门要参与重大决策的研究和讨论，避免工作失误。加强信访问题多发期的巡视，完善依法解决群众来信来访工作程序。

**4. 创新工作机制，是提高信访工作效率的保证**

（1）实行信访工作重点管理单位“特派员”制。安排工作能力较强的人员做信访工作重点管理单位的第一领导，让其负责协调处理单位存在的突出问题，使信访问题在基层单位得到妥善解决。

（2）结合《信访工作条例》，进一步创新信访工作制度，特别要加强责任考核、督查督办、矛盾调处等方面制度的建设。如将信访问题及不稳定因素的定期排查和处理纳入社会治安综合治理体系加强考核，整合人民调解等方面的力量，共同做好信访工作。

（3）加强政策法律宣传教育，增强群众的法律意识和综合素质。特别是要加强实施“法治信访”，把日常工作与《信访工作条例》等法律法规紧密结合起来，发挥联席会议协调作用，将大多疑难信访问题通过司法程序或拟司法程序处理解决，引导群众依法信访，依法维护自身利益。

## （三）进一步加强基层信访工作的方式方法

当前制约信访工作的主要问题有：一是信访渠道不够畅通；二是信访问题处理层层转送、只转不办、责任不清、效率低下；三是对处理信访事项的部门监督力度不够；四是对侵犯群众利益引发信访问题的违法行为缺乏明确的责任追究机制；五是对破坏信访秩序的行为缺乏必要的规范。而这些问题是否存在、如何解决绝大多数取决于基层。因此，加强基层信访工作应该采取以下三个方面的方式方法。

**1. 强化初信初访办理工作**

（1）着力推进信访首办责任制，把解决信访问题的责任落实到机关职能部门，把好信访工作的第一道关口，防止把小问题拖成大问题。

（2）提高初信初访一次性办结率，努力减少重复信访、由信转访的情况。

（3）落实信访事项受理的告知、答复制度。

（4）确保机构、人员到位。所有县级党政机关、单位均应设立专职信访工作机构和人员，使信访科、室、有效发挥协调处理群众信访问题的作用。

**2. 不断加强对基层信访工作的支持**

（1）要保障信访工作经费，使每一个县级以上的信访机构都做到人员齐、阵地实（有接待室、谈话室、办信室、联席会议室等）、设施全（有充足的办公桌椅、文档柜、计算机、电话、专用或兼用交通工具等日常办公设备）、牌子硬（具有一定的督查督办权和建议权，工作上可以独当一面）；

（2）要对信访工作的管理实行一岗双责、一考多评的办法，将信访工作考核与各类评优挂钩，与政绩挂钩，增强各级领导干部信访工作责任心；

（3）要重点加强基层单位的信访工作队伍力量，建立基层乡（镇）信访工作站，要有专人负责；

（4）要赋予信访机构一定的干部任免考核权、建议权，加强信访工作的奖惩；

（5）要始终坚持实行信访问题定期排查、处理和通报、会办制度；

（6）各级党政机关、单位在解决信访问题过程中必须坚守原则，依法依规办事，杜绝“小闹小解决，大闹大解决，不闹不解决”现象。

**3. 实行信访案件终结制，不断提高信访案件办结质量**

按照《信访工作条例》规定，信访事项的办理，要在规定的时限内，经过调查、明确处理决定的依据和标准、办理机关的书面答复、说服解释、督促执行等几个主要环节。缺少任何一个环节，都影响案件的办结质量，各级相关部门必须落实责任、严格程序，严格做好调查、取证、处理，执行好终结制度，不断提高信访案件的查办质量。

总之，基层是群众信访问题的发生地，也是大部分信访问题得以彻底解决的源头。要切实提高处理信访事项的效率，方便人民群众在当地尤其是在基层提出信访事项，并及时得到解决，就必须要求各级党政领导和部门坚持做好初信初访工作，不断加强对基层信访阵地建设和信访工作的重视程度，提高信访问题一次性办结率，更好地掌握工作主动权。

## 第三节　信访工作组织领导

《信访工作条例》规定，坚持和加强党对信访工作的全面领导，构建党委统一领导、政府组织落实、信访工作联席会议协调、信访部门推动、各方齐抓共管的信访工作格局。地方党委领导本地区信访工作，贯彻落实党中央关于信访工作的方针政策和决策部署，执行上级党组织关于信访工作的部署要求，统筹信访工作责任体系构建，支持和督促下级党组织做好信访工作。

地方党委应当定期听取信访工作汇报，分析形势，部署任务，研究重大事项，解决突出问题。

各级政府贯彻落实上级党委和政府以及本级党委关于信访工作的部署要求，科学民主决策、依法履行职责，组织各方力量加强矛盾纠纷排查化解，及时妥善处理信访事项，研究解决政策性、群体性信访突出问题和疑难复杂信访问题。

地方各级信访工作联席会议在本级党委和政府领导下，负责本地区信访工作的统筹协调、整体推进、督促落实，协调处理发生在本地区的重要信访问题，指导下级信访工作联席会议工作。联席会议召集人一般由党委和政府负责同志担任。地方党委和政府应当根据信访工作形势任务，及时调整成员单位，健全规章制度，建立健全信访信息分析研判、重大信访问题协调处理、联合督查等工作机制，提升联席会议工作的科学化、制度化、规范化水平。根据工作需要，乡镇党委和政府、街道党工委和办事处可以建立信访工作联席会议机制，或者明确党政联席会定期研究本地区信访工作，协调处理发生在本地区的重要信访问题。

信访工作联席会议的成立，有利于信访部门的思想、组织和业务建设，有利于协调各部门解决疑难案件和加强信访部门的横向联系，互通情况、互相学习、互相促进。信访工作联席会议作出的决定，有关部门要认真执行。信访工作联席会议以信访部门为办事机关，负责督促检查决定的执行。

## 一、信访工作的组织机构

### （一）县（市）级信访机构设置

县（市）级设有专门的信访局，主要职责包括：传达党中央、国务院和省委、省政府及市委、市政府对信访工作的指示并检查落实情况；开展信访工作的调查研究；组织起草有关文件；组织信访宣传报道工作，完成信访情况统计工作；协助领导处理机关日常事务，以及机关文秘、机要、档案、保密、保卫、财务、人事编制、信访、行政事务、办公自动化等工作。信访局设立的主要机构一般有：

**1. 信访一科**

负责个人来信来访的接待、办理，个人越级访的稳控；个人申请市政府复查、复核信访事项的承接、拟办、呈报、督办；数据、信息的统计、分析及上报；对县（市）区及市直各部门个人信访目标管理进行考核。

**2. 信访二科**

负责县（市）区、省直企业信访工作考核综合汇总及集体访的接待；信访事项的转送、交办、督办、反馈及报送；越级访的稳控；交办信访事项的审结；需市政府复查、复核信访事项的承接、拟办、呈报、督办工作；信访情况分析及信息上报；对基层信访工作进行指导。

**3. 信访三科**

负责市直部门信访工作考核综合汇总及集体访的接待；信访事项的转送、交办、督办、反馈及报送，告知救济渠道；赴省进京集体访的稳控、协调；信访事项的统计分析及上报；需市政府复查、复核案件申请的承接、拟办、呈报、督办工作。

以上三个科室，可以根据编制情况，合署办公，成立统一科室为信访科。

**4. 督查督办科**

对信访工作的安排部署、《信访工作条例》及相关工作制度落实的督促检查；中央、省转办信访案件交办、催办、案件审结，以及结案报告的起草、送审上报；领导包案工作的组织、协调、汇总、催办和最终审结；重要信访案件听证会及其他相关制度的制定、实施、指导；中央、省联席会议，专项治理工作及案件督办；驻京驻省工作组协调及上访案件的统计、汇总、分流；

对全市督查督办工作的指导、协调、通报；负责转送、交办、终结案件汇总、通报和反馈工作。

5. 办信信息科

办理市内外的来信，收集、整理人民群众的建议，综合分析、反映群众信访动态，及时准确报送信访信息；定期向各地区、各部门通报来信情况，落实领导对来信的批示情况并跟踪处理和反馈结果；指导各地区、各部门群众来信处理工作。

### （二）信访工作者工作职责和工作要求

（1）信访工作者应当做到全心全意为人民服务，严格依法行政，认真处理人民群众来信，热情接待人民群众来访，依法解答和解决信访人所提出的问题，耐心做好疏导工作，宣传有关方针、政策和法律法规。

（2）信访人按照《信访工作条例》规定，直接向各级党委和政府信访部门以外的机关、单位提出的信访事项，有关机关、单位应当予以登记；对符合《信访工作条例》规定并属于本机关、单位法定职权范围的信访事项，应当受理，不得推诿、敷衍、拖延；对不属于本机关、单位职权范围的信访事项，应当告知信访人向有权处理的机关、单位提出。

信访部门收到信访事项后，能够当场答复是否受理的，应当当场书面答复；不能当场答复的，应当自收到信访事项之日起 15 日内书面告知信访人（信访人的姓名、住址不清的除外）。

（3）对依法规定的信访事项应当自受理之日起 60 日内办结；情况复杂的，经本机关、单位负责人批准，可以适当延长办理期限，但延长期限不得超过 30 日，并告知信访人延期理由。

（4）信访人对信访处理意见不服的，可以自收到书面答复之日起 30 日内请求原办理机关、单位的上一级机关、单位复查。收到复查请求的机关、单位应当自收到复查请求之日起30日内提出复查意见，并予以书面答复。

（5）信访人对复查意见不服的，可以自收到书面答复之日起30日内向复查机关、单位的上一级机关、单位请求复核。收到复核请求的机关、单位应当自收到复核请求之日起30日内提出复核意见。

复核机关、单位可以按照《信访工作条例》规定举行听证，经过听证的复核意见可以依法向社会公示。听证所需时间不计算在上述规定的期限内。

信访人对复核意见不服，仍然以同一事实和理由提出投诉请求的，各级党委和政府信访部门和其他机关、单位不再受理。

（6）各级机关、单位工作人员与信访事项或者信访人有直接利害关系的，应当回避。

（7）信访工作者办理信访事项，应当恪尽职守、秉公办理、查明事实、分清责任，加强教育疏导，及时妥善处理，不得推诿、敷衍、拖延。

（8）信访工作者应当熟悉信访工作相关的法律法规和政策，具有较丰富的群众工作经验，作风正派、责任心强、实事求是、廉洁奉公。

## 二、信访工作联席会议机构设置

### （一）中央信访工作联席会议

中央信访工作联席会议在党中央、国务院领导下，负责全国信访工作的统筹协调、整体推进、督促落实。

#### 1. 人员组成

中央信访工作联席会议由党中央、国务院领导同志以及有关部门负责同志担任召集人，各成员单位负责同志参加。中央信访工作联席会议办公室设在国家信访局，承担联席会议的日常工作，督促检查联席会议议定事项的落实。

2. 主要职责

（1）研究分析全国信访形势，为党中央决策提供参考；

（2）督促落实党中央关于信访工作的方针政策和决策部署；

（3）研究信访制度改革和信访法治化建设重大问题和事项；

（4）研究部署重点工作任务，协调指导解决具有普遍性的信访突出问题；

（5）领导组织信访工作责任制落实、督导考核等工作；

（6）指导地方各级信访工作联席会议工作；

（7）承担党中央、国务院交办的其他事项。

### （二）地方信访工作联席会议

地方各级信访工作联席会议在本级党委和政府领导下，负责本地区信访工作的统筹协调、整体推进、督促落实。

1. 人员组成

地方各级信访工作联席会议召集人一般由党委和政府负责同志担任，各成员单位负责同志参加。各级信访工作联席会议办公室设在本级信访局。根据工作需要，乡镇党委和政府、街道党工委和办事处可以建立信访工作联席会议机制，或者明确党政联席会定期研究本地区信访工作，协调处理发生在本地区的重要信访问题。

2. 工作职责

协调处理发生在本地区的重要信访问题，指导下级信访工作联席会议工作。

（1）负责制订辖区内的信访工作计划并组织实施，对辖区内的信访工作进行业务指导；

（2）定期听取信访部门的工作汇报，预测排查、分析研究辖区内的信访工作动态；

（3）调查了解掌握群众信访反映的突出问题，及时反映信访工作的重要信息，研究解决重大信访案件；

（4）对辖区内的信访工作负总责，认真落实责任制，切实抓好信访工作目标管理、信访网络建设和联系点信访规范化、制度化建设；

（5）负责组织协调、指导督查辖区内信访受理、办理和落实；

（6）承办上级党委、政府、纪委交办的信访件和其他事项，并按要求上报；

（7）督办、催办转交下级信访部门或其他部门承办的控告、申诉案件和其他重要信访问题，及时跟踪反馈，并按要求审核、上报；

（8）总结信访工作经验，综合分析辖区内信访工作中出现的新情况、新问题，研究改进推动和加强基层信访工作的具体措施及意见。

## 三、信访工作的组织领导

（1）各级机关、单位要坚持和加强党对信访工作的全面领导，构建党委统一领导、政府组织落实、信访工作联席会议协调、信访部门推动、各方齐抓共管的信访工作格局。

（2）地方党委领导本地区信访工作，贯彻落实党中央关于信访工作的方针政策和决策部署，执行上级党组织关于信访工作的部署要求，统筹信访工作责任体系构建，支持和督促下级党组织做好信访工作。地方党委常务委员会应当定期听取信访工作汇报，分析形势，部署任务，研究重大事项，解决突出问题。

（3）各级政府贯彻落实上级党委和政府以及本级党委关于信访工作的部署要求，科学民主决策、依法履行职责，组织各方力量加强矛盾纠纷排查化解，及时妥善处理信访事项，研究解决政策性、群体性信访突出问题和疑难复杂信访问题。

（4）地方各级信访工作联席会议在本级党委和政府领导下，负责本地区信访工作的统筹协调、整体推进、督促落实，协调处理发生在本地区的重要信访问题，指导下级信访工作联席会议工作。联席会议召集人一般由党委和政府负责同志担任。

地方党委和政府应当根据信访工作形势任务，及时调整成员单位，健全规章制度，建立健全信访信息分析研判、重大信访问题协调处理、联合督查等工作机制，提升联席会议工作的科学化、制度化、规范化水平。根据工作需要，乡镇党委和政府、街道党工委和办事处可以建立信访工作联席会议机制，或者明确党政联席会定期研究本地区信访工作，协调处理发生在本地区的重要信访问题。

（5）各级机关、单位领导干部应当阅办群众来信和网上信访、定期接待群众来访、定期下访，包案化解群众反映强烈的突出问题。

（6）各级党委和政府应当以依规依法及时就地解决信访问题为导向，每年对信访工作情况进行考核。考核结果应当在适当范围内通报，并作为对领导班子和有关领导干部综合考核评价的重要参考。

对在信访工作中作出突出成绩和贡献的机关、单位或者个人，可以按照有关规定给予表彰和奖励。对在信访工作中履职不力、存在严重问题的领导班子和领导干部，视情节轻重，由信访工作联席会议进行约谈、通报、挂牌督办，责令限期整改。

（7）党委和政府信访部门发现有关机关、单位存在违反信访工作规定受理、办理信访事项，办理信访事项推诿、敷衍、拖延、弄虚作假或者拒不执行信访处理意见等情形的，应当及时督办，并提出改进工作的建议。对工作中发现的有关政策性问题，应当及时向本级党委和政府报告，并提出完善政策的建议。对在信访工作中推诿、敷衍、拖延、弄虚作假造成严重后果的机关、单位及其工作人员，应当向有管理权限的机关、单位提出追究责任的建议。

对信访部门提出的改进工作、完善政策、追究责任的建议，有关机关、单位应当书面反馈采纳情况。

（8）因下列情形之一导致信访事项发生，造成严重后果的，对直接负责的主管人员和其他直接责任人员，依规依纪依法严肃处理；构成犯罪的，依法追究刑事责任：

1）超越或者滥用职权，侵害公民、法人或者其他组织合法权益；

2）应当作为而不作为，侵害公民、法人或者其他组织合法权益；

3）适用法律、法规错误或者违反法定程序，侵害公民、法人或者其他组织合法权益；

4）拒不执行有权处理机关、单位作出的支持信访请求意见。

（9）各级党委和政府信访部门对收到的信访事项应当登记、转送、交办而未按照规定登记、转送、交办，或者应当履行督办职责而未履行的，由其上级机关责令改正；造成严重后果的，对直接负责的主管人员和其他直接责任人员依规依纪依法严肃处理。

（10）负有受理信访事项职责的机关、单位，有下列情形之一的，由其上级机关、单位责令改正；造成严重后果的，对直接负责的主管人员和其他直接责任人员依规依纪依法严肃处理：

1）对收到的信访事项不按规定登记；

2）对属于其职权范围的信访事项不予受理；

3）未在规定期限内书面告知信访人是否受理信访事项。

（11）对信访事项有权处理的机关、单位有下列情形之一的，由其上级机关、单位责令改正；造成严重后果的，对直接负责的主管人员和其他直接责任人员依规依纪依法严肃处理：

1）推诿、敷衍、拖延信访事项办理或者未在规定期限内办结信访事项；

2）对事实清楚，符合法律、法规、规章或者其他有关规定的投诉请求未予支持；

3）对党委和政府信访部门提出的改进工作、完善政策等建议重视不够、落实不力，导致问题长期得不到解决；

4）其他不履行或者不正确履行信访事项处理职责的情形。

（12）有关机关、单位及其领导干部、工作人员有下列情形之一的，由其上级机关、单位责令改正；造成严重后果的，对直接负责的主管人员和其他直接责任人员依规依纪依法严肃处理；构成犯罪的，依法追究刑事责任：

1）对待信访人态度恶劣、作风粗暴，损害党群干群关系；

2）在处理信访事项过程中吃拿卡要、谋取私利；

3）对规模性集体访、负面舆情等处置不力，导致事态扩大；

4）对可能造成社会影响的重大、紧急信访事项和信访信息隐瞒、谎报、缓报，或者未依法及时采取必要措施；

5）将信访人的检举、揭发材料或者有关情况透露、转给被检举、揭发的人员或者单位；

6）打击报复信访人；

7）其他违规违纪违法的情形。

# 第二章

# 信访工作机构及其职责

在我国，信访这一社会活动，历史上没有专门的记载。但是寻根溯源，在浩瀚的史籍中，也可以找到它的形迹。古代信访活动是当代信访的逻辑起点，其中很多元素值得我们今天借鉴。当然，也应该看到，古代信访与现代信访虽有历史的文化血缘联系，但在其形似的表象下又有本质的区别。建设中国特色信访工作机构也必须吸取传统信访机构的合理内核，结合当前实际，然后加以改革创新。创建中国特色信访工作机构，还必须认真总结信访工作机构多年来正反两方面的发展经验。七十多年来，新中国信访工作机构从无到有，从靠领导批条子到规范化、制度化、法制化，在伟大的社会主义建设进程中发挥着重大的作用。同时，信访活动长期与政治活动相伴，致使信访工作正误交织，教训也极为深刻。

建设中国特色信访工作机构和制度，要充分借鉴以往信访工作中的新举措、新思路、新经验。当前信访问题突出，这是带有全局性的问题，是与我国社会大变革、大转型进程相伴的特有现象，有着鲜明的时代性和阶段性特征。要根本解决信访问题，化解矛盾纠纷，实际就是构建社会主义和谐社会，彻底消除信访问题产生的根源。这就必须通过大力发展生产力来不断增强物质基础，通过发展社会主义民主来不断加强政治保障，通过发展社会主义先进文化来不断巩固智力支持和精神支撑。

信访作为人民民主权利的一种形式，受到国家法律的保护；作为反馈信息的重要渠道，得到党和政府的高度重视；作为联系群众的纽带，有着不可忽视的作用。无论作为社会交往、民主权利、信息渠道，或联系群众的纽带，都有大量的具体工作要做，需要有一个专门从事这项工作的组织机构。同时，也需要领导同志分管信访工作，加强信访工作的组织领导是做好信访工作的有力保障。

新中国成立以来，信访工作随着国家政治经济的发展而变化，始终围绕中心、服务大局，为开创中国特色社会主义事业做出了重要贡献。实践永无止境，创新永无止境，研究永无止境，从历史的角度探讨信访工作昔日的辉煌和今日的困境，寻求信访工作机构变迁的过程及其所遇到困难的根源，对当前信访工作改革具有极其重要的现实意义。

## 第一节　信访工作机构

### 一、信访工作机构沿革

#### （一）信访工作历史沿革

信访作为我国历史悠久的社会现象，最早起源于古代的直诉制度，“告御状”就是这种制度的展现形式之一。但是，真正将信访作为党和国家机关听取群众意见、建议和要求，接受群众监督的一种特殊手段，并确立为一种法律制度，是在 1949 年中华人民共和国成立后。信访制度是中国特色社会主义政治制度，始终围绕中心、服务大局，为开创中国特色社会主义事业发挥了不可替代的重要作用。系统地考察信访工作机构和制度历史演进历程，探讨其发展规律，对于深化信访制度改革，化解矛盾纠纷，推进社会主义和谐社会建设有着重要的意义。

### 1. 新中国信访工作机构的创建（1949—1957 年）

新中国成立伊始，党和政府文件中虽然没有明确规定信访制度，但是作为党中央密切联系群众、监督干部作风、巩固国家政权的重要渠道，信访制度已经确立并积极运行。1949 年 8 月，党中央成立中央书记处政治秘书室。1950 年年初，中共中央办公厅秘书室成立，广大人民群众怀着对新生政权的极大信任和热情，通过写信和来访的方式反映各种问题，积极参与国家管理和建设。1951 年 4 月 30 日，中共中央办公厅秘书室就当年 1—3 月处理群众来信的情形向毛泽东主席报告：1 月来信 4 680 封，2 月来信 3 544 封，3 月来信 11 436 封。这些来信反映的问题，以有关抗美援朝、土地改革和镇压反革命三大问题为最多。1956 年，社会主义制度建立，层出不穷的人民内部矛盾日渐显现，到 1957 年出现了新中国成立后的第一次信访高潮。这一时期各级党政机关受理来信来访数量呈持续上升趋势，信访内容多和当时的政治运动、中心工作和各项政策法令及生产形势相关。

信访形势的发展，迫切要求设立处理信访工作的专门机构，制定规章制度以规范信访工作。中共中央办公厅秘书室专门负责处理人民群众写给毛泽东等中央领导同志的信件，人民群众写给政府的信件由中央人民政府委员会办公厅、政务院秘书厅和总理办公室三个部门分别处理。1951 年 3 月，政务院秘书厅成立了群众信件组，所有的群众来信都由该组专门处理。1951 年 5 月 16 日，毛泽东主席对中共中央办公厅秘书室关于处理群众来信情况的报告作出批示："必须重视人民的通信，要给人民来信以恰当的处理，满足群众的正当要求，要把这件事情看成是共产党和人民政府加强和人民联系的一种方法，不要采取掉以轻心、置之不理的官僚主义态度。"这一批示指明了信访工作的性质和主要功能，成为信访工作制度化建设的开端。信访工作从性质上是党委、政府的"秘书型"工作，信访制度的主要功能是加强同人民群众的联系、克服官僚主义。

1951 年 6 月 7 日，政务院颁发《关于处理人民来信和接见人民工作的决定》（以下简称《决定》）。这个仅有六条内容的简要《决定》，是第一部规范信访活动和信访工作的行政法规，为信访制度在全国的建立和发展起到了决定性和示范性作用，是我国信访工作制度化的初步尝试。《决定》颁布后，全国各地普遍开始加强信访工作，制定了一系列有关信访工作的指示、办法等规章，规范和完善信访工作制度。这一时期，"分级负责，归口办理"的信访办理原则逐渐形成，许多县建立了县长、县委书记接见群众来访日制度，定期接见来访群众。同时，党政机关、企事业单位也逐步设置和健全信访机构，增加专职、兼职信访干部。从 1951 年 7 月到 1954 年 6 月，中央人民政府各部委和中直机关有 12 个部门设立了接待室、人民信件组等专门机构。许多大行政区、省、自治区和直辖市先后设置了处理人民来信来访的专门机构，配备了专职干部。1952 年以后，县级机关普遍建立信访机构，配备专职、兼职信访干部。1954 年至 1957 年，人民群众来信来访量猛增，信访机构进一步完善。

1957 年 5 月 28—31 日，全国第一次信访工作会议召开，会议通过了《中国共产党各级党委机关处理人民来信、接待群众来访工作暂行办法》以及国务院《关于加强处理人民来信和接待人民来访工作的指示（草案）》两个文件，文件中第一次把信访看作是群众的民主权利，信访工作被正式纳入法规制度体系之中。

新中国成立之初，蓝图初绘、创业维艰，面对政权建设和经济建设中存在的新老问题，面对党内出现的官僚主义现象，党和政府迅速创建了信访制度，极大地调动了群众的政治热情，团结和凝聚了各界力量，推进了各项事业的顺利进行。

### 2. 信访形势的变化与制度调整（1957—1966 年）

1957 年后，国家政治形势发生剧烈变化，“左”倾错误已波及很多方面，人民群众的来信来访显著减少，信访工作出现严重的滑坡。1961 年，中央对国民经济进行了调整，工农业生产逐步恢复，信访活动又重新活跃起来。1961 年 2 月 8 日，中央机关信访工作会议召开，会议传达刘少奇同志的指示：人民来信很重要；对于来信要分类分析，区别情况进行处理。习仲勋同志要求，今后的做法“首先要建立和健全制度。信访工作要经常抓，要有汇报制度”。1963 年 9 月 20 日，中共中央、国务院联合下发的《关于加强人民来信来访工作的通知》，进一步明确了信访功能，确定处理信访是各级国家机关一项经常性的政治任务。这是党政最高领导机关第一次联名颁发、规格最高的一个文件，对信访制度建设产生了重要的作用和巨大的影响。

这一时期，信访制度建设又有了新的发展。在信访干部配备、信访机构设置和领导重视方面越来越符合客观现实，指导思想也一次比一次深化。1951 年《关于处理人民来信和接见人民来访工作的决定》规定：县（市）以上各级人民政府“在原编制内指定专人”做信访工作，并“设立问事处，或接待室”。1957 年《关于加强处理人民来信和接待人民来访工作的指示》规定：县以上人民委员会“一定要有专职人员”“专职机构”处理信访工作。1963 年《关于加强人民来信来访工作的通知》再次重申专人做信访工作的规定“应当仍然有效”。从“专人”到“专职”，表明信访机构已从临时性的应急机制转变为常设机构。在领导重视方面，也做出了更加明确具体的规定。1957 年《关于加强处理人民来信和接待人民来访工作的指示》要求，各级政府机关“都必须有一个领导人亲自掌管机关的处理人民来信和接待人民来访工作”。1963年《国家机关处理人民来信和接待人民来访工作条例》则要求，“各级国家机关，对于本机关的人民来信来访工作，应当作为一项重要工作，列入本机关领导的议事日程”，并且“指定一位领导干部具体掌管人民来信来访工作”。从要求领导同志“过问”到亲自“处理”，再提到会议上研究，信访工作越来越受到重视。

在信访办理实践中，逐步形成了“多办少转”的信访办理制度。1957年5月31日，习仲勋在全国信访工作会议上讲话，对“转办方法”做了详细说明。1961年2月8日，中央机关信访工作会议传达刘少奇同志对信访工作的指示：“信写到哪一级，只能哪一级拆看。”1963年《关于加强人民来信来访工作的通知》明确规定了省、地应当力求“多办少转”，县一般应当是“只办不转”的处理原则。1964年年初，国务院秘书厅对新中国成立十多年来信访工作中行之有效的做法加以总结，写出了《人民来信来访工作的基本经验》。此时，信访工作已经摆脱了就事论事，开始从理论上进行探讨，标志着信访工作发展到了一个新的阶段。

### 3. 信访制度的破坏与特殊方式的开展（1966—1976年）

1966年，“文化大革命”发生，大多数信访机构处于瘫痪、半瘫痪状态，有的被撤销、解散，有的被降格为信访组，全国的信访工作基本上处于停滞和半停滞状态。在当时十分混乱的情况下，许多信息渠道失灵，信访部门成为中央了解运动、生产、民情的重要信息来源之一，信访工作以特殊的方式仍有所开展。1968年6月6日，国务院秘书厅信访室成立了“总理亲启信办理小组”，该小组一直工作到1972年年初。在艰难的政治环境中，周恩来同志通过信访渠道采取了一些力所能及的措施，保护无辜受害的同志，改善被审查人员的生活待遇，加速落实政策工作。1969年9月8日，周恩来同志在中央办公厅秘书局信访处报送的《关于群众向中央写信遭受打击报复情况的报告》上批示，要中共中央办公厅“代中央拟一内部通报电稿，发给各省、市、自治区各级革委会，要求各级负责人引起注意。如违，应予以纪律处分”。1973 年 7 月 24 日，周恩来同志对新疆来访人热合曼反映的问题作出两次批示，批评指出：各级机关官僚主义、不负责任的习气甚深。要求对上访确有困难者，应予负责解决，一竿子到底。此外，必须追究基层落实情况，务使受害者或有问题不能解决者来信保证得到解决为止。

1972 年 4 月 24 日，《人民日报》发表《惩前毖后，治病救人》社论，这是经周恩来同志亲自审阅修改过的。社论强调，对一切犯错误的同志，都要坚持“团结—批评—团结”的方针，并指出：“经过长期革命斗争锻炼的老干部是党的宝贵财富。”1972 年上半年，国务院办公室会同有关部门研究制定了《关于被审查的干部和家属来信处理办法》和《关于军队干部问题来信的处理意见》，迅速解决了一大批党政军中的中高级干部问题，也为后来落实干部政策问题打下了基础，创造了经验。1972 年 11 月 7 日，中共中央办公厅、国务院办公室、总政治部、公安部召集有关部门负责人会议，对信访工作中经常遇到的重大的、突出的七个政策性问题（定性问题，非正常死亡问题，开除、退职问题，遣返、疏散问题，工资、劳保、优抚、救济问题，户口迁移问题和“可以教育好子女”的家庭出身问题）提出了解决办法，作出了相应的规定。1972 年 12 月 22 日，中共中央办公厅、国务院办公室、总政治部和公安部联合发布《关于加强信访工作和维护首都治安的报告》，报告要求加强对信访工作的领导，健全信访机构，对来信来访的处理，要严格区分和正确处理不同类、不同性质的矛盾，维护首都良好的社会秩序。此后一些地方逐渐恢复或建立了信访机构。

这一时期的信访体制基本上沿用过去形成的模式，没有实质性的变化和改善，信访部门一直处于忙乱应付之中。1972 年后，情况虽有好转，但原有的规章制度已不适用，新的工作秩序又没建立起来，始终处于维持、应付状况。

#### 4. 信访制度的恢复与重建（1976—1982 年）

“文化大革命”结束后，人民群众来信来访数量成倍增长，主要要求平反冤假错案、落实政策。1979—1981 年出现了 1949 年以来 30 余年从未有过的来信数量最多、来访人数最多的现象。1978 年 1 月胡耀邦同志到中组部后的第一个月，每天就有几百人到中组部上访，全月来信达六麻袋。1978 年 9 月 18 日至 10 月 5 日，第二次全国信访工作会议召开，会议讨论、印发、交流了中央和有关部门、省、市制定的具体政策草稿，涉及遣返遗留、上山下乡、城市私有房产、平反后的工资工龄、成分出身、户口等近十个具有普遍性的政策问题，为会后各地政策的正式出台奠定了基础。这些政策文件为以后三年大规模平反运动确立了标准和政策依据。

党的十一届三中全会之后，信访制度建设开始迅速步入正常发展的轨道。1979 年 8 月 30 日，中央机关处理信访问题领导小组成立，从中央机关抽调的 1 000 名干部，分三批赶赴各省、自治区、直辖市，协助处理信访问题。其后仅 1 个多月，国家机关和各省、自治区、直辖市陆续成立信访工作领导小组，地、市、县也随之成立了信访工作领导小组，均由各级领导同志组成。据统计，全国抽调了约 20 万名干部和中央机关的千人检查组一同深入基层，解决信访人的要求和问题，其声势之浩大和解决问题之多都是前所未有的。1980 年 9 月，中共中央办公厅和国务院办公厅人民来访联合接待室撤销，中共中央办公厅、全国人大常委会办公厅和国务院办公厅分别成立人民来访接待机构。根据形势的变化，各地信访机构也做了相应的调整。一些大中型企业也都建立了较强的信访工作领导班子和信访网络。领导负责制度、办案责任制度、报告制度，信访登记、转办、交办、检查、催办、记录、立档、统计、总结、回报以及保密制度等一系列信访制度得以迅速恢复发展，并逐步建立健全。1980 年，国务院颁布了《关于维护信访秩序的几项规定》，开始加强对信访秩序的治理。1982 年，《城市流浪乞讨人员收容遣送办法》颁布，逐步收容遣送城市中流浪人员。很快，这项制度就被扩大化了，收容遣送的对象包括异常上访者以及无组织外来劳工。通过制定管理办法，中央政府获得了司法权限以外的准司法权力，信访部门对异常上访人的收容遣返合法化、制度化了。一直到 2003 年该办法被废止，收容遣送制度在信访治理中扮演了重要角色。

1982 年 2 月 22—27 日，第三次全国信访工作会议在北京召开，会议通过了《当前信访工作形势和今后的任务》和《党政机关信访工作暂行条例》两个文件。《党政机关信访工作暂行条例》共分 6 章 21 条，明确了“分级负责、归口办理”“依法办信访”“件件有着落、有结果”的原则，规定了县以上各级党政机关都必须设置信访机构，使信访机构成为党政部门的一个常设性部门。由于当时信访工作几乎无法可依，《党政机关信访工作暂行条例》实际上担当了行政法规的角色，具有相当的约束力和强制力。这部准行政法规已经具备了信访条例的雏形，具有开创性，为后来制定信访条例提供了宝贵的立法经验。

到 1982 年，全国大规模的平反冤假错案工作基本结束。这一时期，信访工作从国家政治生活的边缘走到了中心位置，既是信访工作的辉煌时期，又是信访制度建设的过渡转型时期。

**5. 信访制度的功能转换和制度完善（1983—2003 年）**

改革开放之后，随着国家政治、经济形势的迅速好转和各项政策的逐步落实，信访内容发生了很大变化，要求平反冤假错案的来信来访已明显减少，关于改革和“四化”建设的建议日益增多。信访制度的功能也逐渐有了新的定位：为促进改革开放和经济建设服务。

1982 年 2 月，第三次全国信访工作会议审议修改的《当前的信访工作形势和今后的任务》提出，一定要“努力把信访工作这件大事办得更好、更有成效，为建设社会主义物质文明和精神文明作出新的贡献”。1986 年 3 月 12

日，中共中央办公厅和国务院办公厅联合颁发的《关于加强信访工作的通知》指出，当前信访工作担负的主要任务就是为党的中心工作服务。同年5月15—21日，全国信访工作座谈会召开，习仲勋同志指出，“我们要根据党的路线、国家的任务，把信访工作建设、加强好”，做信访工作的同志“要努力为‘七五’计划服务，为改革服务”。1995年10月30日至11月2日，第四次全国信访工作会议召开，会议要求进一步加强对信访工作的领导，为改革、发展、稳定，为建设有中国特色的社会主义事业做出新的更大的贡献。

各级信访部门面对改革开放以来出现的新问题、新情况，积极探讨、开拓创新，开创了信访工作体制新局面。1985年3月3—5日，国务院办公厅信访局在沈阳市召开现场会，推广沈阳市信访部门文明接待群众来信来访的经验。1988年2月，中共中央办公厅、国务院办公厅转发关于16省、市信访工作座谈会纪要，要求各级信访部门牢固树立人民当家作主的思想，文明接待、认真办信，保证信访渠道畅通，为群众提建议、诉委屈和实施民主监督创造方便条件。为了适应改革开放的新形势，鼓励广大群众积极参政议政，许多中央机关和地方人民政府，先后建立了人民建议征集制度。1988年，山西省最早实行人民建议征集制度，并设立专门机构做这项工作。紧接着，河北省、北京市、辽宁省沈阳市、黑龙江省等许多地方和民政部等国家机关设立了类似“人民建议征集办公室”等机构。在信访工作中，新问题、新情况不断涌现，信访活动空前活跃，出现了各种形式的跨地区跨部门的信访工作交流。这一时期，各地各部门因地制宜采用了办大专班、短期培训班、以会代培或系列讲座等办法，普遍开展了对信访干部的培训。据不完全统计，这类培训受训人约有10万多人。地方各部门的专兼职信访干部中大专以上学历占68%，中央部委专兼职信访干部中大专以上学历占82%。同时，信访理论研究普遍、深入地开展起来，许多地方成立了信访学会、协会和理论研究会。1991年5月16—20日，首届全国信访工作理论研讨会在北京召开，对信访工作的认识已从感性阶段向理性阶段迈进了一大步。

1995 年 10 月 28 日，新中国成立后第一部严格意义的信访行政法规《信访条例》正式颁布。《信访条例》虽然只是一部行政法规，在我国多元法律体系中处于第三效力等级，但是由于我国现实情况中党政合一的事实，所以《信访条例》不仅对政府部门的信访活动有效，而且对人大、司法、党的机构和其他社会组织的信访活动也具有事实上的约束力，因此该条例是我国信访活动的基本法。《信访条例》的颁布实施是建立社会主义市场经济体制和信访形势发展的需要，是信访制度法制化、规范化和程序化的重要进展。

经过 20 世纪 90 年代的不断深化改革和建设，20 世纪末，我国已初步建立了社会主义市场经济体制。社会主义市场经济体制的建立带来了整个社会的巨大经济变革和利益的重大调整，在这一社会体制转轨、经济成分日益多元化的巨大变革过程中，各类社会矛盾和利益冲突日益加剧，信访总量持续上升，信访反映的问题相对集中，政策性、群体性问题突出，信访诉求形势日趋激烈。随着“依法治国”理念的提出，信访制度建设进入了一个依法治理与制度创新的全新时期。

2001 年 9 月 27—29 日，全国第五次信访工作会议在北京召开，会议确定“今后五年要重点抓好六个方面的工作”。2003 年 9 月 19 日，中共第十六届中央委员会第四次全体会议通过《中共中央关于加强党的执政能力建设的决定》，要求“健全正确处理人民内部矛盾的工作机制，完善信访工作责任制，综合运用政策、法律、经济、行政等手段和教育、协商、调解等方法，依法及时合理地处理群众反映的问题”。

面临着信访形势的日趋严峻，国家高度重视信访工作，提高了信访部门的规格和地位。2000 年 2 月 13 日，中共中央办公厅、国务院办公厅颁发了《国家信访局职能配置、内设机构和人员编制规定》，将中办国办信访局更名为国家信访局，升格为副部级单位。截至 2004 年年底，全国 31 个省自治区、直辖市的省级信访工作机构中，有 19 个为正厅级，其中有的由省委或者省政府副秘书长兼任信访局局长；全国大部分县建立了基层信访工作机构，一些乡镇设有专职或兼职信访干部负责信访工作，基本上形成了“纵向到底、横向到边”的信访工作网络。

2003 年 3 月，在广州工作的 27 岁大学生孙志刚因没有随身带暂住证而被广州市公安局黄村派出所收容并于 3 日后遭殴打致死。“孙志刚事件”经过媒体报道，引起了全国各地乃至海外各界人士的强烈反响。为从根本上解决城市生活无着的流浪乞讨人员的问题，完善社会救助制度和相关法规，2003 年 6 月 20 日，国务院公布《城市生活无着的流浪乞讨人员救助管理办法》自 8 月 1 日起施行，同时废止 1982 年国务院发布的《城市流浪乞讨人员收容遣送办法》。7 月 16 日，民政部第三次部务会议通过《城市生活无着的流浪乞讨人员救助管理办法实施细则》，自 2003 年 8 月 1 日起施行。《城市生活无着的流浪乞讨人员救助管理办法实施细则》的实行，使《城市生活无着的流浪乞讨人员救助管理办法》更加落到实处，更具有操作性。2004 年 8 月，为进一步加大处理解决信访问题的力度，中共中央、国务院建立了处理信访突出问题及群体性事件联席会议制度（简称联席会议）。此后，各省、市、县也相继建立了由党委、政府负责同志牵头，主要职能部门负责同志参加的处理信访突出问题及群体性事件联席会议制度。各地各部门在化解信访难题工作中，勇于创新，努力探索新思路、新模式、新方法，在实践中创造了许多行之有效的信访办理新形式，如人大监督、信访听证、下访、接访等。这些信访工作经验的宣传和传播，不同程度地渗透、影响着其他地方信访工作的发展方向和工作格局，推进信访制度改革进一步深化和完善。

2003 年收容遣送制度废止，导致“信访洪峰”的出现，信访成为一个突出的社会问题。信访制度引起了社会各界的广泛关注，信访制度的存废成为当时争论的焦点，大致有三种观点：彻底改革（废除）信访制度、改良（规范）信访制度和强化信访制度。弱化信访制度，其实质是着眼于建设现代法治国家，推进中国政治文明；强化信访制度的实质是着眼于人治的现实，在不触动政治体制改革的前提下提高信访效率。在激烈的争论中，2005 年 1 月 5 日，国务院第 76 次常务会议通过了新修订的《信访条例》，决策者既不弱化信访制度，也不强化信访制度，而是在现有的条件下“规范信访制度”。在这种规范中，新修订的《信访条例》呈现出了一些“新亮点”，其内涵丰富，针对性和可操作性比较强，充分体现了以人为本的理念和全心全意为人民服务的宗旨，体现了民主与法制的精神，体现了构建社会主义和谐社会的要求。2005 年《信访条例》是学界和政界讨论取得的重大成果，也是渐进地改革信访制度迈出的重要的一步。

#### 6. 信访制度发展阶段（2004—2012 年）

随着改革的深化和利益格局的调整，我国已进入改革发展的关键时期，信访工作也遇到了许多新情况、新矛盾、新问题，社会矛盾增加，热点、难点、焦点问题增多。2004 年 8 月起，中央和地方设立处理信访突出问题和群体性事件联席会议，后又将联席会议办公室设在国家信访局。信访部门以此为平台，着力构建“统一领导、部门协调，统筹兼顾、标本兼治，各负其责、齐抓共管”的信访工作格局，其地位和作用进一步突出，迎来空前的大发展机遇。2006 年 10 月，党的十六届六中全会在对构建社会主义和谐社会的整体部署中，对信访工作“统筹协调各方面利益关系，妥善处理社会矛盾”方面提出了新的更高的要求，确立了信访工作在构建和谐社会中的基础性地位，赋予了新的职责任务。2007 年 3 月 10 日，中共中央、国务院颁发《关于进一步加强新时期信访工作的意见》，同月召开了第六次全国信访工作会议，进一步为信访工作指明了发展方向。《关于进一步加强新时期信访工作的意见》明确，新时期信访工作的定位是：信访工作是党和政府的一项重要工作，是构建社会主义和谐社会的基础性工作，是党的群众工作的重要组成部分。

2007年10月，党的十七大召开，从加快推进以改善民生为重点的社会建设的高度，强调“要妥善处理人民内部矛盾，完善信访制度，健全党和政府主导的维护群众权益机制”。信访制度发展进入一个新阶段，确立了信访工作是构建社会主义和谐社会的基础工作，是党的群众工作的重要组成部分，是以改善民生为重点的社会建设的重要内容。按照“同群众工作统揽信访工作”的思路，积极推广“义马经验”和“沈阳经验”，信访部门自身建设取得新突破。到2011年年底，全国近半数的市县在信访部门的基础上设立了群众工作部门，进一步拓展了信访工作的职能。海南、重庆、云南等地成立了省级群众工作部门，大部分省份建立健全了联合接访机制，整合了资源，推动了信访问题及时就地解决。

**7. 法治信访（2012年至今）**

党的十八大以来，党中央对信访工作作出一系列重要决策部署，习近平总书记就加强和改进人民信访工作作出一系列重要指示批示，为做好新时代信访工作提供了根本遵循。随着中国特色社会主义进入新时代，我国社会主要矛盾已转化为人民日益增长的美好生活需要和不平衡不充分的发展之间的矛盾，信访工作面临着许多新情况、新问题，必须主动适应形势的变化和任务的需要，全面加强党对信访工作的领导，全面提升信访工作的规范化、法治化、制度化水平，更好担负起为民解难、为党分忧的职责使命。

2012年11月，党的十八大报告通篇贯穿“全面推进依法治国”的法治新思维，是我国法治建设的重要里程碑。在此基础上，党的十八届四中全会通过了《中共中央关于全面推进依法治国若干重大问题的决定》，提出了“全面推进依法治国”建设的总目标。党的十八大和十八届四中全会开启了我国法治建设的新篇章。

2013年2月，在中央政治局就全面依法治国第四次集体学习会上，习近平总书记强调，以邓小平理论、“三个代表”重要思想、科学发展观为指导，全面推进科学立法、严格执法、公正司法、全民守法，坚持依法治国、依法执政、依法行政共同推进，坚持法治国家、法治政府、法治社会一体建设，不断开创依法治国新局面。

信访法治化是落实依法治国战略的重要举措，党和国家明确了新时期信访法治化的目标和任务。党的十八大报告要求“完善信访制度”，党的十八届三中全会要求“改革信访工作制度”。2014 年 10 月，《中共中央关于全面推进依法治国若干重大问题的决定》明确指出，把信访纳入法治化轨道，保障合理合法诉求依照法律规定和程序就能得到合理合法的结果。

2015 年 12 月，中共中央、国务院颁布了《法治政府建设实施纲要（2012—2020 年）》，再次强调了信访法治化的目标和措施。在新的历史条件下，推动信访制度的法治化、规范化，进而重塑我国以法律为主的社会矛盾冲突纠纷解决制度与机制体系，是深层推进法治国家建设的现实要求，也是信访制度破解自身实践困境，不断发展完善的现实需求。

党中央着眼健全为人民执政、靠人民执政的制度，对制定新的信访工作条例作出部署安排。按照党中央要求，国家信访局党组深入学习贯彻习近平总书记关于加强和改进人民信访工作的重要思想，认真总结党的十八大以来推进网上信访、诉访分离、依法分类处理等信访工作制度改革成果，全面吸收融合 2005 年国务院《信访条例》的内容，广泛征求吸纳各方意见，反复修改完善，形成《信访工作条例（送审稿）》报请党中央审议。2022 年 1 月 24 日，习近平总书记主持召开中央政治局会议，审议批准《信访工作条例》。2022 年 2 月 25 日，中共中央、国务院发布《信访工作条例》，并于 5 月 1 日起正式实施。《信访工作条例》以习近平新时代中国特色社会主义思想为指导，深入贯彻习近平总书记关于加强和改进人民信访工作的重要思想，总结党长期以来领导和开展信访工作经验，特别是党的十八大以来信访工作制度改革成果，坚持和加强党对信访工作的全面领导，理顺信访工作体制机制，进一步规范和加强信访工作，是新时代信访工作的基本遵循。《信访工作条例》的施行具有重大意义，主要体现在以下三个方面：

第一，《信访工作条例》是坚持和加强党对信访工作领导的重要制度安排。制定出台《信访工作条例》，坚持党中央对信访工作的集中统一领导，坚持和加强党对信访工作的全面领导，对于提高党领导信访工作的制度化、规范化水平具有重要意义，必将充分发挥党总揽全局、协调各方的领导核心作用，确保信访工作始终沿着正确的政治方向前进。

第二，《信访工作条例》是坚持人民至上、保持党和政府同人民群众血肉联系的重要举措。制定出台《信访工作条例》，坚持以人民为中心的发展思想，构建群众提出批评、建议、申诉、控告或者检举的通道，对于推动信访工作充分发挥了解民情、集中民智、维护民利、凝聚民心的作用，当好党和政府联系群众的桥梁纽带具有重要意义，必将进一步增强群众对党和政府的信任，厚植党长期执政的群众基础。

第三，《信访工作条例》为加强和改进新时代信访工作提供有力制度保障。制定出台《信访工作条例》，站在新的历史起点上纵深推进信访工作制度改革，进一步理顺信访工作体制机制，对于提高信访工作能力和水平，及时反映群众呼声，着力化解突出问题具有重要意义，必将推动信访工作实现高质量发展，更加适应形势和任务需要，更好服务党和国家工作大局。

2022 年 5 月 25—26 日，第九次全国信访工作会议在北京召开。习近平总书记亲切会见会议代表，向受表彰的先进集体和先进个人表示热烈祝贺，向全国信访系统广大干部职工表示诚挚问候。习近平总书记等党和国家领导同志在百忙之中亲切会见与会代表并合影，充分体现了习近平总书记为代表的党中央对信访工作的高度重视，对奋战在信访工作一线同志们的亲切关怀，对做好新时代信访工作的殷切期望，对全国信访工作者是极大的鼓舞、巨大的鞭策。第九次全国信访工作会议是在我国进入全面建设社会主义现代化国家、向第二个百年奋斗目标进军新征程的重要时刻，在举国上下喜迎党的二十大胜利召开之际，党中央、国务院召开的一次十分重要的会议。会议坚持以习近平新时代中国特色社会主义思想为指导，学习贯彻习近平总书记关于加强和改进人民信访工作的重要指示精神，全面回顾党的十九大以来，在党中央坚强领导下，信访工作取得的重要成就，部署当前和今后一个时期的总体要求和重点任务，表彰先进，交流各地各有关部门的工作经验。学习好、贯彻好、落实好第九次全国信访工作会议精神，是当前和今后一个时期信访工作的重要政治任务，深刻领悟“两个确立”的决定性意义，增强“四个意识”，坚定“四个自信”，做到“两个维护”，不断提高政治判断力、政治领悟力、政治执行力，坚定不移贯彻党中央、国务院决策部署，推动新时代信访工作高质量发展。

广大信访工作者要深入学习贯彻习近平总书记关于加强和改进人民信访工作的重要指示精神，精准把握新时代信访工作的基本原则和总体要求，牢记为民解难、为党分忧的政治责任，深入实施《信访工作条例》，奋力谱写新时代信访工作高质量发展新篇章，为服务党和国家工作大局、维护群众合法权益、促进社会安全稳定发挥更大作用。

## （二）信访工作制度设立

### 1. 古代信访工作的五种制度

归纳起来，我国古代在长期的信访及其接待活动中，逐步形成了一套相对固定的信访工作制度，其中比较具有代表性的有以下五种：

（1）逐级上访制度。这可以说是历代以来最根本的一项信访工作制度。在封建社会，由于地方政府行政、司法不分，所以未设专门的信访工作机构，其信访件都由地方行政长官或僚属处理，因此，只在中央政府设置有专门信访工作机构。平民百姓若有冤屈，须先至县衙申诉，然后逐级上诉，不许越级上访，更严禁动辄赴京“告御状”。如明初规定，凡民间词讼，皆须自下而上，或府、州、县、省官及按察司不为办理，及有冤抑，方许进京登闻鼓申诉；明宣德年间更进一步规定，凡违例越级上访者为有罪，如所诉经查实者，可予免罪，不实者戍边；明景泰年间规定更严，凡赴京告状者，不论冤屈是否属实，一概发配充军。如此明文规定不问青红皂白一律严惩，可见禁止越级上访制度之严厉，也足见古代百姓上访之难。关于逐级上访制度，其他朝代也有类似规定。

（2）交办制度。古代凡中央信访工作机构收受的信访件，一般由皇帝等人批阅后交原告所在地的上级衙门办理，有的则交原告所在地的衙门办理。如明代规定，前来皇宫门外击鼓鸣冤者，由值班官员收受状纸，待皇帝批示后，即派校尉带着状纸、御批，押着原告回原籍衙门审理。

（3）派员审理制度。有些重大的上访案件，经皇帝审阅后，为弄清事实真相，会由皇帝委派朝官，以“钦差大臣”的名义和身份赴地方调查处理。有时也指派地方大员审理。

（4）会审制度。对引起重大冤假错案，信访工作机构无法解决时，就由皇帝命朝廷各职能部门共同审理，如明朝称此为“园审”，清朝则称为“九卿会审”等。

（5）御裁制度。即由皇帝亲自审理、处理信访案件。这常常是皇帝标榜仁政、笼络人心、驾驭臣下的一种手段。

**2. 古代信访工作的局限性**

从历史上来看，尽管古代中央政府设有专门的信访工作机构，但因其主要是为皇帝个人服务的，所以其权力很小，真正能起到为民鸣屈的作用也很有限。但凡这些机构收到诉状后，都要上呈给皇帝裁决，而皇帝为了显示自己的威严，大多及时批阅，并基本能使原告的冤屈得到解决。诚然，就全国而言，这种事情可谓是少之又少，同时也不排除“一批、二转、三不管”的现象。

分析历代信访工作制度，从客观而论，逐级上访、交办等制度减轻了中央政权的压力；派员审理制度和会审制度，有助于提高信访件处理的质量；御裁制度则使信访活动置于皇帝的恩威之下，起到震慑和恩威并重的作用，有利于整饬吏治。然而由于封建社会大多数处于政治黑暗时期，贪官污吏不在少数，所以在上访事件中贿赂之风亦十分盛行，老百姓纵使有理，但若无钱，或者有冤而无背景，上访能得到伸张正义者，实属少数。所以历代的信访活动中，自然也是黑暗大于光明，邪恶多于正义。

### 3. 信访里程碑式的标志

社会主义制度的建立，赋予了信访活动以全新的内容和生命。新中国成立后，党和政府把处理人民群众来信来访工作列为一项重要的群众工作、政治工作和经常性的公务活动，不仅在各级普遍建立了信访办（局），使其成为听民意、察民情、解民困、解民急的桥梁和纽带，而且建立了各种法定性工作制度，使信访工作走上法制化、规范化、长效化的轨道，在建立民主政治、保障群众利益、监督行政权力、维护正常经济秩序和社会稳定方面，都发挥着重要的作用。

为了能够依法实施信访工作制度，1995 年，我国第一部关于信访工作制度的《信访条例》正式公布实施后，使得从古至今就存在的信访活动有了明确的法律依据，信访体制逐步建立起来，群众的信访权利得到了法律的保障。随着社会经济的发展，人民法律素质的提高，旧的信访法律体制已经不再适应新的社会经济形势的需要，民众和学术界都迫切需要一部新的《信访条例》来解决公民在信访中权利保障问题。为了适应这一需要，进入 21 世纪以来，国务院即组织有关部门着手对 1995 年颁布的《信访条例》进行修订，并于 2005 年 1 月 10 日颁布了新的《信访条例》，同年 5 月 1 日正式实施。这一新法规的实施标志着我国新的信访体制和工作制度的确立。《信访条例》从畅通信访渠道和信访事项的提出制度、信访事项的受理制度、信访事项的办理制度、维护信访秩序制度和法律责任制度等六大方面完善了我国原有的信访体制，使得我国的信访工作制度建设又上了一个新的台阶。

2022 年 2 月 25 日由中共中央、国务院发布《信访工作条例》，自 2022 年 5 月 1 日起正式施行，标志着我国的信访工作进入全新的阶段。《信访工作条例》是党的信访工作开展以来出台的第一部党内相关法规，是在新的历史起点上纵深推进信访工作制度改革、实现信访工作高质量发展的纲领性文件，具有重要里程碑意义。

### （三）信访工作现状

改革开放以来，群体信访和矛盾激烈的个体信访不断增多，面对各种利益冲突和社会矛盾，我国现有的信访工作制度面临着严峻的挑战，具体体现在如下三个方面：

一是信访事项高位运行。近年来，随着民众法律意识的增强，各个社会主体需要调整的利益逐渐增多，信访成为一种除法律行为外的另一种利益诉求模式，使得全国信访事项保持高位运行。

二是信访主体多元、反映内容复杂、信访形式多样。随着近年来我国社会变革的深入推进，在经济结构、利益分配、价值观念等方面面临多种社会性问题，这使得信访工作呈现出涉及群体范围广、事项复杂的特点。

三是集体访及群体串联增加。由于我国目前关于信访制度尚未建立完善的法律体系，对违法信访行为缺少明确的法律规定，导致矛盾个体往往会集聚起来，从而使个体矛盾演变为群体矛盾。

## 二、信访工作机构现状

### （一）系统体制松散、职责不清现象依然存在

我国信访工作机构数量庞杂、名称繁多，从中央到地方，各级党委、人大、政府、司法机关以及政府相关职能部门，均设有信访工作机构。各信访工作机构性质不尽相同，有的是行政单位，有的是事业单位，还有的是临时性机构。各信访工作机构之间职能也交织错杂，缺乏内在的沟通和协调，信息不共享，信访资源被大量浪费闲置。有时对一些信访案件常出现多重受理或相互推诿的现象。中央信访工作机构对地方信访工作机构及中央各部门信访工作机构之间的管制协调能力受限，各地信访工作机构的职能和权力及运作方式仍有较大的差异，缺乏强力制约属性。

### （二）法律地位、权利救济渠道需要进一步打通

信访的法律地位一直模糊不清，原《信访条例》中所规定的条款比较宽泛，执行起来也没有严格标准，造成同样的信访问题，各地处理信访的方式、方法也千差万别，甚至有些地方动不动就对上访者采取"截访"、拘留、关押、判刑的非法手段，造成很多受害者成为肇事者，维权者成为违法者。

### （三）信访功能错位、涉法信访问题仍然较多

在实践中，各种诉求交错在一起，出现"信访问题综合征"，而且公民往往把信访看成优于其他行政救济甚至司法救济的一种特殊权利，那些进入法律程序的案件或应当被行政执法机关和司法机关受理的案件，当事人不服行政执法机关和司法机关的作为与不作为，在申诉和控告未能如愿的情况下，转而向上级机关投诉，寻求法律程序之外的解决途径。这种情况造成以下两

方面现象：

一是信访问题涉及各个方面，出现了“信访问题综合征”，使信访机构承受了太大的社会责任。

二是本来信访只是与行政诉讼、行政复议等相似的行政救济手段之一，而国家的司法救济才是公民权利救济最主要的形式，可在实践中，民众更多地相信信访这一行政救济手段，并把其作为最后的希望所在。当前，涉法信访问题面临的形势非常严峻，上访总量不断上升，规模不断扩大，已严重影响到了社会稳定。

### （四）信访不断升级、信访人向中央集中

各级信访工作机构在没有任何监督下对信访案件实行层层转办，导致信访不断升级，各种问题和矛盾焦点向中央聚集。中央和国家机关受理群众信访量明显上升，省、地、县直属部门增幅反而较少，有的还是负增长。

### （五）存在控制上访与“截访”现象

当前，少数地方政府使用各种手段拦截信访人进入上级党政机关上访，上访人员称之为“截访”。“截访”的背后是各级地方政府的重重政绩压力，有些地方为了破除官僚作风，建立了“各级信访工作领导责任制和责任追究制”，这一制度要求，对发生较大规模的连续到省委、省政府或中央上访，对社会稳定和正常工作秩序造成严重影响的，要追究当地领导责任，并视情节轻重进行处理。在“问责”压力之下，一些地方会采取违规甚至违法的手段抑制上访。《南方周末》曾经报道，少数地方政府使用暴力等手段拦截上访人进入上级党政机关，有些地方对上访人进行打击和迫害触目惊心。

### （六）社会各界观点

面对上述问题，在行政法制化的进程中，信访工作制度何去何从？社会

各界提出三种观点：

一是认为信访工作制度从根本上与法制化进程相违，应该取消这种制度；二是认为应该加强信访工作的强度，进一步强有力地解决群众的问题；三是认为当前的关键在于规范，将信访工作制度进一步纳入法制建设的正规轨道上去，通过立法统一规范信访工作，同时建立起高效的信访监督监察机制。

有的专家提出，撤销或是撤并现在的各级信访工作机构，代之以公共法律援助机构，将原来的信访局、信访办成建制地改为“公共法律援助中心”，聘请具备律师资格的人员担任“公职律师”，为信访人服务。“法律援助中心”实行“一厅式办公”，“公职律师”接到群众“信访材料”后，立即为群众提供免费的法律咨询服务，指导群众按照法律途径解决问题。同时，分别设置纪检、监察、检察、公安、审计、税务、工商等部门的举报箱、举报传真机、热线电话，由各职能部门直接受理案件、投诉、咨询、质询。

必须明确的是，信访是公民的基本政治权利，只能不断加强，不能弱化。信访说到底就是体现了公民的请愿权利，这一权利是公民政治权利中非常重要的一项，应该得到充分的尊重与支持。

### （七）《信访工作条例》的重大意义与内容

新出台的《信访工作条例》全面吸收和整合了 2005 年《信访条例》，进一步明确了党领导下的信访工作体制和工作格局，体现了党的十八大以来信访工作取得的理论成果、制度成果、实践成果。《信访工作条例》围绕做好新时代信访工作的体制机制、职责任务、处理程序、监督体系等进行顶层设计，共 6 章 50 条，主要有以下四个方面内容：

一是规定做好新时代信访工作的总体要求。明确了本法规制定目的和依据、适用范围，对信访工作的地位作用、指导思想、主要原则及工作要求等作出规定。

二是规定信访工作体制和工作格局。确立了党领导下的信访工作体制和格局，明确党委、政府、信访工作联席会议、信访工作部门以及各方力量在信访工作中的定位和职责，同时明确了信访工作的保障措施。

三是规定信访事项处理程序。明确各类信访事项提出、受理、办理的形式、渠道、程序和方式，体现了党的机关、人大机关、行政机关、政协机关、监察机关、审判机关、检察机关等处理信访事项不同的程序要求。

四是规定信访工作监督体系。健全信访工作监督机制，对责任追究的情形和方式等作出明确规定。

## 三、信访事项三级终结构成要素

《信访工作条例》规定：对信访人提出的信访事项，有权处理的机关、单位应当在法定的时间内处理并予以书面答复；信访人对信访处理意见不服的，可以向原办理机关的上一级机关、单位请求复查，复查机关、单位应当在法定时间内复查，并予以书面答复；信访人对复查意见不服的，可以向复查机关、单位的上一级机关、单位请求复核，复核机关、单位应当在法定时间内提出复核意见。信访人对复核意见不服，仍然以同一事实和理由提出投诉请求的，各级党委和政府信访部门和其他机关、单位不再受理。

从以上规定看，所谓信访事项三级终结，是指信访事项经过有权处理的机关、单位处理、复查、复核结束后，将不再受理。尽管《信访工作条例》没有用“终结”一词，但其“不再受理”的基本精神与信访事项终结是一致的。信访事项三级终结制度对于规范信访行为，减少越级上访、重复上访和“上访老户”，提高信访工作效率，维护信访秩序，都具有十分重要的意义。

按照《信访工作条例》精神，应积极探索、大胆实践，建立信访事项三级终结工作机制，其主要构成部分主要包括以下三个方面：

### （一）基本制度保障

各级党委和政府信访部门均应出台相关办法和实施细则，明确信访事项复查、复核的受理范围、办理的责任机关和责任人，规定复查、复核工作程序，规范各级机关、单位信访事项受理、办理、复查、复核行为，为信访事项三级终结工作提供制度保障。

### （二）组织人员保障

一是应明确规定，信访事项办理、复查、复核责任主体为有权处理的各级机关、单位及其工作部门，对办理、复查、复核信访事项工作负责；

二是应成立相应工作机构，负责信访事项复查、复核的受理、交办、督办等运作工作；

三是各级工作机构相互配合，形成工作网络，为信访事项三级终结工作提供组织人员保障。

### （三）责任机制保障

应建立信访事项三级终结工作责任制和责任追究机制，坚持谁主管、谁负责和分级负责、属地管理原则，把三级终结工作列入信访工作年度目标管理，严格考核和奖惩。建立错案追究制度，定期通报复查、复核工作情况，对责任心不强或徇私枉法，造成假案、错案的，坚决追究有关人员责任。

## 第二节　信访工作机构的职责

信访工作机构的职责可以概括为信息窗口、桥梁纽带、参谋助手，其核心是“服务”。这是对信访工作的内在要求。

**1. 发挥信息窗口作用，反映社情民意，为领导决策服务**

信访工作机构作为各级党政机关了解社情民意的“窗口”，接触社会面广泛，集中的信息丰富，了解的情况更具有典型性、真实性和针对性。信访工作机构通过对这些情况的反映，特别是通过对重要、重大情况的反映，为各级机关、单位议事决策提供依据。

**2. 发挥桥梁纽带作用，体现宗旨观念，干部群众联系服务**

“全心全意为人民服务”是中国共产党的根本宗旨，同时也是各级党委和政府的根本宗旨。人民群众通过信访途径提出申诉和意见，是宪法赋予公民的权利，所反映的问题更多的是一种自我求助。加强督办，解决、处理好信访人提出的实际困难和问题，可以进一步加强各级机关、单位与人民群众的密切联系，更好地体现宗旨观念和国家权力机关的人民属性，这也是执政为民的要求。

**3. 发挥参谋助手作用，协助监督工作，为公平公正服务**

信访工作机构提出拟办意见、督促办理落实、反映信访情况，为各级机关、单位依法实施法律监督和工作监督创造了条件，从而有效促进依法行政、公正司法。

## 一、信访工作机构职能定位

（1）各级党委和政府应当加强信访工作，建立统一领导、部门协调，统筹兼顾、标本兼治，各负其责、齐抓共管的信访工作格局；应当畅通信访渠道，为信访人提出信访事项提供便利条件。

（2）各级党委和政府应当建立健全信访工作责任制，对信访工作中的失职、渎职行为，依法追究有关责任人员的责任。

（3）各级党委和政府负责人应当阅批重要来信、接待重要来访，检查指导信访工作，研究解决信访问题。

（4）信访工作应当坚持属地管理、分级负责，谁主管、谁负责，依法、及时、就地解决问题与疏导教育相结合的原则。

（5）各级党委和政府信访部门是开展信访工作的专门机构，各级党委和政府信访部门以外的其他机关、单位应当根据信访工作形势任务，明确负责信访工作的机构或者人员，参照党委和政府信访部门职责，明确相应的职责。

（6）各级党委和政府应当为信访工作提供必要的支持和保障，所需经费列入本级预算，应当为信访工作机构及其工作人员提供必备的工作场所和其他工作条件。

（7）对信访人反映的情况、提出的建议意见类事项，有权处理的机关、单位应当认真研究论证。对科学合理、具有现实可行性的，应当采纳或者部分采纳，并予以回复。

（8）各级党委和政府应当将信访工作绩效纳入单位考评和公务员考核体系，对在信访工作中做出优异成绩的单位和个人给予表彰、奖励。

（9）各级党委和政府的信访工作机构负责处理信访事项，主要职责是：

1）受理信访人提出的属于职责范围内的信访事项，协助党委和政府负责人做好接访和约访工作；

2）承办上级、本级党委和政府及其信访工作机构交办、转送的信访事项，并按要求及时报告、反馈承办结果；

3）向本级、下级党委和政府及其工作部门或者其信访工作机构交办、转送信访事项；

4）指导、督促、检查信访工作，协调处理和督查、督办重要信访事项；

5）宣传有关法律、法规和政策，研究、分析、反映信访情况，开展调查，提出完善政策、制度、措施的建议；

6）对在信访工作中推诿、敷衍、拖延、弄虚作假造成严重后果的机关、单位及其工作人员，应当向有管理权限的机关、单位提出追究责任的建议；

7）其他依法应当履行的职责。

（10）各级机关、单位应当向社会公布网络信访渠道、通信地址、咨询投诉电话、信访接待的时间和地点、查询信访事项进展及结果的方式等相关事项，在其信访接待场所或者网站公布与信访工作有关的法律、法规、规章，信访事项的处理程序，以及其他为信访人提供便利的相关事项。

（11）各级党委和政府应当选派坚持原则、公正廉洁、责任心强，具有相应的法律知识、政策水平和群众工作经验的人员从事信访工作。

（12）各级党委和政府应当定期对信访工作人员进行法律、政策、业务等相关知识培训。

（13）各级党委和政府应当充分利用现有党政信息网络资源，建立或者确定本行政区域、本系统的信访信息系统，并与上、下级各级党委和政府的信访信息系统实现互联互通，为信访人在当地提出信访事项、查询信访事项办理情况提供便利。

（14）各级党委和政府负责人可以根据工作需要，由本人或者其指定的工作人员采取定期接待、预约信访人，到信访人居住地面谈等便民方式，协调处理信访事项。

（15）市、县级党委和政府应当建立和完善联合接访工作机制，根据工作需要组织有关机关、单位联合接待，一站式解决信访问题。

（16）县级以上党委和政府可以建立有利于迅速解决矛盾纠纷的工作机制。

（17）各级党委和政府信访工作机构应当组织相关社会团体、法律援助机构、专业人员、社会志愿者等共同参与，运用咨询、教育、协商、调解、听证等方法，依法、及时、合理处理信访人的投诉请求。

（18）各级党委和政府信访工作机构应当针对信访人在一定时期内反映

的热点、难点问题开展调查研究，对涉及法规、规章、决议、决定等规范性文件的有关问题，应当及时向有关党委和政府报告，并提出完善政策、解决问题的建议。

## 二、信访工作机构职能转变

### （一）信访工作机构职能转变原则

（1）精简、统一、效能的原则，使决策权、执行权、监督权既相互制约又相互协调。坚持中央要求与地方实际相结合，以转变政府职能为核心，以理顺职责关系为切入点，以提高行政效能和政府服务水平为基本要求，从促进经济社会又好又快发展的需要出发，着力解决一些长期存在的突出矛盾和问题。

（2）遵循上下基本对应的原则，认真做好与国务院机构改革的衔接，建立与国务院组织框架相协调的行政体系。

（3）凡工作可以交由现有机构承担的，绝不另设议事协调机构；要坚持一件事情原则上由一个部门负责，涉及跨部门的事项由主办部门牵头协调；确需设置议事协调机构的，必须严格按规定程序审批，一般不设实体性办事机构。与此同时，必须建立健全部门间协调配合机制和信息共享机制，在主动协调中形成合力。

### （二）各级信访部门应增强服务意识

#### 1. 变“坐门等访”为“公开接访”

实行领导公开接访、领导直接包案，做到随访随接、及时处理。

#### 2. 变“群众不定期上访”为“干部定期接访、约访、下访”

对群众反映的问题在一线研究、调处、化解。在下访活动中，下访干部不仅要做理顺民情、化解矛盾的协调员，更要做体察民情、为民谋利的服务员，当好促进增收、帮民致富的导航员，把群众的精力引导到经济建设上来。

**3. 变“弹性指标”为“硬性考核”**

严格实行目标管理责任制、定期考核制、责任追究制，做到“谁主管、谁负责”，并把信访工作的绩效纳入公务员考核体系。

**4. 变“孤军作战”为“整体联动”**

把人民调解、司法调解和行政调解结合起来，加强各部门之间的协调，形成齐抓共管的“大信访”工作格局。

### （三）搭建解决信访反映问题平台

从实践来看，解决信访反映问题平台应该是一些地方正在实践中的信访大厅。信访大厅或信访接待大厅，与其相类似的还有民生服务大厅，与以前的信访局有本质区别的是：信访大厅除了信访部门以外，还同时进驻了其他职能机构，使之在接访的同时即可以解决问题。如果说传统信访部门是一个“中转站”的话，现在的信访大厅则是解决问题的“终点站”。这是信访机制上一次巨大的创新，这种创新的动力来自基层对信访工作的不断探索，来自各级党委和政府为民服务理念的不断加深。各地信访大厅实践的成功又为做好基层信访工作提供了一个很好的载体和平台，创造出了一种集中办公、联合接访、直接调处的“一站式”信访工作新机制。

### （四）把信访工作作为一个常抓不懈的工作来做

需要从体系上、队伍上乃至经费上营造一支稳定的、网络健全的信访工作大军。目前我国许多县市都已经把信访工作延伸到了乡镇、村一级，比如在村一级设立信访信息员，其中有的地方聘请的是计生员，因为计生员对村里的情况比较了解；有的地方聘请的是大学生村官，因为大学生村官的个人素养、责任心乃至敏感度较强；有些地方甚至还发展了信访代理员制度。有些地方除了在县里建起了信访大厅外，还在乡镇建起了信访工作室，在村里建起了信访工作组。而所有这些好的成功的做法还需在更大的层面上推而广之，方能营造一种信访层层有人抓、件件有人管的氛围。

### （五）树立信访工作重心前移的理念

要想方设法把矛盾化解在苗头阶段，要不断完善和充实以“县委书记大接访”为代表的主动接访活动，同时要与时俱进不断创新和发展更多更全面的信访形式。“县委书记大接访”是政府职能转变的一个重要表现形式，同时也是把矛盾化解在苗头和源头阶段的一个重要方法。

### （六）建立领导接访的体制机制

以“县委书记大接访”为开始，目前许多地方已经建立起了比较完整的各级主要领导接访机制，创造出“首问负责制”“首办负责制”“包案责任制”等配套措施，同时还衍生出“入户听诉”等更加主动了解民意的形式。而随着社会的不断发展，信访的形式也应该不断创新和完善，比如网络信访、视频接访还可以在更大的层面上推广。我国社会经济发展到现阶段，民生问题已经成为党和政府工作的头等大事之一，而与民生问题息息相关的信访工作既是民生问题的晴雨表，也是解决好民生问题的一个窗口，更是维系社会稳定的一个基础条件。民生无小事，信访工作亦然！

# 第三章

# 信访工作人员和信访人

信访工作是我们党的群众工作的重要组成部分，党的几代领导人都把做好群众信访工作当作保持与加强党同人民群众血肉联系的一件大事。当前，信访工作坚守人民情怀，坚持底线思维、法治思维，服务党和国家工作大局，不断畅通和拓宽信访渠道，全面提高信访工作人员的能力，积极开创信访工作新局面。这对于促进又好又快发展和促进社会和谐稳定具有重要意义。

各级党委和政府的领导要重视人民群众的来信来访工作，进一步健全信访工作制度，要采取多种形式，密切同群众的联系，畅通民主渠道。为人民服务的宗旨和实事求是的工作态度，应该成为信访工作的重要原则。

## 第一节　信访工作人员

新时代背景下，应进一步提高信访工作人员素质，使各单位信访专

（兼）职人员特别是领导干部更新观念、明确责任、加强管理、创新实践，认真落实完善信访工作责任体系，加强信访工作的制度化建设，积极探索和推进信访工作的长效机制。各级信访工作人员要正确引导信访人以理性合法的形式表达利益诉求、解决利益矛盾，要强化谈判、沟通、协调的语言技巧与方法，不断提高解决信访问题的能力，努力培养与建设一支业务能力强、政治素质过硬的信访工作队伍，做好新时代的信访工作。

信访工作人员素质的提高不仅有利于助推自身事业的发展，而且在促进社会和谐稳定方面尤为重要。做好信访工作，除了制定信访接待规范，统一接待行为和处理信访问题外，更要求信访工作人员具备过硬的业务素质和工作能力。

## 一、信访工作人员职责和素质概述

### （一）以党的建设促进信访工作

当前，世情、国情、党情的深刻变化对党的建设提出了新的要求，党面临的执政考验、改革开放考验、市场经济考验、外部环境考验是长期的、复杂的、严峻的，落实党要管党、从严治党的任务比过去任何时候都更为繁重和紧迫。全党必须居安思危，增强忧患意识，常怀忧党之心，恪尽兴党之责，继续推进党的建设新的伟大工程，确保党始终走在时代前列，始终成为全国人民的主心骨，始终成为坚强的领导核心。

信访工作人员要认真倾听群众的呼声，解决百姓的诉求，了解社情民意，积极为群众排忧解难，及时、有效地化解大量矛盾纠纷和信访突出问题。当前，信访形势总体平稳有序，越级上访和非正常上访总量逐步下降，虽然取得了一定的成绩，但信访形势依然严峻。特别是近年来随着城市化进程的加快推进，一批重点工程和项目相继实施，征地拆迁任务重、难度大，乡村振兴建设也进入了攻坚克难阶段，特殊空间和时间因素，决定了做好信访稳定工作的极端重要性和艰巨性。

### （二）积极适应信访工作的要求

#### 1. 不断学习，依法行政

信访工作需要熟悉和掌握的政策、法规涉及面很广，有些政策和法规为适应不断变化发展的形势修订频繁。为较好地做到依法调处解决人民群众信访反映的问题，作为一名信访工作人员要从思想上提高认识，这个认识就是要不断地学习，不断地更新和充实、构建业务知识体系。

#### 2. 关心群众，热情服务

群众利益无小事，信访稳定工作也无小事。信访工作关系群众的切身利益，在日常工作中，对群众要动之以情、晓之以理，使其心悦诚服。大道理要讲、小事实也要摆，推心置腹、换位思考，若执迷不悟，再亮法律的宝剑。信访工作处在群众工作的第一线，代表的是党委和政府的形象，要表现出良好的工作态度。

#### 3. 爱岗敬业，恪尽职守

信访工作是平凡的，又是重要的。要热情为群众排忧解难，深入细致地做好信访工作，要把政治理想和人生目标融入本职工作，落实在实际行动上，从日常的一件件事情做起，从具体工作做起。

#### 4. 艰苦奋斗，勤勉务实

新形势下的信访工作，任务繁重、工作辛苦，广大信访工作人员都会遇到公与私、义与利、得与失的考验。要培养坚强的意志和执着的精神，干工作不拈轻怕重，遇困难勇于迎难而上，正确对待名利得失，在任何时候都要做到舍利而取义，时时自重、自省、自警、自励，始终保持蓬勃朝气、昂扬锐气和浩然正气。

## （三）踏踏实实做好本职工作

### 1. 坚持领导干部定期接待群众来访

领导干部应定期接访，坚持公开透明、规范有序、方便群众、解决问题的原则，定期安排一定的时间接待来访群众。

### 2. 坚持落实领导干部包案制度

对群众反映强烈的突出问题，要实行领导包案，并落实好“六包（即包受理、包调查、包认定、包协调、包稳定和包解决）”责任制，综合运用政策、法律、经济、行政、社会救助以及思想教育等手段，努力在“案结事了”上下功夫。

### 3. 坚持定期组织干部开展下访活动

综合运用督导检查、带案下访、座谈走访、驻点指导、调查研究等形式，切实开展下访工作。通过下访深入调查研究、督促指导，了解基层执行党和国家政策的情况，提出完善相关政策的意见和建议。

### 4. 坚持矛盾纠纷排查化解工作制度化

在方法上，坚持经常性排查与集中排查相结合，实现矛盾纠纷排查的动态化、常态化，构建全覆盖、无疏漏的排查网络，增强工作的预见性和针对性。

### 5. 深入开展治理重复信访，化解信访积案工作

按照中央、省、市的统一部署，继续推进信访积案的化解工作，集中精力、集中时间，进一步强化“事要解决”，加大办访力度，创新办访方式。加大对初信初访的办理力度，有效降低重访率；加大对“上访老户”的稳控力度和措施，确保不发生越级访现象，把稳控责任和措施落到实处，力争使95%的积案案结事了、息诉罢访。

**6. 坚持强化落实信访工作责任**

（1）落实领导责任。在信访工作中，各级党政主要领导负主要责任，分管领导负直接责任，其他领导负“一岗双责”的责任。

（2）落实工作责任。按照“属地管理、分级负责”“谁主管、谁负责”的原则，切实落实各部门、各单位、各机构责任。

（3）落实内部责任。强化案件承办人员的工作任务和岗位职责，充分发挥每位工作人员的主动性、积极性和创造性。

**7. 抓好源头预防，解决信访突出问题**

（1）切实加强以党支部为核心的基层组织建设，对一些班子涣散、治安混乱、经济后进的村（居），要限期整改，选好班长、配强班子、配齐力量、强化保障、健全制度；

（2）大力加强基层信访调解机构建设，配齐人员、落实待遇，充分发挥其在信访工作中的第一道防线作用；

（3）进一步健全基层信访信息网络，加大信访隐患的排查调处力度，增强工作的敏感性、超前性和主动性，早发现、早介入、早处置、早化解。

**8. 及时了解信访工作的新情况、新问题，研究解决问题的新办法、新措施**

认真贯彻落实党关于信访工作的政策要求，坚持以人民为中心，高度重视和妥善处理人民内部矛盾，进一步畅通信访渠道，加大问题解决力度，夯实基层基础，健全信访工作长效机制。保护群众权益，努力使信访稳定工作更好地适应新形势、新任务的要求，推动信访工作更上一个新台阶。

## 二、信访工作人员有关制度

### （一）工作制度

（1）接待人员要注意仪表，礼貌待人、态度和蔼，不得使用刺激性语言；

（2）不得接受信访人礼物、宴请、消费等；

（3）办理信访事项，应当恪尽职守、秉公办事，查明事实、分清责任，加强教育疏导，及时妥善处理，不得推诿、敷衍、拖延；

（4）未经调查、弄清事实时，不应对信访人反映的问题轻易肯定或否定，不能随意许愿或批评指责；

（5）进行信访约谈、了解和调查信访事项时要有两名工作人员参加，不得单独一人进行。

### （二）保密制度

（1）信访局（办）工作人员要严格遵守保密纪律，不得向无关人员谈论信访举报问题；

（2）对举报、控告人和申诉人的检举、控告材料及有关情况（如姓名、工作单位等）必须严格保密，检举、控告材料列入密件管理；

（3）严禁将检举、控告材料转给被举报单位、被举报人；

（4）查处信访举报问题、答复举报人、奖励举报有功人员及宣传报道时，严格按照有关保密规定办理。未经举报人同意，不得以任何形式公开举报人身份。

### （三）外出办案纪律制度

（1）外出办案要征得分管领导同意，并及时将案件进展情况向分管领导汇报；

（2）外出办案工作人员要严格遵守保密制度和办案纪律，保持良好工作作风和维护信访干部的良好形象，调查取证时必须要两名以上工作人员同行。

## （四）请示报告制度

（1）凡是以信访局（办）名义向上级部门请示报告工作，向基层有关部门交办工作或答复其请示事项，须先征得主管领导的同意，并经分管领导的审批；

（2）工作中遇到个人不能解决、决定的问题，以及其他应该向领导报告的问题，须及时请示报告；

（3）参加外出办案、会议、培训或是有关部门组织的活动，应先向主管领导报告和汇报；

（4）工作人员有事请假，按局（办）有关规定办理。

## （五）首访负责制度

凡来人或通过电话、传真等通信工具到信访部门反映问题或者投诉时，所接触的第一位信访工作人员即为首访责任人。首访责任人必须坚持热心、耐心、诚心的服务宗旨，做到有问必答。对群众反映的问题属本部门受理范围的，要认真负责地做好记录、登记、呈批工作，同时要对反映的信访问题跟踪到底，及时了解办结情况，并将情况适当反馈给信访人；对不属于本部门受理范围的信访问题，必须耐心、全面、详细地向信访人解释，并指引其到相关部门反映或通过司法途径解决。首访责任人不得以任何借口拒绝群众提出意见和反映问题。

## （六）回避制度

（1）信访工作人员与信访事项或者信访人有直接利害关系的，应当回避；

（2）信访工作人员的回避，由信访部门负责人决定；信访部门负责人的回避，由其所属上级机关负责人决定。

### （七）考核制度

应通过民主测评、组织考察等形式，加强对信访工作人员的绩效考评。

### （八）奖惩制度

应完善分配制度，做到奖惩分明，贡献与报酬挂钩，充分调动信访工作人员的积极性。鼓励创新、鼓励创造、鼓励奉献，对贡献特别突出的要实行重奖，要在工资、职称、住房、培训等方面切实向做出突出贡献的人员倾斜。

## 三、信访工作人员的素质

信访工作涉及方方面面，又直接面对群众，综合性、政策性、群众性很强，这就要求信访工作人员必须具备较高的政治素质和较强的业务水平，必须建设好一支能够适应新形势需要的信访工作人员队伍。

### （一）素质的基本内容

一般认为，素质主要包括以下几个层面：

#### 1. 知识

知识即个人在某一特定领域拥有的事务型与经验型信息，如对从事工作的了解、学历、专业背景等。

#### 2. 技能

技能指个人掌握和运用专门技术的能力，如语言沟通能力等。

#### 3. 自我认知

自我认知即个人对自己身份的知觉和评价，它表现出来的是个人的态度、价值观与自我形象，如认为自己是服务团队中的一分子，并且要为团队做出贡献等。

4. 特质

特质指一个人的个性、心理特征以及对环境与各种信息所表现的一贯反应，如善于倾听、处事谨慎、做事持之以恒等。

5. 动机

动机即推动个人为达到一定目标而采取行动的内驱力，如希望把自己的事情做好、希望控制和影响别人、希望理解和帮助别人等。

### （二）信访工作人员应具备的基本素质

1. 思想素质

信访工作人员不同于普通职业的工作人员，其思想素质也因其特殊的工作性质，包括必须具有相应良好的政治素养。在机关、单位工作的人员，直接参与国家政策、法律、法规、制度的制定或执行，手中或多或少都有一定的权力，这就要求他们具有较高的思想素质，要有坚定的政治立场、共产主义信念，要深刻理解党和国家的大政方针、基本路线，并把这些贯穿到现实工作中去。

2. 职业素质

信访工作人员的工作性质对其职业道德的要求更加严格。作为一名信访工作人员，要时刻把党和国家的、社会的、集体的、人民的利益放在第一位，做好人民的勤务员，工作中要做到敬业务实、实事求是、清正廉洁、公正无私、遵纪守法、坚持原则、团结协作、顾全大局。

3. 文化素质

信访工作人员的工作看似是单一工作的简单重复，其实不然。随着时代的进步，社会、经济、政策等大环境的逐渐变化，信访工作人员的工作内容也在与时俱进，要想把工作做得更好，基本的文化素质是必不可少的，尤其是人文、历史、政治、法律，以及经济学、管理学、心理学等方面的知识，每个部门的信访工作人员都应该掌握。

**4. 心理素质**

信访工作人员的工作要与外界的人和事打交道，是否能高质量地完成工作任务，心理素质起着非常关键的作用。总的来说，要用一种正常的心态来对待工作。也就是说，不管面对的是什么样的人，都应该保持不卑不亢；不管多么着急的事情，都应该沉下心来冷静处理；不管生活中发生了什么不愉快的事情，都不应该把情绪带到工作中去；不管遇到了多么困难的事情，都不应该退缩。只有这样，才能适应繁杂的信访工作，才能以饱满的热情投入到工作中去。

**5. 业务素质**

信访工作的各个岗位，对于工作人员的业务素质有不同的要求，有些基本的业务素质是每名工作人员所必须具备的。如哲学常识、经济常识、法律常识、行政管理相关知识、公文写作与处理相关知识，以及英语、计算机、电子政务等知识，其他涉及各行业、各部门的专业知识、专业技能、行业法律法规、机关业务相关常识，则需要针对具体情况逐一掌握到位。只有全面掌握了这些基础的知识，具备基本的业务素质，才能为人民群众提供满意的服务。信访工作人员还需要具备应急处理突发事件的能力，因为在信访处置过程中可能会出现很多意想不到的事情。

### （三）信访工作人员应具备的特点

**1. 坚定的政治立场和政治责任感**

作为信访工作人员，应具有坚定的政治信念和政治责任感，坚持正确的政治方向和政治立场，坚持中国共产党的路线、方针、政策，忠于党、忠于国家、忠于人民、忠于社会主义事业；应具有相应的政治理论功底，认真学习马列主义、毛泽东思想，学习习近平新时代中国特色社会主义思想；应具有正确的人生观、价值观，树立正确的权力观、地位观和利益观，善于从政治上观察、思考和处理问题，做好管理和服务工作。具备这样的政治素质和理论功底，才能正确处理各种社会矛盾尤其是人民内部矛盾，促进社会的公平、公正与和谐，卓有成效地服务于人民。

**2. 要有与人为善的丰富情感**

信访工作人员要明确自己的义务和职责，摆正自己的位置，在管理理念上实现由“管”字当头向“服务为本”的转变，强化“人民至上”，树立“服务是公务员天职”的意识。在目前，尤其应坚持以人民为中心，在公共管理和服务工作中坚持以人民需要为导向，变“被动服务”“要我服务”为“主动服务”“我要服务”。信访工作人员必须具有美好的、健康的、与人为善的高尚情感，要从待人接物等小事做起，用平和的心态、平等的身份，唤起信访人的尊重与共鸣；要贴近信访人，解决信访人最急、最盼、最怨的信访难题；要自觉实践“立党为公，执政为民”的本质要求，牢固树立为人民服务的观念，真正做到“情为民所系”；对待信访人要富有同情心和正义感，切忌冷若冰霜、不闻不问，没有一丝的人情味。

信访工作人员要关心信访人的冷暖疾苦。俗话说：好言一句三冬暖，恶语伤人六月寒。多说一些安慰的话，多做一些感人的事，从为信访人准备一杯茶和多说一句贴心话做起，身体力行，主动为他们解决问题，从而展示出一个可亲、可爱、可敬、可信的信访工作人员的良好形象。

**3. 要学会倾听与理性分析**

倾听和耐心是信访工作人员的基本功，倾听是一门艺术，耐心是个人修养的表现。对于信访工作人员而言，无论他的权限范围如何，倾听与耐心都是最基本的要求。在一些情形下，即使本单位的权限不足以解决所遇到的信访问题，倾听与耐心也是必需的，因为这是了解事实与问题所在的必经之路。理性分析能力也是处理信访问题必不可少的，应做到不带任何偏向，多角度分析问题。人们总是习惯于从自己的立场看问题，这样就很容易对一些信访案件轻易地下结论。如果能经常站在对方的立场上，让思维处于不同的视角，分析就会更有理性。当然，经常能从法律角度分析更好。

**4. 应大范围地涉猎各领域知识**

目前，一些信访人素质很高，常规的接待谈话已经不可能与之进行有效的交流了。因此，作为一名信访工作人员，要业务精通、知识面广，要利用这些知识与对方进行深入的交流，做到以理服人。有些信访问题产生的原因复杂、涉及面广，政策性、业务性强，要准确地把握解决信访问题的根本所在，就要求信访工作人员必须具有较丰富的知识。倘若一名信访工作人员业务知识、法律知识贫乏肤浅，在与信访人交流沟通时不知所云，回答问题说不到点子上，只能泛泛而谈、空洞无物，处理问题不能依法办事，甚至有悖于常识与法律规定，就难以说服信访人。对于那些素质比较高的信访人，则需要信访工作人员本身具有较广的知识面，对来访者提出的大部分问题都能够进行一定深度的探讨。这应该是最理想的方法，虽然有些观点对方并不会马上认同，但最起码能有效地交流。作为一名信访工作人员，应该具有求知的欲望，不断更新自己的知识，做到知识广博。

**5. 要学会调整心态**

信访人有素质高低之分，有性格差异之分，难免有情绪激动、难以控制的人员，因而信访工作人员有时难免要受一些气，有时还要被人不理解，受到挖苦、讽刺。这就需要信访工作人员具有忍辱负重的精神，要在“忍”字上下功夫，要及时地调节自己的心态，不可把上一件事或前一天的情绪带到下一件事或第二天去。每一天都要调整好自己的情绪，要有一个良好的心态面对信访人。这就要求信访工作人员要有非常好的心理承受能力。信访工作人员作为解决问题的直接责任人，面对的是一些个人利益被侵害的个人或团体，要帮助信访人维权和接受其监督，就要做好耐心细致的说服教育工作，就要动之以情、晓之以理，讲明政策、说明利害、依法办事；既要对那些无理取闹、借机闹事或者抗法伤人者坚决予以处理，同时又要冷静观察对待，根据事态的发展程度、规模和影响的大小，采取相应对策；切不可脾气暴躁，贪图一时之痛快，莽撞冲动，使问题拖而不决、更加复杂。

信访工作人员队伍素质事关大局，只有具备良好的政治素质、文化业务素质和高尚的道德品质，才能担负起党和人民赋予的神圣职责。信访工作人员都是国家公职人员，代表国家行使职权，其素质的高低优劣，直接关系到能否贯彻落实好党和政府的路线方针政策；能否依法行政，建设法治社会和政治文明，促进市场经济发展；能否切实履行职能，为人民群众提供良好的服务，满足社会公共需要。

## 四、信访工作人员的职责

（1）处理群众采用信息网络、书信、电话、传真、走访等形式，向各级机关、单位反映情况，提出建议、意见或者投诉请求。

（2）调查处理信访问题，或者向单位负责人提出调查处理意见。

（3）按“分级负责，谁主管、谁负责”原则，向有关部门转办或者交办属于该部门职责范围的信访问题。督促办理信访事项，进行必要的协调。

（4）综合、研究信访情况，及时提出建议或者报告。

（5）宣传法律法规和政策。

（6）协调处理信访问题，疏导上访群众，维护正常的工作秩序和社会秩序。

（7）承担本级党委和政府交办的其他事项。

## 五、信访工作人员的培训与使用

### （一）疏通进口，广纳贤才

基层信访作为信访部门的前沿，担负着80%以上的信访业务，基层信访干部处在信访工作的第一线，直接面对面地与群众打交道，他们是信访部门的窗口和形象，其业务素质的高低、工作水平的好坏直接影响着整个信访系统的形象。所以，加强信访人才队伍建设，重点和关键在基层，最明显的效果也直接体现在基层，积极创造条件，定期不定期地引进一定数量的高质量人才，是加强基层信访人才队伍建设，保持队伍活力的一种强有效措施。

引进信访人才应注意的以下几个方面问题：

（1）一定要坚持引进人才，不能简单地理解为引进人来。要严把进口，堵死所有“捷径”，坚持凡进必考、公开公正的原则，从政治素质、业务水平、群众基础等多方面进行考察，优中选优、精益求精，力争引进一批综合素质高、德才兼备的信访人才。

（2）要不拘一格引进人才，打破陈规、唯才是举，只要适合信访工作需要，对信访事业发展有利的可塑之才都要大胆吸收引进，充实完善信访人才队伍。

（3）要有长远规划，根据工作实际需要，制定科学合理的方案；要牢固树立科学的人才观，强化人才兴信、人才强信意识；要未雨绸缪，早部署争主动，放眼长远，不扎堆、不断弦，每年引进几个，流水不断年年进，逐步形成一个科学合理的信访人才梯队储备，使信访队伍的层次结构逐步纳入一个科学有序的良性发展轨道。

### （二）健全机制，加强培养

改善环境，创造条件引进高素质人才，只是加强基层信访人才建设的一个方面，是起点工程，更为关键的是如何挖掘这些人才的潜能，发挥他们的积极作用，将其所掌握的先进理论知识以最短的时间融入信访工作实践中去，以更快地推动信访事业快速发展，具体体现在如下六个方面：

**1. 创建完善的人才教育培训机制**

（1）狠抓学历教育，努力提高队伍的学历层次。要通过组织规划、政策引导，鼓励信访工作人员参加国民教育序列的政策法律专业学习，大力培养高素质、复合型的政策法律专门人才。

（2）狠抓岗位培训，不断提高信访队伍的专业化水平。要结合工作实际，广泛开展岗位练兵，干什么学什么，学什么会什么，使每名信访工作人员都成为专门的业务尖子。要适应新形势、新任务要求，大力开展以金融、证券、保险、工商、税务、财会知识为重点的经济法律法规专业知识培训和以计算机网络技术为重点的现代科技专业技能培训，不断促进信访队伍的知识更新。要注意培养计算机网络管理专业技术人才和优秀调解人、信访办案能手等专家型人才，不断提高信访队伍的专业化水平。

（3）坚持训用结合，在挂职培训上加大力度。要结合工作实践，每年确定2~3名业绩突出、群众公认的先进典型作为重点培养对象，积极为其创造学习、深造的条件。要敢于将其放在不同的岗位上进行锤炼，力争在短期内培养出一批干得好、拿得出、叫得响的专门型信访人才，并以此带动信访工作人员整体素质的提高。对特别优秀的年轻信访干部，要敢于破格使用，让其在一定的领导岗位上接受锻炼和考验；对有培养前途和发展潜力的优秀年轻干部，要采取上派下挂、异地挂职、设置助理等形式，让他们在新的职位上开阔视野、增长才干，加快成长步伐。

（4）加强思想政治教育。突出教育活动的作用，丰富教育活动的内容，使信访工作人员时刻绷紧弦、不松懈，确保干部不出事，确保不发生重大信访事件。特别要对新进年轻干部重点加强政治理论、业务实践技能、组织纪律观念、职业道德规范等方面的教育，使其迅速树立正确的世界观、人生观和价值观，在思想上牢固树立起“立党为公、执政为民”的宗旨意识。

**2. 创建完善的公平竞争机制**

有竞争才能激活信访干部的内在潜能。衡量人才的标准是知识、能力和业绩，而不能唯学历、唯职称、唯资历、唯身份。要坚持公开、平等、竞争、择优的原则，大胆选用人才，要打破陈规、不拘一格、任人唯贤、唯才是举，使优秀人才脱颖而出。特别是要通过竞争多给年轻干部创造施展才能的机会，引导他们步入正常的竞争渠道，增强他们的危机意识，为信访事业的健康发展积蓄一批合格的后备人才。同时，通过公开平等的竞争，也势必给中高层干部带来压力和挑战，从而形成相互竞争、相互促进、相互提高的良好氛围，强化良性的人才梯次储备。

**3. 创建完善的用人机制**

把人才引进来、培养出来的目的是为了让其发挥聪明才智，推进信访工作快速健康发展，所以创建完善的用人机制就十分重要。要高度重视人才的使用，切实把引进人才、培养人才和用好人才结合起来，既要有识才的慧眼，又要有用才的气魄，使用心引进、培养的人才有机会施展自己的才华，让其干事有舞台、发展有空间、社会有地位。

人才要有一个适合自己的舞台和平台，在这个舞台上是个人才，到另一个舞台上可能不是人才。只重视引进人才、培养人才是不够的，关键在于使用人才，要让各方面的人才在各项信访工作中担重任、挑大梁、建功立业，切实做到人尽其才、才尽其用、小才小用、大才大用、人人成才。要选准用准人才，及时把优秀人才放到重要工作岗位上培养锻炼，放手支持人才施展技能，在他们工作遇到困难时多鼓励、多帮助、不泼冷水，对工作中出现的一些问题和失误，要勇于为他们承担责任。应正确看待某些人才的个性，把握主流，敢于大胆使用。

#### 4. 创建科学完善的激励机制

建立健全科学、有效的人才绩效考核体系，通过民主测评、组织考察等形式，加强对人才的绩效考评。树立“无功就是过，绩平就是劣”的思想，严格实行任期、引咎辞职、末位淘汰等制度，形成“能者上、平者让、庸者下”的机制，彻底砸烂用人上的“铁交椅”，使人才队伍始终保持蓬勃朝气和昂扬锐气。

完善分配制度，做到奖惩分明，充分调动人才的积极性，鼓励创新、鼓励创造、鼓励奉献，对贡献特别突出的要实行重奖，在工资、职称、住房、培训等方面切实向做出突出贡献的人才倾斜。同时，对在基层、关键岗位和经济不发达地区工作的人才要有政策倾斜，不能使默默奉献者吃亏。让所有人都能在适合自身发展的工作岗位上人尽其才，愉快地开展工作。

#### 5. 创建完善高效的后勤保障机制

所有人才都是在一定环境中的人才，人才的发展离不开良好的环境，环境对培养、造就人才具有至关重要的意义。在市场经济条件下，人才总是向着最能发挥作用的地方聚集，技术总是向着最能够转化为成果的地方转移。所以，各级信访部门一定要切实树立人才战略意识，把人才队伍建设工作摆上重要议事日程，明确任务、落实措施、加强检查督促，为信访人才队伍建设营造良好的环境，提供优质的保障。

增强服务意识，切实转变职能、转变作风、提高效率，大力弘扬崇尚人才的优良传统，为信访人才的创造性劳动搞好服务，要满腔热忱地关心人才，真心实意地爱护人才，要政治上关心、生活上热心、感情上贴心，千方百计帮助他们解决实际困难，认真落实奖励、晋级等方面的政策，探索和实行信访人才分类管理，充分调动各类人才的积极性，使优秀人才引得来、留得下、用得好，切实形成“尊重知识、尊重劳动、尊重人才、尊重创造”，使优秀人才脱颖而出的良好局面。

#### 6. 创建合理有序的人才流动机制

人才的合理流动有利于人才的成长，有利于充分发挥人才的潜能，有利于信访事业发展的大局。突破信访部门条块分割的管理体制，逐步建立信访一体化的领导体制，积极克服阻碍人才流动的体制障碍，优化配置。可采取从下级局遴选干部，上下级局、兄弟局之间互派交流等形式，促进信访系统内部的人才资源合理流动，拓宽人才视野，加快人才成长步伐。要积极向党委推荐和输出人才，促进人才资源的充分利用，激发队伍活力，形成育人、用人的良性机制。

### （三）拓宽范围，广泛育才

信访人才的范围很宽泛，只要是政治业务素质过硬、创新进取能力突出、解决问题能力较强的干部都可称为人才。加强信访人才建设，不能只把目光局限于引进几名大学生上，要根据工作实际需要，脚踏实地地培养一支看得见、摸得着、用得上、起效果的信访人才队伍。

重视培养一批基层领导人才。只要把这个重点抓好、抓实、抓出成效，基层人才队伍匮乏的现状就会有很大程度的缓解。培养一批技能突出的业务骨干人才，要下功夫在每个重点岗位重点培养 1~2 名业务骨干，造就一批专业技能过硬的接访、办案和理论研究等专门人才，在现有水平上努力挖掘他们的潜力。实现以上两个目标，需要在人才的培养上分开层次、分别对待，分别对不同的人才采取不同的培养方式，使其各行其轨、各走其道、各成其才，最终实现百花齐放。

### （四）争取政策，营造环境

加强信访人才队伍建设，是一项事关信访事业全局的系统工程，涉及思想观念、管理体制、工作机制等各个方面，必须努力争取党委和上级有关领导部门的大力支持。引进人才、培养人才、提拔使用人才等都要牵扯当地的组织、人事、财政等方方面面，都是十分敏感的问题，协调不好关系、处理不好外部环境，则加强人才建设无异于空中楼阁，再美好的设想也落不到实处。这就需要积极协调争取，多请示、勤汇报，多出成绩、多搞服务，用出色的业绩赢得领导的理解和支持，为信访人才建设营造一个宽松灵活的环境。

## 第二节 信 访 人

公民、法人或者其他组织可以采用信息网络、书信、电话、传真、走访等形式，向各级机关、单位反映情况，提出建议、意见或者投拆请求，有关机关、单位应当依规依法处理。采用上述规定的形式，反映情况，提出建议、意见或者投诉请求的公民、法人或者其他组织，称信访人。

维护公民、法人和其他组织的信访权利，是各级机关、单位应尽的职责。维护信访人的信访权利，主要是要做到认真处理信访人提出的信访问题，满足他们的正当要求，采纳他们提出的正确意见和积极的批评、建议。

在实际工作中，要防止对信访人打击报复事件的发生，对打击报复事件要严肃查处，造成严重后果的要追究打击报复者的刑事责任；广泛宣传信访活动的合法性，不准截留和私拆信访人的信访信件，不准追查信访人的信访动机和信访活动；教育信访人认识自己的信访权利，依法保护自己的权利；同时也要认识到不能用信访的合法性来达到捏造事实、陷害他人的目的，否则也要负法律责任。

### 一、信访人的权利

信访人一般应当采用书面形式提出信访事项，并载明其姓名（名称）、住址和请求、事实、理由。信访人提出信访事项，应当客观真实，对其所提供材料内容的真实性负责，不得捏造、歪曲事实，不得诬告、陷害他人。信访人采用走访形式提出信访事项的，应当到有权处理的本级或者上一级机关、单位设立或者指定的接待场所提出。信访人采用走访形式提出涉及诉讼权利救济的信访事项，应当按照法律法规规定的程序向有关政法部门提出。

### （一）信访事项提出权

信访人有权向信访部门反映情况，提出建议、意见等信访事项。

### （二）不受报复权

任何组织和个人不得打击报复信访人。对打击报复信访人，构成犯罪的，依法追究刑事责任；尚未构成犯罪的，依法给予行政处分或者纪律处分。

### （三）请求复查权

信访人对信访处理意见不服的，可以自收到书面答复之日起 30 日内请求原办理机关、单位的上一级机关、单位复查。收到复查请求的机关、单位应当自收到复查请求之日起 30 日内提出复查意见，并予以书面答复。

信访人对复查意见不服的，可以自收到书面答复之日起 30 日内向复查机关、单位的上一级机关、单位请求复核。收到复核请求的机关、单位应当自收到复核请求之日起 30 日内提出复核意见。

信访人对复核意见不服，仍然以同一事实和理由提出投诉请求的，各级党委和政府信访部门和其他机关、单位不再受理。

### （四）了解权

信访部门对所受理的信访人提出的信访事项，必须作出口头或书面答复，并做好相关答复记录。

### （五）诉讼权

信访人采用走访形式提出涉及诉讼权利救济的信访事项，应当按照法律法规规定的程序向有关政法部门提出。

### （六）反映重大、紧急事项权

信访人发现可能造成社会影响的重大、紧急信访事项和信访信息时，有权及时向信访部门报告。

### （七）受奖励权

信访人反映的情况、提出的建议意见，对国民经济和社会发展或者对改进工作以及保护社会公共利益有贡献的，有关机关、单位应当按照有关规定给予奖励。

## 二、信访人的义务

### （一）遵守提出程序的义务

（1）信访人提出信访事项，一般应当采用书信、电子邮件、传真等书面形式；信访人提出投诉请求的，还应当载明信访人的姓名（名称）、住址和请求、事实、理由；

（2）有关机关、单位对采用口头形式提出的投诉请求，应当记录信访人的姓名（名称）、住址和请求、事实、理由；

（3）信访人采用走访形式提出信访事项的，应当到有权处理的本级或者上一级机关、单位设立或者指定的接待场所提出；

（4）多人采用走访形式提出共同信访事项的，应当推选代表，代表人数不得超过5人。

## （二）如实反映情况的义务

（1）信访人提出的信访事项，应当客观真实，对其所提供材料内容的真实性负责，不得捏造、歪曲事实，不得诬告、陷害他人；

（2）信访人捏造歪曲事实、诬告陷害他人，构成犯罪的，依法追究刑事责任；尚不构成犯罪的，由公安机关依法给予治安管理处罚。

## （三）遵守禁止性行为的义务

信访人在信访过程中应当遵守法律法规，不得损害国家、社会、集体的利益和其他公民的合法权利，自觉维护社会公共秩序和信访秩序，不得有下列行为：

（1）在机关、单位办公场所周围、公共场所非法聚集，围堵、冲击机关、单位，拦截公务车辆，或者堵塞、阻断交通；

（2）携带危险物品、管制器具；

（3）侮辱、殴打、威胁机关、单位工作人员，非法限制他人人身自由，或者毁坏财物；

（4）在信访接待场所滞留、滋事，或者将生活不能自理的人弃留在信访接待场所；

（5）煽动、串联、胁迫、以财物诱使、幕后操纵他人信访或者以信访为名借机敛财；

（6）其他扰乱公共秩序、妨害国家和公共安全的行为。

## （四）遵守信访程序的义务

对依法应当通过诉讼、仲裁、行政复议等法定途径解决的请求，信访人应当按照有关法律法规规定程序向有关机关提出。

### （五）执行信访部门处理决定的义务

依据《信访工作条例》规定，信访人对信访处理意见不服的，可以自收到书面答复请求复查，对复查意见不服的，可以请求复核，对复核意见不服，仍然以同一事实和理由提出投诉请求的，各级党委和政府信访部门和其他机关、单位不再受理。

## 三、信访人应遵守的秩序

（1）信访人应能够认识到，信访问题是各种社会矛盾的综合反映，它伴随着经济社会的发展而产生，多数反映的是发展中的问题、前进中的矛盾，也是当前经济社会条件下不可避免的。

（2）解决群众信访事项，根本的是要靠深化改革和经济发展。信访人应能够认识到，稳定是改革和发展的前提，没有稳定的社会政治局面，就不可能有经济的快速持续发展，没有快速持续的经济发展，人民群众的合法权益就难以维护，社会矛盾就难以化解，信访问题也就难以解决。

（3）信访问题的有效解决，需要综合运用政策、法律、经济等手段，有一个过程，需要时间。当前，我国政治安定、社会进步、经济持续增长。要相信党和政府有责任、也有能力解决群众的实际困难和合理诉求。要坚决纠正“大闹大解决，小闹小解决，不闹不解决”等错误认识，不能人为地把自己和党委、政府对立起来。采取一些不理智的过激行为，不但无助于问题的解决，反而会导致违法违纪行为发生。

（4）信访过程中要正确认识信访问题，要相信党和政府，要正确行使自己的民主权利，理性表达利益诉求。不缠访、闹访，不聚众滋事，不参与群体性上访活动，不进行组织串联、聚会、策划煽动大规模的集体上访活动。

对少数别有用心的人的蛊惑煽动、非法串联和危害大局的各种言行，要坚决予以揭露和抵制。要通过依法有序信访，使自己的合理诉求得到有效解决，以实际行动维护社会政治稳定。

## 四、信访人违法行为

### （一）信访违法行为表现

信访违法行为，是指在信访过程中违反国家法律法规的规定，扰乱公共秩序，妨碍公共安全，侵犯公民人身权利和公私财产权利，依法应当予以治安处罚或追究刑事责任的行为。如违反信访工作规定，到天安门广场、中南海周边、外国驻华使馆区和中央领导人住地等非信访接待场所，重点地区或其他敏感区域、时间的进京非正常上访，均属于信访违法行为。

信访人在信访过程中不得有信访违法行为，信访违法行为主要包括：

（1）在机关、单位周围或其他公共场所非法聚集、静坐、下跪、呼口号、拉横幅、散发上访材料、出示状纸、穿状衣、以自杀相要挟、设灵堂、陈尸、弃尸等扰乱公共秩序；

（2）以信访为由，采取堵门、堵路或其他方法，扰乱机关、单位秩序，经有关工作人员劝阻、批评或教育无效的，致使机关、单位工作、生产、营业、医疗、教学、科研不能正常进行；

（3）以信访为由，聚众堵塞、阻断交通，以递交上访材料为名拦截车辆、强行登车，或以其他方法破坏交通秩序；

（4）在信访过程中扬言实施纵火、爆炸、投放危险物品扰乱公共秩序；

（5）携带危险物品、管制器具或者实施自伤、自残、自杀等极端行为进行信访；

（6）在信访接待场所滞留、滋事，或者将生活不能自理的人弃留在信访接待场所；

（7）在信访过程中故意损坏国家、集体和他人财物；

（8）到非信访接待场所走访，多人走访不按规定推选代表，扰乱公共秩序；

（9）在信访过程中非法限制他人人身自由；

（10）煽动、串联、胁迫，以财物诱使、幕后操纵他人闹访滋事；

（11）在信访过程中侮辱、殴打、威胁机关、单位工作人员；

（12）在信访过程中阻碍机关、单位工作人员依法执行公务；

（13）煽动、策划、非法举行集会、游行、示威；

（14）进京非正常上访；

（15）有其他信访违法的行为。

### （二）信访人违法行为的处理

（1）信访活动中涉及违法犯罪的行为是指在信访过程中，信访人违反《刑法》《治安管理处罚法》和《信访工作条例》等有关法律法规，故意实施扰乱公共秩序，妨害国家和公共安全，侵犯公民人身权利、财产权利，妨害社会管理、损毁公私财物等，依照法律法规规定，应当予以治安管理处罚或追究刑事责任。

（2）对信访活动中涉及违法犯罪行为的处置，必须以事实为依据，与违法犯罪行为的性质、情节以及社会危害程度相当。办理信访活动中涉及违法犯罪案件，应当坚持教育与处罚相结合，打击处理极少数违法犯罪分子与警示教育大多数群众相结合，维护稳定与维护信访人的合法权益相结合，采取有效措施震慑违法犯罪、化解社会矛盾，以增进社会和谐。

（3）信访活动中涉及违法犯罪案件由违法犯罪行为发生地公安机关管辖。必要时，在违法犯罪行为人居住地公安机关管辖更为适宜的情况下，可以由违法犯罪行为人居住地公安机关管辖。

（4）人民法院、人民检察院、公安机关和有关单位在处置信访活动中遇到违法犯罪行为时，要各司其职、相互配合、形成合力，应当按照“劝阻、警告、强制”的工作程序进行处置。有关机关、单位工作人员在对违法犯罪的信访人劝阻、教育的同时，要积极配合公安、司法机关做好取证工作。

公安机关在日常工作中要建立、完善信访问题排查调处制度，加强可能造成社会影响的信访信息的收集、研判，对可能发生在信访过程中的违法犯罪行为要及时通报有关单位并劝阻、制止；对于在信访过程中已经发生的违法犯罪行为，要立即收集、固定证据，需要追究刑事责任的要将案情及时通报检察机关。检察机关可以提前介入案件，并依法履行审查逮捕、审查起诉职责。人民法院要依法作出判决。

信访人实施违法行为受到治安处罚后，申请行政复议或提起行政诉讼的，复议机关和人民法院要根据法律法规和其他有关规定办理。

（5）信访人有下列行为之一，构成违反治安管理行为的，依照《治安管理处罚法》第二十三条的规定给予治安管理处罚；构成犯罪的，依法追究刑事责任：

1）在机关、单位及周边地区和公共场所静坐、下跪、呼口号、拉横幅、举遗像、穿状衣、展示和散发状纸、聚众闹事的，或者在非信访接待时间、非信访接待地点要求信访的；

2）围堵、冲击机关、单位的；

3）扰乱公共场所秩序，堵塞、阻断交通，拦截车辆或者强行登车影响车辆正常运行的；

4）经信访接待完毕，仍在非信访接待时间和地点滞留、占据、驻宿信访接待场所，或者将老、弱、病、残、婴幼儿等生活不能自理的人弃留在信访接待场所或办公区域的；

5）在信访接待等机关、单位和公共场所扬言自杀自残的；

6）煽动、串联、胁迫，以财物诱使、幕后操纵他人信访的；

7）经信访复查、复核已有明确结论，信访人仍以原诉求缠访、缠诉的。

（6）信访人有下列行为之一，构成违反治安管理行为的，依照《治安管理处罚法》第二十五条的规定给予治安管理处罚；构成犯罪的，依法追究刑事责任：

1）在公共场所扬言实施纵火、投放危险物质、爆炸、杀人、绑架的；

2）捏造或者歪曲事实、故意散布谣言、通过公共信息网络等媒体或者其他形式散布不实信息的。

（7）信访人非法携带管制器具，爆炸性、毒害性、放射性、腐蚀性物质或者传染病病原体等危险物品进行信访的，分别依照《治安管理处罚法》第三十条、第三十二条的规定给予治安管理处罚；构成犯罪的，依法追究刑事责任。

（8）信访人非法限制他人人身自由、非法侵入他人住宅或者非法搜查他人身体的，依照《治安管理处罚法》第四十条第三项给予治安管理处罚；构成犯罪的，依法追究刑事责任。

（9）信访人有下列行为之一，构成违反治安管理行为的，依照《治安管理处罚法》第四十二条的规定给予治安管理处罚；构成犯罪的，依法追究刑事责任：

1）写恐吓信或者以其他方法威胁他人人身安全的；

2）公然侮辱他人或者捏造事实诽谤他人的；

3）捏造事实诬告陷害他人，企图使他人受到刑事追究或者受到治安管理处罚的；

4）多次通过传单、信件、手机、电话、互联网等方式发布侮辱、恐吓或者其他信息，干扰他人正常生活的。

（10）信访人在公共场所故意裸露身体，情节恶劣的，依照《治安管理处罚法》第四十四条的规定给予治安管理处罚。

（11）信访人故意损坏国家、集体、他人财物，构成违反治安管理行为的，依照《治安管理处罚法》第四十九条的规定给予治安管理处罚；构成犯罪的，依法追究刑事责任。

（12）信访人有下列行为之一的，构成违反治安管理行为，依照《治安管理处罚法》第五十条的规定给予治安管理处罚；构成犯罪的，依法追究刑事责任：

1）无理取闹，扰乱工作秩序，并以纠缠、辱骂或者其他方式拒绝、阻碍机关、单位工作人员依法执行公务的；

2）到与信访事宜无关的外国驻华使（领）馆反映信访要求，或者要求传递有关信件，不听从机关、单位工作人员劝阻的。

（13）信访人煽动、策划在机关、单位及周边地区和重要场所非法集会、游行、示威，不听劝阻的，依照《治安管理处罚法》第五十五条的规定给予治安管理处罚；构成犯罪的，依法追究刑事责任。

（14）信访人在机关、单位办公区域或者公共场所停放尸体、设灵堂，或者停放尸体影响他人正常生活、工作秩序，不听劝阻的，依照《治安管理处罚法》第六十五条的规定给予治安管理处罚。

（15）信访人纠缠、侮辱、威胁、撕扯、殴打机关、单位工作人员的，分别依照《治安管理处罚法》第二十三条、第四十二条、第四十三条的规定给予治安管理处罚；构成犯罪的，依法追究刑事责任。

（16）信访人以信访为名，实施敲诈勒索、借机敛财的，依照《治安管理处罚法》第四十九条的规定给予治安管理处罚；构成犯罪的，依法追究刑事责任。

（17）多名信访人采用走访形式提出共同的信访事项的，应当推选代表。

推选的代表人数超过5人的，有关机关、单位工作人员应当对信访人进行劝阻、批评或者教育。经劝阻、批评和教育无效的，由公安机关予以警告、训诫或者制止；违反集会游行示威等法律、行政法规，或者构成违反治安管理行为的，由公安机关依法采取必要的现场处置措施，给予治安管理处罚；构成犯罪的，依法追究刑事责任。

（18）信访人唆使、胁迫、诱骗他人违反治安管理的，按照被唆使人实施的违反治安管理行为，依照《治安管理处罚法》第二十条的规定，予以从重处罚。

第四章

# 信访工作程序

在处理人民群众信访事项中，必须严格按照“有诉必接、有接必查、有查必果、有果必复”的要求，认真及时地处理每一起信访事项，做到思想重视、办理认真、处理迅速、回复及时、办结可查。

信访工作人员要严格遵守《信访工作条例》有关规定，共同维护信访工作秩序。各级机关、单位的领导要重视人民群众的来信来访工作，进一步健全信访工作制度，要采取多种形式，密切同群众的联系，畅通民主渠道。

## 第一节　信访提出

信访是社会成员与国家政权的一种政治交往活动，是社会成员遇到实际困难得不到解决而诉诸社会组织管理者的行为。长久以来，信访总是伴随着社会问题而发生，这种伴生性使它总是处于社会矛盾的从属地位，而人们大多只注意社会问题的存在，因此忽视了作为矛盾载体的信访方式。通过对多年信访工作进行总结，我们已经积累了行之有效的制度和办法，对信访方式进行归类，对信访活动进行管理。各级信访部门都要以对人民群众高度负责的精神，切实履行责任，及时化解矛盾，处理好信访问题，宣传好、贯彻好、执行好《信访工作条例》。

## 一、信访提出的规定

《信访工作条例》明确规定：

（1）公民、法人或者其他组织可以采用信息网络、书信、电话、传真、走访等形式，向各级机关、单位反映情况，提出建议、意见或者投诉请求，有关机关、单位应当依规依法处理。

（2）信访人一般应当采用书面形式提出信访事项，并载明其姓名（名称）、住址和请求、事实、理由。对采用口头形式提出的信访事项，有关机关、单位应当如实记录。

（3）信访人提出信访事项，应当客观真实，对其所提供材料内容的真实性负责，不得捏造、歪曲事实，不得诬告、陷害他人。

（4）信访事项已经受理或者正在办理的，信访人在规定期限内向受理、办理机关、单位的上级机关、单位又提出同一信访事项的，上级机关、单位不予受理。

（5）信访人采用走访形式提出信访事项的，应当到有权处理的本级或上一级机关、单位设立或者指定的接待场所提出。

（6）信访人采用走访形式提出涉及诉讼权利救济的信访事项，应当按照法律法规规定的程序向有关政法部门提出。

（7）多人采用走访形式提出共同的信访事项的，应当推选代表，代表人数不得超过 5 人。

（8）各级机关、单位应当落实属地责任，认真接待处理群众来访，把问题解决在当地，引导信访人就地反映问题。

## 二、基本事实和具体要求

基本事实即信访人反映的主要事实情况，包括针对的人、事、物，时间、地点，事情的起因、过程、结果及由此而产生的后果等。

具体要求即信访人提出信访事项的目的及所要解决的问题。

## 三、理由和依据

相应理由和依据，即提出信访事项的法律根据。应指出依据法律法规的名称，及其第几章第几条。

## 四、信访事项来源

（1）由信访人直接提出；

（2）由上级信访部门和本级党委和政府交办；

（3）由同级信访部门转送；

（4）由下级信访部门呈报。

## 五、处理方式

对属于本机关、单位职权范围的，应当告知信访人接收情况以及处理途径和程序；对属于本系统下级机关、单位职权范围的，应当转送、交办有权处理的机关、单位，并告知信访人转送、交办去向；对不属于本机关、单位或者本系统职权范围的，应当告知信访人向有权处理的机关、单位提出。

## 六、受理、答复的规定

按照《信访工作条例》的有关规定，信访人提交的信访事项，信访受理机关、单位自收到之日起 15 日内书面答复信访人是否受理。如决定受理，受理机关将在决定受理之日起 60 日内办结并书面答复信访人（情况复杂的可以适当延长办理期限，但延长期限不得超过 30 日）。信访人对信访处理意见不服的，可以自收到书面答复之日起 30 日内请求原办理机关、单位的上一级机关、单位复查。收到复查请求的机关、单位应当自收到复查请求之日起 30 日内提出复查意见，并书面答复信访人。信访人对复查意见不服的，可以自收到书面答复之日起 30 日内向复查机关、单位的上一级机关、单位请求复核。收到复核请求的机关、单位应当自收到复核请求之日起 30 日内提出复核意见。

## 第二节　信访登记

对信访事项进行登记是信访工作初始阶段的基本工作，也是信访人必须履行的程序，是有关机关、单位进行处理和执法的基本线索，其目的在于在一定范围内全面掌握、分析信访情况，是实现信访人查询信访事项权利的基本前提条件。

### 一、登记原则

信访登记原则主要体现在如下五个方面：

（1）信访必登；

（2）登记及时；

（3）事项准确；

（4）内容完整；

（5）符合规范。

## 二、受理登记

### （一）来访登记

（1）信访人到有关部门走访的，凭有效证件领取来访登记表，按照登记内容填写完毕后交接访人员；

（2）接访人员对来访登记表的登记内容进行核实后，录入信访信息系统。

### （二）来信登记

收到群众来信（包括电子邮件、传真）后，应当在收到来信之日起3个工作日内进行登记，并录入信访信息系统。登记时要注明来信人的姓名、住址、工作单位、问题发生地、登记时间、来信类别、反映问题的简要情况、联系方式（包括联系电话、通信地址和电子邮箱）等。联名信还应注明签名人数，检举、揭发信应注明被检举、揭发人的姓名、单位及职务。

## 三、办理登记

### （一）办理情况

主要登记办理机关、调查和召开有关会议的情况，转送、交办机关督查的时间和方式。

### （二）延期办理

要登记延期办理的理由，负责人批准签字和延期办理告知单。

### （三）书面答复

要登记处理意见，以及回复信访人的方式和时间、信访人反馈意见等。

### （四）办结报告

要登记调查情况、处理意见、信访答复意见书等。

### （五）督查登记

转送、交办单位进行督查的，应简要登记督查的时间和方式。

## 四、复查登记

### （一）复查申请登记

复查申请登记应包括信访人复查申请和原办理单位书面处理意见的文号等。

### （二）复查受理登记

复查受理登记应包括复查转送单、复查受理通知书、信访人复查申请书及其他书面材料等。

### （三）复查办理登记

复查办理登记应包括听取信访人陈述的记录，向有关组织和人员核查以及协调的基本情况。

### （四）复查结果登记

复查结果登记应包括复查处理意见、回访信访人的方式和时间、信访人反馈意见、负责人签批意见等。

### （五）督查登记

对交办单位进行督查的，应简要登记督查的时间和方式。

## 五、复核登记

### （一）复核申请登记

复核申请登记应包括信访人复核申请书，原办理机关书面处理意见的文号、复查处理意见的文号等。

### （二）复核受理登记

复核受理登记应包括复核转送单、复核受理通知书、信访人复核申请书及其他书面材料等。

### （三）复核办理登记

复核办理登记应包括复核机关直接调查情况，听取信访人陈述的记录，向有关组织和人员核查以及协调的情况，专家咨询论证和召开听证会的情况等。

### （四）复核结果登记

复核结果登记应包括复核处理意见、回复信访人的方式和时间、信访人反馈意见、负责人的答复等。

### （五）督查登记

交办单位进行督查的，应简要登记督查的时间和方式。

## 六、特殊来访登记

### （一）特殊来访登记的范围

（1）信访人持国家、省、市信访局转送函来访的；

（2）信访事项在有关部门按程序正在处理中，在双向约定的时限内的（持有受理告知单）；

（3）信访人持有关部门的处理、复核意见的；

（4）信访事项涉法的；

（5）信访人不服处理或复核意见，在规定时限内不到有权处理机关申请复查或复核的，以及超过规定时限未提出复查或复核的；

（6）建议和表扬类的；

（7）来访人精神异常且无实际问题需要解决的（接谈中诉求不清、胡言乱语或有县级以上医疗机构诊断证明）。

### （二）特殊来访登记的程序和规定

（1）对国家、省、自治区、直辖市转送、督办、交办的来访事项，有关单位在反馈情况的同时，对属于另类登记的要作出说明，并提供相关的证明材料；

（2）属特殊来访登记的，接待人员审查把关后，填写特殊来访登记报告单并附相关资料，报分管领导签批；

（3）虽属特殊来访登记范围，若出现在国家、省、自治区、直辖市闹事，造成恶劣影响或在上级部门滞留超过 3 天，影响正常办公秩序的，不但要列入正常统计，还要给予通报批评；

（4）重复来访只做登记，不做另类统计；

（5）集体来访只做登记，不做另类统计。

## 七、登记的作用

要求信访部门对收到的信访事项进行登记，体现了对信访人权利的保护和尊重，同时也适应了信访工作信息化的要求。信访事项的登记作为一种程序上的规定，其积极意义还在于：

（1）对信访人负责；

（2）便于统计信访数量，了解信访事项发生的领域和有关机关、单位依法行政的状况；

（3）为监督有关机关、单位处理信访事项的活动提供依据。

## 八、登记注意事项

（1）如为笔录，应书写工整、字迹清楚，不得涂抹；

（2）信访登记内容应真实无误，不得冒名、不得谎报，更不得编造。

# 第三节 信访告知

信访告知是指信访部门收到信访事项后，在法定的期限内，依据现有法律法规的规定，判断该事项是否属于其受理范围和该级管辖，从而作出是否受理的决定，并告知信访人。信访告知的执行，有利于畅通信访人诉求渠道，减少越级、重复信访的发生。

## 一、告知规定

（1）对信访人直接提出的信访事项，有关机关、单位能够当场告知的，应当当场书面告知。对属于本机关、单位职权范围的，应当告知信访人接收情况以及处理途径和程序；对属于本系统下级机关、单位职权范围的，应当转送、交办有权处理的机关、单位，并告知信访人转送、交办去向；对不属于本机关、单位或者本系统职权范围的，应当告知信访人向有权处理的机关、单位提出。

（2）书面告知适用于首次来访，由接谈人员填写并向来访人转交告知书。重复信访或不接受告知处理的，不再出具告知书。

（3）告知书以特定事项为内容，是引导来访人依法求决的重要方式，告知内容的选择要准确、慎重，充分体现对来访人的负责精神和服务意识。

（4）信访部门收到信访事项后，不能当场告知的，应当自收到信访事项之日起 15 日内书面告知信访人，但信访人的姓名（名称）、住址不清的除外。

## 二、告知内容

（1）对信访人来信来访的转送情况；

（2）对收到的信访事项是否受理的决定；

（3）对已受理信访事项的处理决定和需要延期的理由；

（4）对信访人请求复查、复核的信访事项的复查、复核意见；

（5）其他需要告知的情况。

## 三、告知方式

信访部门应将受理、不受理情况以书面形式告知信访人，并填写信访受理、不受理告知单。

### （一）书面告知

信访事项的告知以书面方式为主。

### （二）口头（手机短信）告知

以下情况可以口头或采用发送手机短信的形式告知：

（1）信访人通过走访、电话反映问题时，工作人员当即可以答复转送和受理情况的；

（2）信访人查询办理情况的；

（3）已告知不予受理、不再受理的信访事项，信访人重复反映同一问题的；

（4）其他可以口头告知的情况。

### （三）电子邮件告知

信访人以发电子邮件的方式提出信访事项，或是提出信访事项时同时提供了电子信箱，受理或主办单位认为适宜发电子邮件告知的，可以发电子邮件告知。

## 四、信访部门的告知义务

信访部门收到信访事项后，能够当场答复是否受理的，应当场书面答复；不能当场答复的，应自收到信访事项之日起 15 日内书面告知信访人。对属信访部门受理范围的信访问题，应告知信访人受理依据、办理时限、承办单位等情况；对不属信访部门受理范围的信访问题，应向信访人告知不予受理的理由依据，并向信访人告知负责该信访问题的信访部门或将信访件转有关部门。

### （一）对受理信访事项的告知

（1）各级机关、单位及其工作人员对符合《信访工作条例》规定，并属于本部门法定职权范围的信访事项，应当受理，不得推诿、敷衍、拖延。受理决定应当场书面答复或自收到信访事项之日起 15 日内书面告知信访人。

（2）对已受理的信访事项，应自受理之日起 60 日内办结，并将处理意见书面答复信访人。

（3）对需要延期办理的信访事项，按《信访工作条例》规定延期办理，并在批准延期之日起 3 日内告知信访人延期理由。

（4）对信访人在规定期限内请求复查、复核的信访事项，原办理机关、单位的上一级机关、单位应自收到复查、复核请求之日起 30 日内提出复查、复核意见，并将复查、复核意见书面答复信访人。

### （二）对不予受理信访事项的告知

（1）对属于各级人民代表大会和县级以上地方各级人民代表大会常务委员会、人民法院、人民检察院职权范围内的信访事项，信访部门不予受理。不予受理的决定应当场书面答复或自收到信访事项之日起 15 日内书面告知信访人。同时，应口头或书面告知信访人分别向有关的人民代表大会及其常务委员会、人民法院、人民检察院提出。

（2）对已经或者依法应通过诉讼、仲裁、行政复议等法定途径解决的投诉请求，信访部门不予受理。不予受理的决定应当场书面答复或自收到信访事项之日起 15 日内书面告知信访人。同时应口头或书面告知信访人依照有关法律、行政法规规定的程序向有关机关、单位提起诉讼或申请仲裁或申请行政复议。

（3）对不属于本机关、单位职权范围的信访事项，不予受理。不予受理的决定应当场书面答复或自收到信访事项之日起 15 日内书面告知信访人，同时应口头或书面告知信访人向有权处理的机关、单位提出。

（4）信访事项已经受理或者正在办理的，信访人在规定期限内向受理、办理机关、单位的上级机关、单位再提出同一信访事项的，该上级机关、单位不予受理。但应口头或书面告知信访人不予受理。

### （三）对不再受理信访事项的告知

经过办理、复查、复核程序分别作出处理决定，以及信访人在法定时限内未提出复查、复核申请的，该信访事项的办理程序即为终结。信访人以同一事实和理由提出的信访事项不再受理，但应视情况口头或书面告知信访人。

## 五、各级信访部门的告知义务

各级党委、政府信访部门对来信来访反映的信访事项，可直接进入转送、交办、直接报请等程序，并告知信访人。

对本机关、单位直接办理和不予受理、不再受理的信访事项，应书面告知。

## 六、告知要求

(1) 要严格遵守保密纪律，告知内容不能涉及国家秘密。

(2) 检举、揭发类型的信访事项，要注意保护检举、揭发人，并按有关规定予以告知。

(3) 书面告知的内容要简明扼要，措辞要准确恰当，要署日期、加盖公章等。口头告知应做好相应记录，以备存查。

# 第四节　信 访 受 理

“属地管理、分级负责”是处理人民群众来信来访问题的基本原则之一。

对人民群众的来信来访，应按反映问题的性质和所属系统分别由机关、单位的相关部门处理。来访事项的受理与交办、领导接访、来信事项的受理与交办、信访事项的复查与复核、督察督办等工作，需要明确具体事项的具体责任部门、办理程序和办理时限，对其中不属本部门职责范围的，应按业务分工与有关部门联系，并负责转交或将信访人介绍到有关部门；对涉及几个部门的问题，主办单位要主动与有关部门协商处理。

## 一、交办、转送

### （一）交办

（1）交办是指将信访人来信提出的信访事项交有关地方、部门或其负责同志办理，并要求承办部门在《信访工作条例》规定的期限或指定期限内反馈办理结果。

（2）交办信件坚持“谁交办谁督办，谁办理谁反馈处理结果”的原则。

（3）属于本级直属工作部门处理的信件，应直接交办本级有权处理的机关、单位。

（4）属于下级党委、政府或其工作部门处理的信件，按属地管理原则向下级党委、政府及其信访部门或有权处理的机关、单位交办。

（5）直接交由有权处理的机关、单位办理的，应将交办情况抄送下一级信访部门；有权处理的机关、单位向交办机关、单位反馈处理结果时，应抄送同级信访部门。

（6）对来信反映的一些突发、紧急情况，需要交有关地方或部门办理的，也可采用电话、传真的方式交办；情况重大、紧急的，应当及时提出建议，报请本级党委和政府决定后，进行交办。

## （二）转送

（1）转送是指将信访人来信提出的信访事项转送有关地方、部门或其负责同志办理，办理方式主要有发函转送、附转送单转送。

（2）发函转送：

1）以发函的方式将应该由地方或部门办理的信件，转送市、县一级信访部门或本级有关部门或地方、部门负责同志办理。

2）发函集中转送市级信访部门办理的，转送时附相对应的来信列表，并定期向相关信访部门通报转送来信情况。

3）相关信访部门要定期向上一级信访主管部门报告转送信件的办理情况。报告内容包括转送的信访人来信是否及时办理，报市级领导的件数、转送部门和县级件数等，以及其他认为需要说明的情况。

4）相关信访部门报来办理情况后，办信处要汇总制作转送信件办理情况统计表，以备抽查和报告、通报情况。

（3）附转送单转送。对应该由本级有关部门或所属企业、事业单位办理的信件附转送单转送。

（4）检举、揭发机关、单位及其工作人员执行政策、工作作风、违法违纪等方面问题的信件，按干部管理权限转送相应纪检、监察、组织部门或其上级机关、单位及其领导同志，不得将检举、揭发信件转给被检举、揭发的人员或单位。

## （三）信访事项转送、交办的主体确认

（1）根据《信访工作条例》的规定：被转送、交办信访事项的单位应当是有权处理的单位；有权处理系根据法律、法规、规章和政策所赋予的职权以及上级、同级党委和政府或其授权单位所指定的处理职责；单位应当是法

人或其他组织；信访事项已被处理过的，原处理单位可以为被转送、交办单位。县以上各级党委和政府信访部门为本级党委和政府负责信访工作的行政机构，负责转送、交办有关信访事项；乡镇党委和政府、街道党工委的办事处不得转送、交办收到的信访件。

（2）属于本级党委和政府或其所属工作部门、单位处理的信访事项，县以上党委和政府信访部门应当转送有权处理的机关、单位，对提出的政策法规类信访事项的咨询、参政议政类的建议意见，应当转送党委和政府有关工作部门处理；属于下级机关、单位职权范围的一般信访事项，能直接转送的一般直接转送有权处理的机关、单位，不能直接转送的可以委托下级党委和政府信访部门转送；属于垂直管理部门职责范围内处理的信访事项，直接转送有权处理部门并抄送上级主管部门；机关、单位对属于下级机关职权范围内的信访事项，应当转送、交办下级机关、单位办理。

## 二、通报、约谈

为了进一步强化信访工作领导责任，密切党和政府同人民群众的联系，认真督促解决信访人反映的问题，切实保障人民群众的合法权益，全力维护社会稳定，信访问题突出的单位应被通报或约谈。

### （一）通报批评的情形

（1）因同一上访问题得不到及时有效解决或稳控措施不到位，导致个体、集体赴省、进京非正常上访，或因此被信访联席会议办公室通报以及约谈的；

（2）信访联席会议办公室被列为“信访问题突出”的，或其党政领导被约谈的；

（3）因同一上访问题得不到及时有效解决或稳控措施不到位，导致信访人围堵党委和政府机关，严重影响正常工作秩序的；

（4）有权处理信访问题的机关、单位未按照有关规定，对信访人进行接待、处理和答复，导致信访人围堵党委和政府机关，严重影响正常工作秩序的；

（5）管理责任单位因工作不负责任，对已排查出的矛盾纠纷或上级交办的信访案件调处不力，导致发生涉法群体性事件和越级非正常集体上访，经信访联席会议认定造成重大影响的；

（6）经党委和政府信访部门每季度信访问题汇总分析，存在信访突出问题的；

（7）部门年度信访工作目标管理责任书考核未达标的；

（8）其他经信访联席会议审定为工作不合格，需要通报批评的。

### （二）通报形式

（1）对信访问题突出单位视情节可随时通报；

（2）信访部门负责每季度对各部门、单位发生的信访问题汇总分析，根据赴省进京上访量以及省、市交办的信访事项的办理情况，确定信访问题突出部门和单位，并提出书面通报意见；

（3）通报意见经信访联席会议或分管领导审定后，进行通报。

### （三）通报内容

（1）上级关于信访工作决策部署的落实情况；

（2）《信访工作条例》等有关信访工作的法律、法规、规章和制度的执行情况；

（3）上级领导对信访工作和重要信访事项指示、批示的办理情况。

### （四）约谈的情形

（1）机关、单位若在通报后的下一个季度内工作无改观，仍被列为信访问题突出单位，其分管领导和有关负责人由信访分管领导谈话，限期整改。经信访分管领导谈话后，半年内工作仍无改观，继续被列为信访问题突出单位的，其主要负责人由信访主要领导谈话，责令限期整改。

（2）机关单位因工作不力，该解决的问题久拖不决，被上级主管部门通报的，造成信访问题突出的机关和单位的主要负责人由信访分管领导谈话；若被省委、省政府分管领导谈话，信访问题突出的机关和单位主要负责人除了由信访直接领导谈话外，还必须作出深刻检查。造成严重后果的，要按照有关规定，追究相关人员的责任。

## 三、办理

### （一）信访办理程序

（1）信访人来信由信访部门的信访接待室负责拆封、登记、归类、转办，各处室收到的信访人来信由处室自己处理。

（2）不属本处室业务范围的，转至信访接待室处理。涉及两个以上处室的，由信访接待室协调办理。

（3）信访人来访一般由信访接待室负责登记、询问、解答，联系处理；需要业务处室配合的由信访接待室通知有关处室。对集体来访，由信访办主任和分管处室负责人接待，来访人员直接到处室咨询的，有关处室应予接待，做好记录，填写信访人员登记表，处理结束后，将有关情况送信访接待室备案。

（4）信访接待室和有关处室对受理信访人提出的信访事项，能答复的应立即答复，不符合政策规定的，要做好解释和疏导工作；需要转请相关单位办理的，应在 1 日内转相关单位。

（5）对上级机关、单位交办和领导批办的来信，有时限要求的，在时限内办结，其余的在 15 日内办结；情况复杂的，应在 30 日内报告办理结果。

## （二）信访工作人员对信访问题的处理

### 1. 具体工作要“勤”

信访工作人员在收到信访件后要按照《初信初访快速处理制度》，做到阅办、批办、交办“勤”，为从快处理信访件打下良好基础。对复杂信访件和涉及单位较多的信访件，主管领导和工作人员要加强协调，充分发挥信访联席会议作用，使各单位相互协作，共同解决信访问题，做到协调“勤”，避免重复访和越级访。针对人员少、工作头绪多的现状，要加强对下转信访件的督促，做到检查“勤”，确保落实。

### 2. 办理和反馈要“快”

对反映问题简单，初核工作量不大的信访件，初核工作应在一周内完成；情况复杂、初核工作量大的信访件，初核工作应在 15 日内完成。对需要转办的信访件严格按照时限办理，有效减少多头访、重复访和越级访。

### 3. 解决问题要“实”

对每一件信访件都要落实信访主办人、协办人和督办人，限期办结。在信访处理过程中，严格执行相关制度，强化监督，以认真负责的态度，切实解决好信访人反映的问题，以实际行动赢得信访人的满意和支持。

## （三）受理转送和交办的信访事项办理程序

### 1. 登记

接到其他信访部门的转送和交办函后，应对信访人的姓名、单位、联系电话、诉求事项等进行登记。

**2. 审理**

对信访人提供的有关材料及信访诉求进行认真审理，确定信访事项是否属本机关、单位职权范围。如所反映的情况属本机关、单位的职权范围，应当受理。

**3. 通报**

通过审理，如信访事项不属本机关、单位的受理范围，应及时书面通知信访人，并向转送、交办单位通报不予受理的情况。

**4. 退回**

如信访事项不属本机关、单位的受理范围，应及时将转送、交办的信访材料退回到转送、交办的信访部门。

**5. 受理**

通过对信访事项的审理，如属本机关、单位的受理范围，应在接到信访材料后15日内书面告知信访人，并通报给转送、交办的信访部门。

**6. 办理答复**

受理信访事项后，应开展调查核实工作。依据有关法律、法规和政策规定，根据不同情况提出办理意见，经本机关、单位负责人同意或集体讨论通过后，在转送、交办单位指定的时间内书面答复信访人（如情况复杂需进一步调查核实时，在征得信访人同意并且经本机关、单位领导批准后，可延长30日答复），并将答复意见抄送转送、交办与信访人有关的单位。作出答复处理意见应遵照以下要求：

（1）请求事由清楚，符合法律、法规、规章或其他有关规定的，予以支持。

（2）请求事由合理但缺乏法律、法规、政策依据的，应对信访人做好解释工作。

（3）请求缺乏事实根据或者不符合法律、法规、规章或者其他有关规定的，不予支持。

（4）办理机关、单位依据有关规定作出支持信访请求意见的，有关机关、单位应当执行。对符合有关规定的信访处理意见，信访人应当接受。

**7. 反馈办理情况**

在向信访人答复的同时，在指定的办理期限内，将办理结果反馈给转送、交办的信访部门。

**8. 信访人撤诉**

所受理的信访事项在办理过程中，如信访人要求撤回信访申请的，经其申请并说明理由，可以撤回，撤回后，处理终止。

**9. 督办**

依据有关规定作出予以支持的信访事项，办理机关、单位应督促有关机关、单位执行。

**10. 归档**

信访事项办理完毕后，应一事一卷、装订成册归档，作为办理机关、单位长期卷宗保存。

## 四、复查与复核

### （一）复查

**1. 申请**

信访人向原办理机关、单位的上一级机关、单位提出复查请求。

**2. 审查**

审查是否符合复查申请的条件，审查信访部门对信访事项的事实认定是否准确，办理意见是否合法（含政策规定）与适当。

**3. 出具处理意见**

复查机关、单位对信访人提出的有效申请进行审查，复查意见应当自收到复查申请之日起 30 日内作出。

## （二）复核

**1. 申请**

信访人向原复查机关、单位的上一级行政机关、单位提出复核请求。

**2. 审查**

审查是否符合申请条件，审查办理、复查的机关、单位适用法律法规和政策依据是否准确，办理意见、复查意见是否合法与适当。

**3. 作出处理意见**

复核机关、单位对信访人提出的申请进行审查，复核意见应自收到复核申请之日起 30 日内作出。如果复核期间举行了听证的，听证所需时间不计算在内。

## （三）关于信访复查、复核制度

虽然一些法学专家认为信访制度具有“人治”的烙印，但作为我国特有的一项制度，它的出现并存在肯定有其合理性。但在肯定信访制度存在的必要性的同时，不能忽视信访制度面临的问题，其中一个重要的问题就是广大群众“信访不信法”，重复信访现象增多，对信访秩序造成破坏，这其实是对信访权的滥用。而信访复查、复核制度对预防和制约信访权的滥用具有重要作用。

**1. 信访复查、复核的性质及含义**

根据《信访工作条例》的规定，信访事项经处理、复查、复核后，没有新的情况将不再受理。尽管《信访工作条例》没有用“终结”一词，但其

“不再受理”的基本精神与信访终结是一致的。因而，信访复查、复核制度本质上是一种信访终结制度。根据我国信访的现状，信访复查、复核制度的确立，对形成健康、理性的信访机制，维护信访人的合法权益具有重要意义，尤其是对预防信访权滥用更具有必要性。

由于信访复查、复核制度是结束整个信访程序的法律制度，它一方面具有终止功能，另一方面又具有强制性。也就是说，信访复查、复核制度在终结信访程序方面具有强制性，它通过法律法规的明确规定来体现其实施的强制性。因此，信访复查、复核制度给信访人传递的一个有效信息是：信访程序不是无限期的，它具有期限性、可终结性。如果宣告终结了信访程序，就意味着信访人再次提起信访将会面临不受理的处境。因此，信访人应理性启动信访程序，并在依法进入信访程序后正当、理性地行使信访权。

信访终结制度包括以下几个含义：

（1）信访终结制度是以信访案件进入信访程序为前提的。信访终结制度的存在和适用，必须以信访案件进入信访程序为前提。如果一个案件从未进入信访程序或者不具备信访条件，那么信访终结制度就无从谈起。

（2）信访终结制度概括地适用各类信访案件。信访终结制度涉及的案件不仅仅是涉法、涉诉纠纷，而且还包括求决类信访事项、建议意见类信访事项等。

（3）信访终结制度必须符合一定的条件。在信访终结制度上，必须明确终结条件，凡是符合信访终结条件的，信访部门都要依法终结信访程序。

（4）信访终结制度必须遵循法定程序。这里的法定程序其实就是宣告程序，通过法定的宣告程序来终结整个信访程序。宣告信访终结必须经过专门处理信访案件的临时或者常设工作机构作出。

（5）信访终结制度的性质是法律制度。根据《信访工作条例》的规定，信访本身是一种处理“反映情况”、建议意见或者投诉请求的法律途径，且信访工作要遵循信访法律法规。因此，应将信访终结制度界定为法律制度，这有利于实现信访工作法治化。

**2. 信访复查、复核结论的性质和效力**

《信访工作条例》规定的复查、复核结论不是针对信访实体性问题作出终局决定，而是对程序性问题作出的结论。

《信访工作条例》的规定应该是针对信访程序性问题作出的终局决定。其法律效力是信访人不得再就同一事件向上一级机关、单位进行走访，但如果符合法律规定，信访人可以对同一信访事件通过司法程序再次请求进行司法救济。

**3. 复查、复核后仍坚持信访的处理**

信访复查、复核制度构建的主要目的是预防和制约信访权滥用，但信访事项经过复查、复核后，信访人仍然滥用信访权应如何处理？这就成为构建信访复查、复核制度所必须考虑的一个重要问题。

目前，在信访人中间形成了一种“大闹大解决、小闹小解决”的错误氛围，更使信访人相信所谓“只要坚持到底，就会有最后胜利”。而我们国家整个信访工作机制还未能随《信访工作条例》的实施马上改变，很长一段时间将仍沿用过去的工作模式，尤其是对进京上访情况的处理，无论有理无理的，均由受理部门（国家信访局或有关中央机关、单位）向信访人所在地党政部门通报，有时通报直送党政一把手。于是地方党政主要领导不得不从政治角度、大局高度出发，要求倍加重视。如果信访人走完信访三级程序后仍然不服，进京上访，中央各机关、单位是否接待这些信访人，如何看待他们的问题，这关系地方所作的复查、复核终结意见是否被认可，是否具有法律效力。

在信访程序依法合理终结的前提下，只要信访部门依法合理地处理了信访人的信访事项，保障了信访权行使的正当性，信访人在信访程序终结之后仍然“重复访”、滥用信访权，那么，应该对信访人在复查、复核程序之后的“闹访”“重复访”和其他滥用信访权行为明确相应的法律责任，构成犯罪的，要追究其刑事责任。具体操作上，应当制定配套制度，作出明确规定，也可以采用其他相关法律责任的方式。这种做法是维护法律权威的重要体现，也是法律权威性的要求。

对这类滥用信访权的人追究其法律责任、施加法律制裁是否会产生消极后果甚至影响社会稳定？法律的权威性和社会的稳定性之间从来就不会有天然的矛盾，相反两者是相辅相成的。法律的权威性在社会中得不到体现，必然会让破坏法律权威性甚至无视法律存在的人大量出现，甚至形成抗法力量，这会影响到社会的稳定性。反之，如果把法律的权威性付诸实施，不仅有利于法律强制性和权威性的彰显，而且更会促进社会稳定。

因此，应该提高行政能力和行政水平，坚持原则，善于运用法律武器来对付那些确实属于滥用信访权，危害他人利益和社会利益、国家利益的违法或犯罪行为。如果由于信访人的信访权利确实在信访程序中遭到侵犯，信访事项没有依法办理就进入终结程序，对这类情况应具体分析，作为特例谨慎处理。因为这种情形尽管在表面上是终结了信访程序，但在事实上是一种违法终结，如果信访人有新的事实和理由，应该重新启动信访程序，以真正维护信访权正当行使的秩序，这应该说是信访终结制度的应有之义。

**4. 完善信访复查、复核制度**

尽管完善信访复查、复核制度困难较大，但我们应该看到，由于信访问题呈现出广泛性、复杂性，已成为事关社会稳定的一大热点问题，各级党政领导应高度重视。近年来，在解决大量信访问题中，信访工作本身也得到发展，具有较好的基础。因此，我们应明确方向，知难而上、循序渐进、不断完善。围绕信访复查、复核制度建设，应做好以下三个方面的工作。

（1）理顺各种关系。在现行政治体制的框架内，信访复查、复核制度要被社会各方认可，具有生命力，需要理顺各种关系：

1）地方与中央的关系。尽管《信访工作条例》规定了信访工作体制，但目前这种设计与实际情况可能会有较大的差距。因为只要信访人进京上访不止，只要中央各部委对信访事项仍具有交办权、督办权、通报权等，信访复查、复核制度在实践中可能难以真正建立。所以，信访复查、复核工作在坚持实事求是原则，做到事实清楚、证据充分、定性准确、程序合法、处理恰当、手续完备的同时，还应将最终的复核意见及时主动通过上级党委和政府或直接与中央有关部门沟通，以求得其指导和支持。

2）上下之间的关系。就建立信访复查、复核制度而言，处理单位、复查单位、复核单位上下形成一致意见、统一口径，可大大减少信访工作系统内部无效的重复劳动。从处理工作一开始，处理单位就应及时就处理意见与复查机关、单位沟通，复查机关、单位也应及时就处理（复查）情况，特别是复杂疑难问题，与上级机关、单位进行沟通和汇报，争取上级机关、单位的指导和支持，保证适用法律法规、政策恰当，处理程序合法、严谨，为复查、复核工作打好基础。上级机关、单位尤其是非垂直领导的上级机关、单位，应从大局出发，严格贯彻执行《信访工作条例》，做好相关问题的复查或复核。

（2）做好信访复查、复核的相关配套工作。按照《信访工作条例》的规定，地方党委和政府应建立信访事项复查、复核机构，并将所有疑难信访事项按规范程序重新审理。但有些历史遗留疑难信访事项有较为复杂的成因，并且其中大多数事项有一定的合理因素，限于当时条件，或重视不够等原因，丧失了最佳机会，把一些小矛盾拖成了大矛盾。信访事项的三级终结只是就这些信访事项在信访程序中的处理终结，其他救济手段仍可依法使用，如信访部门、信访事项受理机关、单位应对信访人予以指导；信访人确有其他实际困难的，也应通过合理合法渠道获取救济。此外，对信访人的思想政治工作也需继续做好，以保证信访终结后的延续帮扶和教育，保持社会稳定。同时，需要建立一条渠道，让不服终结的信访人宣泄情绪。

(3) 充分发挥专业人员的作用。现在信访复查、复核处理过程中，信访人缺乏正确利益需求表达的能力，而信访部门的信访答复件很多是就事论事的经验型答复，并没有就信访事件的举证责任分配及法律适用等方面作周密系统的法律论证，这与信访部门缺乏专业法律人才有很大的关系。信访人和信访工作人员各说各的理，信访部门与信访人之间很难进行沟通，双方缺乏共同的法律平台。应从以下三个方面来解决这方面的问题：

1) 应加大法律援助力度。对复杂疑难的信访案件，信访部门应指派专业援助律师给予法律援助，以帮助信访人正确表达利益诉求。

2) 信访部门要进一步规范和深化律师接待信访制度。

3) 邀请法律专业人员对信访工作人员进行定期法律培训，提高信访工作人员的法律素质。

## 第五节 信访事项督办

督办是信访事项处理的关键环节。由于以前信访工作机构通常只负责登记和转办有关的信访事项，缺少督促有关部门落实解决信访问题的必要手段，导致大量重点和难点信访问题长期难以解决，成为制约化解信访矛盾的瓶颈。

信访材料在转交有关单位之后，承办人应在规定时限内，按照交办的要求办理落实，将落实情况书面向信访人反馈并征求处理意见。因特殊原因（发生地震、水灾、战争等）无法在规定时限内完成的，要提前说明理由，视情况依法予以延期。总之，为防止所交办的信访事项在下级信访部门久拖不办，为了提高办结效率，必须加大督办力度。

为确保信访事项处理的质量，对交办下级信访部门的信访案件，应严格把关，做到“三看、三把关”，即一看问题是否查清，把住证据关；二看材料是否齐全，把住程序关；三看处理意见是否恰当，把住政策关。在审核下级信访部门上报的材料时，如果认为主要事实不清，有进一步深查取证的必要，应坚持“四不放过”，即信访人反映的问题调查事实不清楚不放过，证据不足不放过，调查报告不规范不放过，处理意见不落实不放过。坚持“四不放过”，可有效地保证信访事项的督办效率和质量。

## 一、信访事项督办情形

### （一）督办的任务

各级党委和政府的信访部门对区域内信访工作、群众来信来访反映的重要问题行使督办权，主要包括以下具体内容：

（1）信访事项办理进度和结果的综合反馈；

（2）对信访事项办理结果进行综合评估审核；

（3）定期分析信访形势和存在问题，并向信访工作联席会议和相关领导及时汇报；

（4）参加重要信访案件的调处工作；

（5）负责根据办案评估结果对有关部门和人员提出问责建议；

（6）督办上级机关、单位和信访部门发函交办要求上报结果的重要信访案件及信访工作事项；

（7）领导批办、交办要查处结果的重要信访案件和重要事项；

（8）越级上访、重复上访、集体上访特别是赴省进京上访案件及非正常上访案件；

（9）带有普遍性、倾向性、苗头性、突发性以及矛盾有可能激化的信访问题；

（10）涉及两个以上部门，情况比较复杂，跨越时间较长，以及“人事分离”“人户分离”“人事户分离”的信访案件，需要协调牵头部门的问题；

（11）对重要信访案件办理的各个环节存在的问题进行督办；

（12）采取发函交办、电话催办、派员督办、联合督办、约谈督办方式进行督查；

（13）建立定期通报、定期对信访形势进行分析研判、重大疑难信访案上工作联席会研究、组织重大疑难信访案件听证等制度。

### （二）督办的范围

以下情形需要进行督办：

（1）无正当理由未在规定期限内办结信访事项的；

（2）未按规定反馈信访事项办理结果的；

（3）未按规定程序办理信访事项的；

（4）办理信访事项推诿、敷衍、拖延的；

（5）不执行信访处理意见的；

（6）其他需要督办的情形。

### （三）督办的主客体

督办的主体一般指县级以上党委和政府信访部门；督办的对象是同级党委和政府的工作部门和下级机关、单位，既包括对信访事项有权作出处理意见的机关、单位，也包括信访处理意见的执行机关、单位，还包括下级信访部门。

## 二、信访事项督办的方式

县级以上党委和政府信访部门及其他机关、单位对各级党政负责人批示、交办的信访事项，上级党委和政府信访部门或上级对口党政机关交办的信访事项，重大突发信访事项以及其他自行交办的重要信访事项，要及时进行督办，可主要采取以下五种形式。

### （一）发函督办

对需要督办的重要信访事项，一般要发督办函，说明督办事项、缘由及要求。对同级承办的信访事项，督办函直接发送承办机关、单位。党委和政府信访部门对直接交由有权处理的下级党政机关、单位承办的信访事项，要在向下级承办机关、单位发督办函的同时，抄送下级党委和政府信访部门。对党政负责人批办、上级交办以及其他重大信访事项，要通过所在地方党委或政府办公室（厅）转送。对涉及两个或两个以上地方、单位的信访事项，应明确主办单位和协办单位，分别发函，提出督办要求。

### （二）督办单督办

对紧急、突发、时效性强的信访事项，要通过发督办单、传真进行督办，及时督促调度工作进展。

### （三）派人督办

对群众反映比较集中，或不及时解决将有可能产生严重后果的重大紧急信访事项，或有关党政负责人有明确意见的，可直接派人通过明察暗访进行督办。

对重大、紧急、复杂和政策性强，涉及多个部门的信访事项，可由相关党政机关、单位联合派人督办。

### （四）约谈督办

对工作进展迟缓或处理意见认定事实不清、适用依据不当、工作措施不落实、群众意见较大的，经有关负责人批准，可调请相关地方、部门负责人当面谈话。必要时本级党委和政府分管负责人出面谈话。

对督查信访事项，承办机关、单位一般应在 7 日内书面反馈办理进展情况，上一级党委和政府信访部门直接督办的事项，反馈情况要同时抄送同级党委和政府信访部门。

### （五）调研督办

对与群众利益密切相关的重大信访问题，社会关注的热点信访问题以及带有政策性、倾向性的重要问题，要及时开展调研及督办。

**1. 制定调研方案**

明确调查内容、涉及范围、对象和采取的具体方式方法等。

**2. 实地调研**

要组织人员深入基层和现场，倾听群众呼声、了解真实情况、掌握第一手材料。反映问题要说明形成过程、产生原因以及发展趋势。对政策性、专业性较强的决策、问题的调研，可委托有关职能部门进行；对涉及面广的重大决策、问题的调研，可根据情况组织有关部门联合进行。

**3. 提出完善政策建议**

在充分调研、论证的基础上，向本级或当地党委和政府提出完善政策、解决问题的建议，为党委和政府推动决策落实和再决策提供依据。

## 三、信访事项督办的程序

（1）信访事项督办工作由信访部门负责具体落实。

（2）立案处理的信访案件，由经办人提出拟办意见，明确责任单位和办理期限，报有关领导审批后交办。

（3）立案交办后，经办人应认真做好督办催办工作，重大的信访件要重点督办，做到件件有着落，事事有回音。具体方法如下：

1）由经办人建立督办案卷，定期督办催办。督办可采取电话、发函、听取汇报等形式进行，一般情况下，逾期3天仍未回复的应予催办。

2）对信访案件处理情况不清，需派人调查核实的，要2人以上同往。

3）对涉及多个部门或重大疑难信访案件，可联合有关单位组成督办小组进行具体督办。

4）经办人要对督办情况及时记录；对领导交办的重点信访案件，应在督办工作结束后3个工作日内，将督办情况书面报告有关领导。

5）对多次催办既不回复办理情况又不说明理由的责任单位，以及多次督办仍处理不力的责任单位，采取责成说明情况、责成书面检查和通报等形式，实行信访工作责任追究。

（4）信访案件的办结应做到事实清楚、结论正确，应符合法律法规和政策，手续完备、材料齐全，并落实处理意见：

1）经督办符合结案要求的，做办结处理；不符合要求的，退回原责任单位重办。

2）需复函上级机关、单位，有关领导或信访人的，应及时回复。

3）信访案件办结后，经办人应将督办资料连同结案材料一并整理归档。

4）督办人员与信访案件或信访人有直接利害关系的，应当回避。

## 四、督办的报告与审核

### （一）查办情况报告

一般交办信访事项要依照《信访工作条例》规定按时办结，有关党政负责人批示、交办的信访事项一般应在30日内办结，党政负责人有明确要求的，按要求办理。到时不能办结的，应说明情况和理由。交办信访事项办结后，承办单位要及时写出查办情况报告，说明调查处理的过程、调查结果、处理意见和依据。查办情况报告必须事实清楚、定性准确、处理恰当、手续完备，并有信访人的意见，经本级、本部门、本单位负责人审核并签署意见后，正式行文上报。交办事项办结报告不再重复上报。

上级党委和政府信访部门直接督办的信访事项，承办单位上报查办情况报告，要抄报同级党委和政府信访部门备案。

### （二）改进情况报告

收到督办改进建议或整改函的机关、单位，应当在30日内书面反馈改进、整改情况。未采纳改进建议的，应当说明理由。改进情况报告经本级、本部门、本单位负责人审核并签署意见后，正式行文上报。

### （三）查办情况报告审核

承办单位上报查办情况报告后，交办单位要认真审核，重大、复杂、疑难案件应组织有关部门共同会审。经审查符合下列办结要求的，应及时办理结案手续，属党政负责人批办、上级交办的要及时上报。不符合要求的，退回重新查报：

（1）信访人的诉求已经依据有关法律法规和政策予以妥善处理的；

（2）信访人的请求有道理但政策规定不明确，按照实际情况已经合情合理妥善处理的；

（3）信访人的诉求缺乏法律法规依据或不符合法律法规规定的；

（4）信访人的诉求或者揭发、检举的事项缺乏事实根据的。

交办机关自收到督办事项查办情况报告之日起30日内不回复意见的，视为同意。

## 五、处分建议与通报

### （一）提出处分建议

对信访工作中推诿、敷衍、拖延、弄虚作假等行为，拒不采纳改进建议或责令改正而未予改正，造成严重后果的，督办机关应按照干部管理权限向有关部门提出对直接负责的主管人员和其他直接责任人员依法给予党纪、政纪处分的建议，并在一定范围内予以通报。

### （二）通报

县级以上党委和政府信访部门及其他机关、单位对信访事项的督办情况，要每月进行一次统计分析，并报告有关负责人。

县级以上党委和政府信访部门对有关地方和部门办理信访事项的督办，以及采纳改进建议等情况，至少每季度通报一次，并作为年度信访工作考核的重要内容。

### （三）归档

县级以上党委和政府信访部门及其他机关、单位对督办各类事项要及时按要求立卷归档，做到要素齐全、统一保管。

# 第六节　立卷归档

信访案件档案（以下简称信访档案）是信访部门在处理人民群众来信来访工作中形成的，并经过立卷归档保存起来的文件材料。它是国家重要档案资源的组成部分；是机关、单位密切联系群众的珍贵历史资料；是重要的历史依据，真实地记录了信访工作的历史过程，为研究信访规律提供准确的材料。加强信访档案的管理工作对维护社会稳定，促进社会和谐，保证信访人的合法权利，增强信访工作人员的责任心，有效发挥信访档案的作用，有着重要的意义。

信访档案保存的目的，除了备查以外，还要充分利用，把死资料变成活材料，为社会主义建设、研究和掌握信访工作规律、提高信访工作效率服务。

## 一、立卷归档范围

立卷，是将处理完毕并具有保存价值的零散文件、资料，按其形成的规律及内在联系，分别组成案卷。

归档，是将已立的案卷移交档案部门集中保存。

### （一）信访档案立卷归档原则

#### 1. 价值性原则

价值性即要求所有归档的材料必须是对日后工作有查考利用价值的文件、资料。信访工作中形成的材料纷繁复杂，必须加以鉴别和取舍，对没有存档价值的材料应予以舍弃。

#### 2. 完整性原则

完整性即归档的文件、资料必须齐全、完整。信访档案必须准确无误地记录某一活动、某一事件的完整过程。

#### 3. 系统性原则

系统性即所有归档的文件、资料必须加以系统化。

### （二）立卷的方法

文书类档案一般采用按年分类组卷，即根据文书材料的不同特点及内在联系，逐年分门别类组卷。信访案件案卷分为长期卷和短期卷两种。

凡是上级发函要求报告结果或属于本级受理范围，经调查反映问题的查实程度在基本属实以上，给予一定的处理的信访案件案卷，列入长期保管。此类信访案件案卷必须一案一卷或一案多卷，但不得一卷多案。

长期保管的信访案卷，卷内目录应该详细填写，每一个文件填写一个顺序号，并注明文件作者；最后一个文件必须填清起止页号；文件纸张正反面都有字的，要作为两页来编页码。

除此之外的信访案件案卷可列入短期保管。短期保管的信访案件案卷可一案一卷、一案多卷或多案一卷（综合卷）。

短期保管的信访案件案卷，如果是多案一卷时，卷内目录的顺序号，可以一个信访案件案卷只填一个顺序号，但其“文件标题”栏一般填写三项，分别为办案依据、调查材料和处理情况。

### （三）信访案件立卷材料的排列顺序

根据有关信访案件档案管理的相关规定，信访档案卷内排列顺序可按以下三种方式排列。

**1. 办案依据排列顺序**

（1）信访交办、转办函；

（2）信访呈阅单及领导批示；

（3）人民群众来信及信封（如果同一内容的多封来信，包括一信多投的信访件，可保存一封反映的问题较为全面的来信，其余来信，如有领导批示或有转办单位登记号的，可保存领导批示页或转办登记页，余下的信件年后可销毁处理）。

**2. 调查材料排列顺序**

（1）谈话笔录；

（2）旁证材料；

（3）调查报告。

**3. 处理情况排列顺序**

（1）处理决定；

（2）上报材料及上级审批意见；

（3）信访案件结案表。

如果一件信访案件反映多个问题时，应按问题分别排序。

## 二、保管制度

（1）严格按照相关档案管理制度，做到收集齐全完整，集中统一管理。

（2）档案库房应有防火、防盗、防虫、防鼠、防潮、防尘、防光等设施，确保档案的安全。

（3）定期或不定期地对所有档案进行检查，及时排除不安全因素，防患于未然。

（4）档案人员必须严格执行档案借阅、利用、鉴定销毁制度，做好档案的安全与保密措施。

（5）本机关、单位人员利用档案时，必须填写档案借阅登记表，写明利用的内容、目的、借阅时间、借阅人，做到限期交回注销。如有遗失或损坏档案的，要追究借阅人的责任。

（6）信访档案原则上不外借，如因工作需要确需外借的，必须经主管领导批准，并办理借阅手续。

（7）凡利用档案者，不得对档案进行涂改、圈划、挖补、损坏。

（8）查阅密级较高的档案，应报主管领导批准。

## 三、保密制度及泄密处罚

### （一）保密制度

（1）人民群众来信由专人负责收拆，不得丢失和泄露。

（2）接待人民群众来访应在不暴露来访者条件下进行，无关人员不得在场，两批来访不得在同一室接待。

（3）处理信访严格按信访处理程序进行，不得将检举、控告类材料转至涉及的单位或个人。

（4）信访材料、信访登记簿和计算机中信访资料要妥善保管，不得让无关人员翻阅查看。不得在外随意谈论信访及其工作情况。

（5）信访材料作为内部资料进行管理，特别是涉及信访人的个人信息要特别加强管理，防止外泄，不得擅自携带外出或复印。

（6）宣传报道和奖励举报有功人员要注意保护举报人，不经本人同意，不得公开举报人的姓名、地址和单位。

（7）要求查询信访处理情况时，必须确认是此件的信访举报人，方予答复。

（8）作废的文件资料、信访材料和工作笔记本等，要按规定销毁。

（9）查阅信访档案和文件材料要办理借阅登记手续，不得让他人随意复印或抄录有关内容。

（10）一切秘密文件在印制前都要按规定准确地标明密级，规定发放范围，并按批准份数印制，不得多印多留。

（11）收到秘密文电、群众举报信，要进行登记，并及时报主管领导批阅。除档案专管者外，其他人员不许代收、拆阅或代行保管秘密文电、举报信等。寄给领导亲启的信件，除领导授权的工作人员外，其他人不得拆阅。

（12）秘密文件、群众举报信或其他需要保密的资料必须存放在有保密措施的地方，禁止随意存放。

（13）信息、简报等对外发行的刊物，凡不宜作为新闻公布的就不要公布。个人向报纸、杂志撰写稿件，不得引用不宜公开发表的领导讲话、有关案情和资料。

（14）严格执行国家保密局和上级关于计算机信息网络管理的各项保密规定。涉密文件、资料不得上网，存储的信访资料要妥善处理，定期进行计算机和信息安全保密检查。

### （二）泄密处罚

对泄露国家秘密、工作秘密事项造成或可能造成工作被动且具有明显危害后果的，要及时查清事实，给予责任人党纪、政纪处分；触犯刑律的，要依法追究其刑事责任。

# 第五章

# 信访业务工作

信访业务工作作为群众工作的重要组成部分，和一般性群众工作既有相同之处，也有不同之处，如何形成与信访工作特点、信访工作职责及信访工作目标任务相一致的群众工作方式方法，尚需在实践中进一步探索和概括总结。这对于破解新时期信访难题，化解矛盾纠纷，维护群众的利益和社会稳定，无疑具有积极意义和推广价值。

## 第一节　信访来信办理

信访部门从接到人民群众来信到处理完毕依次进行的工作步骤是否科学、合理，是否及时处理人民群众来信，与提高工作效率和工作质量、改进工作作风有很大关系。在信访工作中，建立规范化的信访工作程序是十分必要的。按照处理信访问题的基本方针和原则，及时准确地处理好信访事项，并要求每道工序均符合信访办理程序，是信访工作走向规范化的必经之路。

## 一、来信办理程序

### （一）信件的处理步骤

#### 1. 消毒

凡收到信访来信，首先进行消毒处理。特殊可疑信件，要特殊处理。

#### 2. 启封

收到信件要当日启封。拆封时，要保持信件、邮票的完整，然后将信封、信体整齐装订，在信体右上方加盖收信印章，注明收信日期。

#### 3. 阅信

要认真阅读已经启封的信件，根据来信内容和有关规定提出处理意见。

#### 4. 登记

按照办信规范的要求，填写收信日期、交办人，写信人姓名、单位或住址，来信摘要，转送、交办单位等项目。

#### 5. 告知

对符合告知条件的来信，在收到来信15个工作日内，告知来信人来信转送单位。

### （二）信件处理的基本方式

办理群众来信的基本方式有上报、交办、转送、通报、存查、督查督办。

#### 1. 上报

上报是指报送主管领导，办理方式有摘要呈报、直接呈送、综合上报（采取信访信息、人民重要来信等形式）。上报的来信信息，需要核实并且能够核实的，一般应先核实再上报。

### 2. 交办

交办是指将信访来信提出的信访事项交有关部门办理，并要求承办部门在规定期限内反馈办理结果，办理方式主要是发函交办。对来信反映的一些突发、紧急情况，可以采取电话、传真的方式交办。

### 3. 转送

转送是指将信访来信提出的信访事项转送有关地方、部门或其负责人办理，办理方式主要有发函转送、附转送单转送两种。

### 4. 通报

通报是指向有关领导报告、向地方党委和政府通报来信的有关情况。

### 5. 存查

对经复核不再受理的来信，不需要办理的重复来信，无参考价值、内容不清的以及其他不需要办理的来信，一般可存。存信按地区、年份和来信时间顺序打包，集中存放，定期销毁。

### 6. 督查督办

督查督办工作要严格执行相关规定，遵照突出重点、注重时效、确保质量、狠抓落实的指导思想，坚持谁交办、谁督办的原则，做到督办事项件件有着落、事事有结果。督查督办可采取电话督办、发函督办、请承办单位来人汇报、派人督查等多种方式。

## （三）回复来信

视来信内容和来信人具体情况，可采取书面回复或电话回复的方式。

# 二、特殊信件处理

## （一）馈赠礼品信件

这类信件原则上一律谢绝，予以退回。对有保存价值的革命历史文物，经领导批准后可移交有关部门，并函告赠礼人，以示感谢。已标属领导姓名的字画等艺术品，请示领导后按其意见处理。

### （二）反动信件

如确认是以危害国家安全为目的，散布反动言论，攻击党和社会主义制度，诬陷、诽谤党和国家领导人的信件，应转公安部门处理，经办人不得传播信件内容。

### （三）恐吓信件

收到恐吓信件后应迅速通知有关部门采取必要措施加以防范，并将信件及时转出。

### （四）少数民族文字、盲文信件

应先请相关语言文字权威部门代为翻译，然后根据其内容按信访处理程序办理。

### （五）境外寄来的信件

如系外文书写，请有翻译认证的机构翻译后，根据其内容按信访处理程序办理。

### （六）夹带现金或有价证券及各种票证的信件

此类信件应填写人民来信处理登记表，注明夹带的票证名称和数量，经领导审阅后用挂号信转请有关部门退还本人。

# 第二节 信访来访接待

接待人民群众来访是信访工作的“重头戏”，也是信访工作人员必备的基本功，熟练掌握接访业务，不断提高接访水平，对于做好信访工作、维护社会稳定具有十分重要的作用。

## 一、来访接待程序

### （一）登记

来访必须依照次序到登记窗口登记，并出示能证明本人身份的有效证件；集体来访的，由代表人办理登记手续。登记人必须填明来访人姓名、单位（住址）、人数、简明上访事由和上访诉求，由窗口工作人员分别处理。

### （二）接谈

来访登记以后，应当由接待人员接谈的，窗口工作人员通知接待人员接谈。接谈时，来访人应如实陈述上访事项和回答接待人员的问题。来访人应当如实反映问题，不得捏造、歪曲事实，不得诬告、陷害他人。

凡来访反映的问题，原处理意见如果事实清楚，使用政策、法律法规适当，和已有明确规定的，接待人员应劝说来访人接受有关机关、单位的处理意见或按政策、法律法规予以答复。

根据来访人反映的问题，需要立案或采取其他处理形式的，经研究后，将意见告知来访人。

多人反映共同意见、建议和要求的，一般应当采用书信、电话等形式提出；需要采用走访形式的，应当推选代表反映，代表人数不得超过 5 人。

来访人若携带书面和有关证明材料，可当面提供。接谈后，来访人应当自行离开接待场所，或到信访接待部门指明的有关机关、单位反映问题。

## 二、来访接谈

### （一）接谈处理

接谈人在与信访人接谈时，要认真阅看信访人登记表和携带的有关材料，耐心听取信访人反映的问题，详细询问有关情况，在规范的接谈记录本上认真做好记录，做到如下的“八清楚”：

（1）要清楚信访人的姓名、性别、年龄、民族、政治面貌、职业、单位、户籍及住址、联系方式等基本情况；

（2）要清楚多人来访的人数、代表的姓名、联系电话；

（3）要清楚信访人反映的问题和依据；

（4）要清楚信访人什么时候、到什么地方或单位反映过问题，信访事项是否已经受理或正在办理期限内；

（5）要清楚哪级党政领导接谈过信访人，接谈领导的姓名、职务、接谈时间、答复意见和处理结果；

（6）要清楚有关地方和单位有无派出工作组解决信访人反映的信访事项，工作组由哪些部门组成、进驻时间，组长姓名、职务，工作进展情况；

（7）要清楚信访人反映的信访事项是否经过处理、复查、复核三级办理，是否经过诉讼、仲裁或行政复议等法定途径，有无相关的文字结论或法律文书；

（8）要清楚信访人是否了解《信访工作条例》等有关规范信访工作行为的政策及法律法规。

与信访人逐项核对所反映的问题，并全部录入信访信息系统。对重大、紧急来访及接谈情况，要及时起草信访情况报告，向有关领导报告并妥善处理。

### （二）分类处理

根据信访人所提出的信访事项及有关单位的处理情况，向信访人解释有关政策和法律法规，介绍有关机关、部门的职责与工作程序，提出切实可行的解决方案，分别作出处理。

**1. 现场调度或电话交办**

对反映的问题单一、事实清晰、政策依据清楚、比较好处理的，可现场调度或电话交办，做到及时处理到位。

**2. 发函交办**

对以下信访事项，向有权处理的本级各处、室、所和村、社区、企事业单位发函交办：

（1）诉求合理，需要解决的信访事项；

（2）上级机关、单位交办及领导批示的信访事项；

（3）重大、紧急的信访事项；

（4）其他需要交办的信访事项。

由接谈员与有关部门沟通后起草函稿，分管领导审查，主管领导审签后交办；已向上级领导报告，有领导批示的，要将领导批示复印件附在交办函后交办。

**3. 介绍到有关机关、单位**

（1）各级人民代表大会常务委员会、人民法院、人民检察院职权范围内的信访事项；

（2）已经或者正在依法通过诉讼、仲裁、行政复议等法定途径解决的信访事项。

属于以上情况的，向信访人出具信访事项介绍信，并告知有关机关、单位的接待地点、联系电话、乘车路线等。

**4. 不予或不再受理**

（1）信访事项同级有关机关、单位或下级机关、单位已经受理或正在办理，信访人在规定期限内又来访提出同一问题的，不予受理；

（2）信访事项经过处理、复查、复核，信访人对复核意见不服，仍以同一事实和理由提出投诉请求的不再受理。

对信访人要讲清情况，出具信访事项不予受理告知书或信访事项不再受理告知书，并对信访人出具告知书的情况进行记录。

## （三）对多人来访和反映群体利益的接谈和处理

**1. 组织推举接谈代表**

推举接谈代表的条件主要如下：

（1）得到信访人的委托与信任；

（2）不得超过 5 人，不得中途更换；

（3）能够将信访人反映的问题和要求表达清楚，能够将解决意见向信访人全面如实反馈。

**2. 确定参加接谈人员**

一般由信访部门骨干人员主持接谈；信访人问题复杂、人数较多、情绪激烈的，由分管领导主持接谈。

**3. 接谈过程控制**

在接谈时要注意把握接谈代表情绪，控制事态。

**4. 向接谈代表作出答复**

要求接谈代表做好记录，做好其他信访人的工作，接谈员向信访人公布联络电话，以方便信访人咨询，向信访人宣传《信访工作条例》，要求其遵守条例有关规定。

**5. 紧急、重大信访事项处理**

对紧急、重大的信访事项，及时起草信访情况报告，并向有关领导报告。

**6. 答复意见**

接谈时的答复意见，要责成专人督办落实。党委和政府领导批示意见要责成专人调度、督办落实。

## （四）协调会的办理

**1. 协调会办理的条件**

下列情况可以通过协调会办理：

（1）情况复杂、解决难度大的信访事项；

（2）其他需要通过协调会解决的信访事项。

**2. 会议方案**

由接谈员提出，逐级报分管领导审批。会议方案的内容主要包括：

（1）会议要解决的问题。

（2）会议主持。由分管领导或负责人主持，特殊重大信访事项报请主管领导主持。

（3）参加人员。直接处理该信访事项的部门负责人和经办人、有关领导，有处理权或有制定、解释政策权的部门负责人，有关信访部门的负责人，其他人员。参加人员根据会议需要进行调整。

（4）会议议程。介绍接待情况，听取信访人的诉求并核实情况，听取责任单位的办理情况，研究解决方案，答复来访人。

**3. 会议准备**

有关工作人员要及时向主持协调的领导汇报信访事项的基本情况，准备好有关材料和政策依据，做好会议通知、会议地点、人员签到、材料发放等项工作。

**4. 紧急、重大信访事项处理**

对紧急、重大信访事项和领导有批示的信访事项，要及时上报协调情况。

**5. 注意事项**

做好会议记录，写好会议纪要，将会议情况记录在案，会议材料要归档。协调会形成的解决方案要责成专人督办落实。

**6. 办理后的工作**

（1）答复。这是对于承办单位和信访人而言的。在规定期限内，承办单位应将信访事项初查答复意见书送达信访人，并请信访人在送达回证上签字认可，拒签者视为送达。

（2）反馈。这是对于承办单位和转交办机关、单位而言的。在规定期限内，承办单位应将信访事项初查答复意见书等材料报送上级信访部门。

（3）留存。这是承办单位办理信访事项的证据材料，应归卷备查。

（4）归卷。信访事项经有权处理的机关、单位处理完毕后，有权处理机关、单位应将来访材料、转交办凭证、处理结果等材料归档入卷。

## 三、特殊来访处理

### （一）一般特殊来访处理

（1）属于本级机关、单位职责范围需要处理的问题，要向来访人说明由本级处理，经本级机关、单位分管信访工作的领导同意，转本机关、单位有关部门处理。

（2）需转请下级机关、单位或其他有关单位处理的，接谈后分别向有关单位发函转办。

（3）来访人反映的重要问题，摘报后送分管领导阅示，按领导批示意见办理。

（4）来访人反映的问题比较紧迫，需要及时作出处理，应在请示分管领导后，通过电话或其他形式向有关单位初步了解情况，尽快处理。

（5）对重复来访和结案后又来访人，应尽量由原承办人接谈。确有新的问题，原承办部门应予以复议或查处。无正当理由的，要做好耐心细致的思想教育工作。

（6）对来访人向本级机关、单位提出的批评意见，应本着“有则改之，无则加勉”的原则，虚心接受，以改进工作。对本级机关、单位外各项工作的建议，转交有关部门参考。

## （二）大规模集体访的处置

发生大规模群众集体访的接待程序：

（1）接待人员首先要稳定来访人的情绪，安排好场地。

（2）接待人数较多的集体访，应立即向分管领导或主要领导报告。根据群众所反映问题的处理难度，及时通知相关部门，并要求派人赶到现场参加接待与处置。

（3）确定接待方案。明确接待时间、地点、单位和相关领导，并及时通知和衔接到位。

（4）要求来访人推选代表，代表人数不得超过5人，填写好登记表。

（5）组织接谈。一般先由来访群众反映信访事项，然后由职能部门解答问题。如果所涉信访问题的主管部门的主要负责人参加接谈，接谈负责人要表明态度，最后由参加会议的相关领导发表意见。

（6）对集体来访反映的问题要做详细记录，必要时应予录音。对有一定规模、造成一定影响的集体访，要向上级部门主要领导或主管、联系的领导写出处理报告或接访报告。

（7）属有关部门的分工和职责范围内的问题，分流到有关部门接待处理。

（8）在接待过程中，要注意观察来访人的一切变化，包括活动、要求、情绪等所有动态情况，如有异常情况，要及时逐级向领导报告。要对来访人做思想工作，避免矛盾激化。

（9）接待完毕后，要把接待情况通报给来访人，做好群众工作，并督促他们及时返回当地，防止出现失控和在信访部门滞留的情况。

### （三）异常情况处置

来访人的行为有下列情形之一的，接待工作人员应当对其进行劝阻、批评和教育；经劝阻、批评和教育无效，一旦信访人在信访接待场所发生违法行为，接待工作人员要及时通报公安机关，公安机关应立即出警赶赴现场，依法进行处置：

（1）在信访部门周围非法聚集，围堵、冲击机关、单位，拦截公务车辆，或者堵塞、阻断交通的；

（2）携带危险品、管制器具的；

（3）侮辱、殴打、威胁机关、单位工作人员或者非法限制他人人身自由的；

（4）在机关、单位或信访接待场所滞留、滋事，或者将生活不能自理的人弃留在机关、单位或信访接待场所的；

（5）煽动、串联、胁迫，以财物诱使，幕后操纵他人上访或者以上访为名借机敛财的；

（6）扰乱公共秩序、妨碍国家和公共安全的其他行为。

### （四）来访人患病情况的处置

（1）来访人在接待过程中患病需紧急救治的，应迅速通知医务人员到场进行救治，必要时拨打120送附近医院抢救；

（2）来访人患有急性传染病的，应迅速通知卫生防疫部门处置。

以上两项处置费用原则上由来访人或当地有关部门支付。

### （五）精神异常访的处置

在接谈过程中，如发现精神异常的来访人员，应及时与所在社区、单位或监护人联系，尽可能劝其离开或带离现场。个别无理纠缠的，交由公安机关带离。

## 四、非接待场所的访谈

（1）原则上不接受外出约谈；

（2）有必要外出调查访谈的，首先要请示有关领导，其次要两人同行，回来后应向有关领导及时汇报；

（3）外出调查访谈要注意语言不卑不亢，不激化矛盾；

（4）注意自身安全。

# 第三节　信访热线电话

随着人民群众的民主意识、维权意识和法制观念不断增强，积极探索做好新时期群众工作的新方法和新路子，强化服务意识、改进工作方法势在必行。为了更好地开展群众工作，快速高效地解决群众的诉求事项，切实把全心全意为人民服务作为群众工作的出发点和落脚点，各级信访部门都先后开通了信访热线电话，架起了党和政府与人民群众的“连心桥”，密切了党群干群关系，开辟了解决信访问题的新途径。

信访热线电话是信访工作人员和信访人交流的直通车。过去，人民群众无论政策法律咨询还是反映问题，都要跑到相关部门，费时费力费钱，还会产生不好的影响。信访热线电话开辟了答疑解惑的新渠道，有效地减少了走访案件的发生。信访热线电话的开通，是一个促进信访工作人员综合素质提升的有效载体。面对群众提出的各类问题，信访工作人员在自身素质上无疑有了更高的要求，那就是在工作中要不断学习提高，才能高质量高效地解决实际问题。信访工作人员素质提高了，信访工作的质量和效率也必然提高。

## 一、政府热线电话工作机构

政风行风热线作为政府热线电话，具有信访热线电话属性。这些年政风行风热线上线单位的范围，已由最初的少数几个部门，发展到几乎涵盖所有政府热点部门和行业。热线节目由最初的每周播出一两期，发展到目前每天固定时间、固定栏目。部分省份还实现了 24 小时全天候接听热线，方便群众随时咨询和投诉。各地通过查处群众反映的突出问题，不仅维护了群众切身利益，还收到了“查处一起、警示一片”的效果。

政风行风热线将更多地采用群众喜闻乐见的形式，形成广播电台、电视台、报纸、网络等多种媒体的联合互动，并在播出时间、播出形式和解决问题时效上不断完善创新，以更好地发挥热线连接政府与群众的桥梁纽带作用。

政风行风热线是党和政府为听民言、知民愿、解民忧、顺民意，最初以广播电台为平台开设的，是集舆论监督、群众监督和专门机关、单位监督于一体的监督形式。

## 二、信访热线电话处理程序

### （一）日常工作程序

#### 1. 来电受理

要做到语言文明、态度热情、说话耐心、记录详细、字迹清楚、解答恰当。凡当场答复处理的，要在记录本上写明答复处理情况；对电话交办，要求反馈处理结果的，要做好登记，以便督查；需书面转办、呈报的，应分别准确记录来电人的姓名、工作单位或住址、联系电话。对来电主要内容的记录，力求简明扼要、重点突出、文字通顺、书写规范。

#### 2. 来电办理

（1）当即答复。来电反映的问题如情况清楚、政策明确的，应当即答复来电人。

（2）分类。对来电内容根据有关部门职责范围进行归类。

（3）电话交办。来电反映或咨询的问题，如明确属于有关职能部门职责范围的，可将来电人的要求直接向有关职能部门反映，同时告知联系电话，也可由热线电话办公室（简称热线办）受理后再作相应处理；对带有一定专业技术性的问题，以引导为主。

（4）书面交办。来电反映的问题，需有关职能部门调查处理或情况比较复杂，又需要处理存档的，要填写交办单，以书面形式交有关职能部门处理，并要求按时反馈处理结果，电话回访来电人。

（5）书面批办。反映的情况涉及面较广、影响较大，属人民群众关心的热点问题和突出事件等重要来电，应在接处意见表上登记，再单独填写呈批表或编写专报呈报领导。领导批示后即填写交办函件，连同批示复印件交有关部门及时办理。

### 3. 来电反馈

对来电反映的问题，要做到事事有结果、件件有回音。凡热线办书面交办的事项，承办单位应在接到交办通知 7 日内，书面报告办理结果；属电话交办的，应在 3 日内报告办理结果，并直接答复来电人，紧要的要随时反馈。在规定期限内不能办结的，要主动向热线办说明情况及原因。

热线办工作人员应将承办单位反馈情况记录在登记表“办理结果”栏内，并选择部分反馈结果通过新闻媒体公布。

### 4. 来电催办

根据来电内容和受理情况，热线办对交办的事项要及时催办督办：

（1）电话催办；

（2）对严重超期的，印发催办单进行催办；

（3）实地调查，现场督促有关部门及时办理。

每次催办督办均应做好记录，作为今后考核评比的依据，催办 3 次以上不报结果的视情况予以通报。

### 5. 新闻舆论监督

要通过新闻媒介定期或不定期地向社会公开有关部门的处理结果，表扬先进、批评落后，公布热线办网络成员单位电话，报道热线电话和网络成员单位的工作情况，解释有关政策。

### 6. 综合归档

（1）定期对来电数量、内容进行统计分类：

1）每日收集登记分类统计表；

2）每半月或每月汇总一次；

3）绘制全年来电及受理情况图表；

4）统计分析情况及时提供给领导参考。

（2）从来电中捕捉、筛选带有倾向性、苗头性、突发性的信息，进行加工、整理、分析，及时报告领导。

(3) 收集和整理已办结的材料，将其中重要转办件与领导批件分别归档备查。

(4) 编写热线办内部刊物及有关资料。

### (二)其他有关问题处理程序

(1) 对来电人要求过高，或因条件不具备一时难以解决的问题，要向来电人做好解释说明和耐心疏导工作，取得来电人的理解和支持。

(2) 涉及两个以上部门的问题应主动协商处理，或报请党委和政府相关领导确定一个单位牵头办理，有关部门要积极配合、协调解决。

(3) 对承办单位可以办理，但因某种原因一时难以办好的问题，要向来电人说明情况。重要的、需党委和政府协调解决的问题，应填写呈批表报领导阅示。

(4) 对来自基层单位纯属工作问题的反映，应由其单位通过正常渠道逐级上报。

(5) 对工作不负责任、拖延不办、不反馈或多次催办而未办的单位和个人，要给予通报批评。对因玩忽职守造成严重后果的，要严肃处理。

## 第四节　网上信访办理

随着互联网技术的发展，网上信访已经成为当今信访的一种新的主要形式。《中共中央关于全面深化改革若干重大问题的决定》提出："改革信访工作制度，实行网上受理信访制度。"这是网上信访发展具有里程碑意义的重要标志。目前，网上信访已成为人民群众反映问题的有效形式，有力维护了信访秩序，优化了信访结构，促进了信访制度改革目标实现。

## 一、网上信访的概念

网上信访是公民、法人或其他组织通过党委和政府信访网站或电子邮箱等反映情况，提出建议、意见或者投诉请求，依法由有关机关、单位处理的活动，具有公开透明、快捷高效、便于监督的优势和特点。

## 二、网上信访工作的总体要求、原则和职责

### （一）总体要求

坚持以习近平新时代中国特色社会主义思想为指导，深入学习贯彻习近平总书记关于加强和改进人民信访工作的重要论述，牢记为民解难、为党分忧的政治责任，用新发展理念引领网上信访工作科学发展，充分利用新技术提升网上信访效能，着力打造畅通便捷、规范高效、务实管用的信访新渠道，做到及时快捷、提高效率、快速回复、加强督办，推动网上信访问题一次性化解，有效减少网上重复信访，全力构建信息系统更加智能好用，受理办理更加透明规范，回复回访更加快速友好，问题解决更加及时高效，服务决策更加精准有力的网上信访工作新格局，使其在了解民情、集中民智、维护民利、凝聚民心方面发挥新的更大作用。

### （二）原则

（1）坚持党的全面领导，坚持以人民为中心，坚持落实信访工作责任，坚持依法按政策解决问题，坚持源头治理化解矛盾。

（2）党政同责、一岗双责，属地管理、分级负责，谁主管、谁负责。

（3）于法有据、相互配合、便捷高效、透明公开。

（4）诉求合理的解决到位，诉求无理的教育到位，确有困难的帮扶到位。

### （三）职责

网上信访办理部门应当向社会公布本级本部门的信访网站或电子邮箱，为投诉人提出投诉事项、查询投诉事项的办理情况提供便利。主要职责有：

（1）受理、承办、交办、转送投诉事项，并向投诉人告知投诉事项的办理情况；

（2）综合分析研究网上信访的内容，为本级党委和政府及其领导进行决策提供有参考价值的信息和依据；

（3）通报网上信访情况，分析预测具有群体性、代表性和倾向性的问题，防止矛盾激化和扩大。

## 三、网上信访办理程序

### （一）引导

在各级政务门户网站相关栏目设置“信访事项”“行政事项”“司法事项”“仲裁事项”“复议事项”和“市民生活相关服务事项”等类别选项，引导公众视情况选择相应类别提出。

对公众选择“信访事项”类别提出的投诉事项，设置“初次信访”“重复信访”和“复查复核”的类别选项，引导公众视情况选择相应类别提出。

对公众选择“初次信访”类别提出的初次投诉，根据引导公众进入“注册填写界面”，方便公众提出投诉事项。

对公众选择“重复信访”类别提出的重复投诉，设置“信”“访”“电”“网”四类选项。对曾经来信的，引导其通过电话查询办理情况；对曾经来访的，引导其向有关来访接待部门查询来访办理情况；对曾经来信、来访并愿意选择网上信访方式再次提出信访事项的，引导其进入“注册填写界面”提出；对曾经网上信访但无答复的，引导其进入“注册填写界面”再次提出；对曾经网上信访已有答复但对答复意见不服的，引导其复查。

对公众选择“复查复核”类别提出的投诉事项，对信访答复意见不服的，引导其复查；对信访复查意见不服的，引导其复核，同时告知其复查、复核的法定途径。

### （二）受理、办理和答复

各级信访部门要使用网上信访信息系统，受理、办理、答复和反馈投诉事项。并依据《信访工作条例》进行筛选，确定受理后分发至网上信访办理工作人员。

网上信访办理工作人员要认真阅读和分析投诉事项的具体内容，有权处理的机关、单位要认真办理投诉事项，根据投诉事项的具体内容，分别采取“留存”“不予受理”“不再受理”或“自办”的方式处理；投诉事项应当在60日之内办结；情况复杂的，经本机关、单位负责人批准后，可适当延长办理期限（不得超过30日），并告知投诉人延期理由。

对投诉事项应当向投诉人进行答复，由有权处理机关、单位根据投诉事项的具体内容和投诉人的实际情况，经本机关、单位负责人审核后，分别采取网上或电话方式进行答复；投诉人要求出具纸质答复意见书的，有权处理机关、单位应当予以出具，并经本机关、单位负责人审核后加盖公章。

对不属于本机关、单位或者本系统职权范围的投诉事项，有关机关、单位应当自收到之日起5个工作日之内提出异议，并详细说明理由，经转送、交办的信访部门或者上级机关、单位核实同意后，退回相关材料。

### （三）交办、催办和督办

对领导批示的投诉事项，上级单位要求报告办理结果的投诉事项，内容具有涉众性、倾向性和代表性或影响人民群众正常生活的投诉事项等，采取交办的方式处理，拟写交办函并逐级上报，通过网上信访信息系统转交有关部门处理。有权处理的机关、单位，对所交办的投诉事项，根据交办函标注的具体内容和办理时限要求依法处理。在处理完毕后，应逐级反馈书面办理报告。办理报告的主要内容应当包括：投诉人基本信息、诉求摘要，对投诉事项的调查核实情况，对投诉事项的处理情况，答复投诉人情况及投诉人对处理结果的态度，有关附件等。

对已经达到或超过规定办理期限的投诉事项，网上信访办理人员应以催办函形式，通过网上信访信息系统转交，并要求在收到相关函件后的规定期限内反馈办理结果。对经审核后发现不符合办理要求的投诉事项办理报告，网上信访办理人员应以退办函形式，通过网上信访信息系统转交相关部门重新办理，并要求在规定的期限内，根据重新办理情况反馈办理结果。

对无正当理由未依据规定期限办结投诉事项的，未依据规定反馈投诉事项办理结果的，未依据规定程序办理投诉事项的，办理投诉事项推诿、敷衍、拖延和弄虚作假的，不执行信访答复意见的，答复意见事实不清、依据或程序错误的，网上信访工作办理工作人员应当及时督促指导并提出改进建议。

### （四）告知和送达

在投诉事项受理、办理过程中，各级信访部门和有权处理机关、单位应当将有关事项告知投诉人，主要包括受理告知、正在办理告知、不予（不再）受理告知、延期告知等。

有权处理机关、单位应当及时将投诉事项答复意见书、复查意见书、复核意见书送达投诉人。

### （五）报告

建立定期报告制度。各级网上信访受理部门应当定期将本单位网上信访工作情况形成书面报告进行报送，报告内容主要包括：投诉事项的基本数据，办理投诉事项的主要做法，存在问题和下步工作打算等。

### （六）工作纪律

网上信访办理工作人员要遵纪守法、廉洁自律、保守秘密，不向无关人员透露信息。与投诉事项或者投诉人有直接利害关系的，应主动申请回避，不得干预或擅自处理。

网上信访办理工作人员在工作中推诿扯皮、敷衍塞责、无故拖延、弄虚作假，或未在规定期限内办结投诉事项的，对事实清楚，符合法律、法规、规章或其他有关规定的投诉请求未予以支持的，责令改正；造成严重后果的，依法给予行政处分。

网上信访办理工作人员不得打击报复投诉人，不得隐瞒、谎报、漏报重大、紧急网上信访信息，不得传播扩散网上信访内容。造成严重后果的，依法给予行政处分；构成犯罪的，依法追究刑事责任。

## 第五节 信访排查调处

信访排查调处工作是维护群众利益、维护社会稳定的一项重要工作。在积极推进信访改革与发展的进程中，要努力做好基层信访排查调处工作。搞好信访排查调处工作，是正确处理人民内部矛盾、预防和减少群体事件的首要环节，是维护社会稳定和广大人民群众利益的一项重要工作。各级、各部门要从群众根本利益出发，把解决事关群众切身利益的实际问题和化解矛盾作为信访排查调处的关键，坚持“预防为主、教育疏导、依法处理、防止激化”的原则，努力把各种信访矛盾和隐患解决在基层，化解在萌芽状态，为维护经济发展和社会稳定的大局提供有力的保障。

## 一、排查调处工作概述

在体制转轨、社会转型的新形势下，因社会分配关系和利益格局调整而引起的人民内部矛盾日益突出，不稳定因素增多，会影响治安秩序、制约经济发展。为此，建设一个完善的矛盾纠纷调处机制，及时、有效地化解矛盾，防微杜渐，这对创建平安家园，促进社会和谐具有十分重要的意义。

### （一）矛盾纠纷排查调处机制的现状

#### 1. 队伍建设状况

目前，基层乡镇党委和政府、街道党工委和办事处以及村委会已普遍建立调委会，每个调委会均配有主任和调解员 1~3 名，人员一般为兼职，初步形成了纵向包括乡镇调委会—村（居）调委会—片区（组）调解员的三级调解网络，横向包括综合治理、法院、公安、司法、民政等有关部门和工青妇群团组织齐抓共管，社会各界共同参与的矛盾纠纷大排查、大调解工作格局。

#### 2. 工作机制状况

现行的人民调解组织是在司法行政机关和人民法院管理与指导下进行工作的自治性组织，主要是调解公民之间有关人身和财产权益方面的争执。普通民间纠纷由专门的基层调解组织分级进行调解，具体有乡镇、村（居）、片区（组）的调解机构和人员，即对简易纠纷能直接调处的，由片区（组）

调解员调处，对较大的纠纷由村（居）调委会调处，疑难纠纷则交由乡镇一级调委会调处。在调解制度方面，各级调委会普遍建立了调委会及调解员岗位责任、纠纷登记、纠纷排查、纠纷信息报告反馈、社情报告、联防联调、协调配合等制度。

### 3. 保障机制状况

目前，乡镇调委会比较正规，条件较好，大都设有专门的调解室，工作经费基本能得到保障，而村（居）调委会条件较差，一套人马几块牌子，主任身兼数职。在农村，由于取消村提留、农业税，村财政较少，大部分调解委员待遇较低，经济发达地区略好些。

## （二）当前矛盾纠纷排查调处机制存在的主要问题

### 1. 办公条件简陋

大多数乡镇调委会缺乏交通通信工具，有的调委会还没有办公室或调解室。同时约有30%的村（居）调解组织不够健全，片区或村民小组调解员网络建设有待加强。有的村尚未建立调解员或信息员，有的村没有办公场所，日常工作不能很好开展，形同虚设，群众很难找到人，以致矛盾纠纷不能及时得到解决。

### 2. 经费保障不足

由于地方财政困难，人民调解工作经费无法及时落实到位。不少乡镇特别是村（居）调解组织的办公费用及调解员的误工补贴（或工资）经常被拖欠，待遇很低，一定程度地影响了人民调解员的工作积极性。当然大部分调解员不计较个人得失，讲服务、讲奉献。

### 3. 运行不够规范

有些调解员在调处矛盾纠纷过程中，存在调解程序和调解文书制作不够规范的现象。存在重结果、重口头、轻程序、轻文书等问题，有的口头调解，根本就没有询问笔录，也没有制作调解协议书或登记造册，口说无凭，难以作为时效中断的依据。存在一次性调解成功率不高、反悔多、上法庭多的现象。

#### 4. 调解机制亟待完善

人民调解是调处民间矛盾纠纷的法定活动形式，是一项中国特色的法律制度。它不仅在国内被誉为“政法工作的第一防线”，还在国际上被誉为解决矛盾纠纷的“美好制度”“东方经验”“东方一枝花”。尤其是随着我国实行“法德并举，法治与德治相结合”后，人民调解制度更加迸发出无限生机。然而，这一制度亟待完善。近年来，调解数量大幅度下降，主要是调解协议缺乏法律效力，当事人可以随时反悔，挫伤了人民调解员的工作积极性；调解工作不规范，调解员理论水平有待提高；调解制度有待进一步完善。

### （三）加强矛盾纠纷排查调处机制建设的具体对策

矛盾纠纷排查调处机制建设是一项系统工程，必须加强领导、创新机制，坚持“统一领导、协调有力、职责明确、运作规范、工作高效”原则，全民动手、齐抓共管。具体应做好如下六个方面的工作。

#### 1. 健全领导责任机制

强化领导责任，推行“一级抓一级，一级对一级负责”是成功预防和化解矛盾纠纷的重要保障。搞好矛盾纠纷排查调处工作，维护社会稳定，是全党全社会的共同任务。健全领导责任机制主要内容包括：

（1）各地区各部门要切实负起责任，把这项工作摆上重要议程，建立领导责任制，形成党政一把手负总责，分管领导具体负责，综治委牵头协调，职能部门各负其责，狠抓落实的工作格局。对可能由民事小纠纷转化成刑事恶性案件或大规模群体性事件的矛盾纠纷或苗头，党政主要领导要靠前工作、亲自调处、亲自督办、亲自疏导化解。要舍得花费精力想平安，要舍得组织人力保平安，要舍得挤出财力买平安，真正落实“守土有责、保一方平安”的政治责任。同时要落实社会治安综治责任制，解决好群众关心和反映强烈的热点、难点问题，密切注意掌握社情民情，有效防止和避免出现群体性事件。

在调解过程中，必须坚持属地管理的原则，强化矛盾纠纷发生地的责任，并相应明确各单位一把手为第一责任人，如乡镇调委会对全乡镇矛盾纠纷的排查调处工作负责，村（居）调委会对本地的矛盾纠纷排查调处工作负责。

（2）把基层党组织这个战斗堡垒建设好。要紧紧围绕调整经济结构、发展区域经济、增加群众收入、维护社会稳定来搞好基层组织建设。保持党的先进性，协调好基层“两委”的关系，提高其凝聚力和战斗力。

（3）稳步推进社区民主政治建设，实行政务公开和民主管理。凡是群众关心的问题都要尽量及时公开，提高群众对重大决策的民主参与程度。必要时，举行民主听证会。落实好税费改革、征地拆迁各种补偿款发放，真正做到给群众一个明白，还干部一个清白。

（4）大力提高干部队伍的素质。耐心做好群众工作，帮助群众解决实际困难，密切党群干群关系。广大干部要加强理论学习、提高素质，及时分析和研究新情况、新问题，增强新形势下处理突发性事件的能力。各级领导干部更要树立“以人民为中心”“管理就是服务”的意识，以人民满意为最高标准，促进思想作风转变。

**2. 健全层级管理机制**

（1）乡镇层面，由于矛盾纠纷原因是多方面的，因此，必须采取不同方式方法加以解决。对于邻里、赡养、婚姻、继承等一般民间纠纷，由乡镇调委会、矛盾纠纷排查调处中心尤其是司法所满腔热情地接待调处；对重大复杂的矛盾纠纷由公安派出所和法庭认真依法调处；对时间长久、一时难以查明原因，且工作量大、涉及多方面的矛盾纠纷，由乡镇综治部门牵头，协调有关部门，形成整体合力，及时解决矛盾纠纷。

（2）村级层面，村（居）调委会负责调处本村（居）较大的纠纷，片区或小组调解员或信息员负责调处本片区或小组内的一般性纠纷并提供社情信息。总之，要充分发挥人民调解、行政调解和司法调解的作用，形成全方位的点、线、面三级防范调解机制，防止矛盾纠纷激化，把矛盾纠纷化解在基层。同时坚持“属地管理”“谁主管、谁负责”的原则，实行分级负责、归口调处。

各部门应任务明确、职责分明，坚持一级抓一级、层层抓落实的负责机制，把矛盾纠纷排查调处工作的出发点和落脚点放在预防上，建立信息、排查、回访等预防机制，变事后处理为事前化解，变被动调处为主动预防。工作中，各级调解组织要深入群众调查研究，及时掌握矛盾纠纷发生情况、特点和规律，积极预测、超前防范，坚持抓早、抓小、抓苗头，做到预防与化解纠纷相结合。

**3. 健全综合治理机制**

人民调解委员会是调解民间矛盾纠纷的法定组织。各地乡镇、村（居）都必须依法设立调解委员会，同时在片区或村民小组配备调解员或信息员。为加强矛盾纠纷排查调处工作的领导和协调，可在县一级成立矛盾纠纷排查调处工作协调小组或人民调解工作协调小组，在乡镇一级成立人民调解委员会。同时在乡与乡之间、村与村之间、县与乡之间、乡与村之间，建立上下贯通、纵横交织的调解联动网络。

特别是在乡镇一级，可确定国土、建设、林业、民政、计生、妇联、团委、老龄委等部门为矛盾纠纷排查调处联动单位，通过加强网络管理与协调，积极促进各调解组织规范运作。这样，当发生比如土地、林权等纠纷时，由国土、建设、林业等有关部门共同参与，有利于更好地解决纠纷。与此同时，可以开展联片调解，即组织法官和人民调解员巡回办案，依法调解、以案释法，达到调解一案、教育一片。

**4. 健全法制教育机制**

使公民知法、懂法、守法是减少矛盾纠纷的前提。按照“防重于治”的原则，结合普法宣传，深入开展“法律进农家、矛盾化基层”活动，把群众的普法教育与化解矛盾纠纷结合起来，使大家学会用法律手段解决矛盾纠纷，真正把化解矛盾纠纷纳入法制化轨道，从根本上加以解决。

**5. 健全制度运行机制**

（1）建立矛盾纠纷月排查分析例会制度。乡镇综治委要每半月召开一次分析例会，主要听取本辖区上半月的治安状况、纠纷调处情况报告；排查近期各辖区可能出现的各种不稳定因素，分析纠纷的新情况、新特点、新动向；研究重大复杂疑难纠纷或跨镇（村）纠纷案件的调处方案和防激化措施；交流纠纷调处工作经验，安排下一步纠纷调处工作。

（2）建立工作责任制度。村（居）调委会对当地发生的纠纷情况和可能发生纠纷的苗头、隐患，要深入进行排查，及时调解，并定时上报。乡镇调委会对本辖区各村（居）发生的纠纷和可能发生纠纷的苗头、隐患进行汇总分类：对重大疑难纠纷及时报告；对依法属于某个部门调处的，移送某个部门并配合调处。

（3）实行包案调处制度。将每起纠纷具体落实到每个调委会和调解员身上，做到“四定”“三包”，即定牵头领导、定责任单位、定责任人、定办结时限，包调处、包跟踪、包反馈。

（4）建立调处工作报告制度。村（居）、乡镇之间每半月报一次，乡镇向县每月报一次，如有重大纠纷调处情况应随时报送。上报的材料包括调解数量，纠纷的主要类型、特点、动向和规律；纠纷的解决办法、预防措施等。

**6. 健全后勤保障机制**

（1）强化基础设施建设。各级调解组织要做到有办公室或调解室，有牌子、有印章、有调解工作台账，有调解例会和调解记录，有纠纷登记簿。各级各部门要确实重视这项工作，对于调解员要给予一定的工资或补贴，调动其工作积极性。

（2）抓好基层调解员的培训。由于人民调解员来自村（居）民委员会成员或从群众中选举产生，大多数没有经过专业的训练，法律素质不高。因此，搞好调解员的培训，是做好调解工作的一项重要的基础性工作。各级综治委、司法行政机关、人民法院肩负着管理或指导人民调解工作的职责，必须抓好培训这项工作，可以采取集中培训、个别咨询的方式进行，不断提高调解员的素质。

（3）抓好经费保障。贯彻落实最高人民法院、司法部《关于进一步加强新时期人民调解工作的意见》，建议通过法定程序，将调解经费列入财政预算。也可以设立矛盾纠纷排查调处基金，倡导社会各界捐资，确保调解、奖励经费充足、稳定，为搞好人民调解工作提供坚强的后勤保障。

矛盾纠纷排查调处工作是从源头上解决信访问题的一项重要工作，使矛盾和问题化解在初起之时，解决在“低成本”之际，落实“发现得早、控制得住、化解得了、处置得好”的要求，确保把各种矛盾解决在基层，把不稳定因素消除在萌芽状态，从而大大减少不稳定因素。做好信访不稳定因素排查调处工作，及时解决群众反映的信访问题，防止大规模赴省进京集体上访和群体性事件，对于维护社会和谐稳定、促进社会主义经济建设，具有十分重要的意义。

## 二、排查调处方法

### （一）工作重心下移

坚持工作重心下移，全面排查信访苗头。坚持抓基层、抓苗头、抓预防，积极转变作风，变“群众上访”为“干部下访”。组织专人，深入到各乡镇、县直有关部门进行调研、座谈，开展信访政策法规宣传，并对已办结信访案件当事人进行回访，听取意见建议，掌握情况，及早发现苗头性、倾向性问题。开展“拉网式”排查，在各基层分别选配2~3名信访调解协理员，负责搜集上报广大群众关心的热点难点问题，协助做好苗头性、初始性信访问题的化解和处理工作。

### （二）防止重复越级上访

对上级转办和基层反映的信访案件，实行领导包案制度，立项督办、限时办理，切实把矛盾和问题化解在基层，防止发生集体访或越级访。凡符合政策法律规定，能解决的尽快解决，暂时解决不了或不符合政策法律规定不能解决的，耐心做好说服解释和稳控工作。

认真组织开展信访案件调查处理，对涉及村干部作风、村级财务公开、宅基地审批、集体土地承包等群众反映比较集中的信访案件，严格落实有关单位办理责任和时限要求，各有关部门应靠前协调指导，全部妥善办结。

### （三）严格落实信访责任

坚持“归口管理、分级负责”和“谁主管、谁负责”的原则，层层分解责任、落实目标，认真分析当前信访面临的形势和主要特点，制定防范和化解预案，提高防范处理突发性事件的能力。要明确规定，因工作不深不细、疏于防范管理出现不稳定问题的单位，将严肃追究主要负责人和相关责任人的责任；对故意挑唆指使他人或组织集体访、越级访的人员，在调查核实的基础上依法严厉打击，确保社会和谐稳定。

## 三、重大矛盾隐患处理

### （一）认真排查

对存在的矛盾纠纷和信访热点难点问题要认真进行排查，将其纳入重要议事日程，抓好抓实。要对容易引发群众上访的热点难点问题，进行深入细致的调查研究，不但要善于发现问题，还要从根本上解决问题，掌握处理人民内部矛盾的主动权，把群众信访问题特别是集体上访问题，有效化解在萌芽状态。

### （二）逐一筛查

矛盾纠纷预测排查工作要从基层做起，自下而上、层层检查，力争把所有信访问题和隐患都清理排查出来，逐一进行筛选排序，重大信访事项经主要领导认定后，及时报送上级信访部门。

（1）开展矛盾纠纷排查，工作要仔细，作风要深入，做到横排到边、竖排到底、不留死角，防止因漏查漏排而留下隐患，引发矛盾。

（2）开展矛盾纠纷排查调处工作，不仅要排查本地、本部门存在的矛盾，还要排查本地、本部门与外单位之间的矛盾，排查在外单位已暴露激化，因性质相同有可能在本地、本部门引起连锁反应的矛盾，并及时采取措施，把问题解决在初始状态，控制在较小范围。

（3）对深层次的矛盾和尚未暴露的矛盾或隐患，要做好预警分析，掌握其发展趋势。对容易引起矛盾激化的敏感问题和与群众密切相关的问题，要通过预测分析，做到心中有数。

### （三）及时上报

要实行动态排查，建立定期、不定期的预警排查工作机制，遇有紧急和特殊情况时，要及时研究分析，随时报告，不得虚报、瞒报、迟报和漏报。信访工作负责人要按季度进行排查总结，并将排查总结及时报上级信访部门。

## （四）快速处理

对排查出的各类矛盾，应由各乡镇、各部门统一安排部署，按照“属地管理”和“谁主管、谁负责”的原则，建立分级负责、领导包案制度，采取积极措施就地快速处理，把矛盾化解在本地、本部门，确保社会稳定。

（1）对于预测排查出的重大信访问题，要派出专门的工作组进行调查处理。

（2）部门的一把手要负总责，主要领导作为第一责任人，要经常深入基层、深入实际，调查研究、解决问题，切实履行第一责任人的职责。

（3）对在当地有影响的集体访、缠访或影响稳定的重大矛盾，部门要成立专门的工作组，依法处理。确因问题处置难度大，部门无法处置的，要及时向上级报告，由上级领导派出相关职能部门组成工作组，深入现场协助处理。

在工作中要坚定不移地维护党纪国法，对少数挑唆、组织、串联、煽动群众上访，聚众闹事的人，公安部门要坚决依法进行惩治。对于党员干部带头闹事、影响较坏的，要按党纪、政纪严肃处理。

## （五）完善预案

对突出信访问题的重点人员、缠访人员，责任单位与公安部门要密切配合，研究制定稳控预案，明确责任人，加强动态监控，严密盯防，死看死守。按照“谁包案、谁负责”和“一包到底”的原则，研究制定信访积案的解决方案，加大化解力度，妥善化解。

### （六）加强引导

大力宣传《信访工作条例》等法律法规、学法守法先进典型、促进社会和谐稳定的经验做法等，适时对非正常访典型案件进行曝光，教育和引导群众依法反映诉求。相关部门要加强依法信访宣传，教育信访群众特别是非正常访人员自觉规范信访行为。

### （七）严肃处理

对因工作不负责、严重失职、处置问题不当而诱发集体访或越级访，造成严重后果的，将按相关规定，严肃追究有关部门和领导的责任。

## 四、排查调处工作基本原则

### （一）把信访案件排查调处工作摆上重要位置

信访案件排查调处工作，是贯彻落实习近平总书记关于加强和改进人民信访工作重要指示精神，维护群众的根本利益，化解矛盾、消除隐患，确保社会稳定的一个非常重要的内容。各级各部门要把信访案件的排查调处作为一项经常性工作，纳入各级党委、政府的议事日程，认真落实好领导责任制。

各级各部门的主要领导作为信访案件排查调处的第一责任人，每月对重大信访案件和突出问题，都要亲自研究，亲自包案，经常深入实际解决问题，扎实做好细致入微的思想和稳定工作。分管领导作为直接责任人，要亲自主持或参加信访案件排查调处工作会议，组织协调各职能部门解决信访案件排查调处中的疑难问题，为信访案件排查调处工作的顺利开展创造条件、提供保障。各级信访部门是信访案件排查调处的综合协调部门，具体负责信访案件排查调处工作，并将排查调处的信访案件及时上报党政领导，并负责督促检查。

要紧紧围绕当前社会的热点难点和各类信访矛盾隐患，及时组织信访案件排查调处工作。当前要把涉及广大群众切身利益的问题，如就业、养老、教育、医疗、劳动关系等民生问题，企业破产、改制、城市建设、征地拆迁问题，涉法案件问题以及重点建设引发的群体性信访问题列为排查调处的重点。同时，对已发生的久拖不决和结而不服的集体访和越级访，都要进行排查调处，做到情况明确、案情清楚、心中有数，并及时向党委和政府及有关部门提出工作建议。

各级各部门要深入研究各项改革措施出台后可能产生的社会矛盾，预测可能引发影响社会稳定的信访问题，及时掌握动向。对那些可能引发重大事件的信访案件，要坚持"及时排查、明确责任、各司其职、抓好落实"的工作原则，及时化解、妥善处理，防止激化矛盾酿成事端。

### （二）健全和完善信访案件排查调处工作制度

信访案件排查调处工作，要依据《信访工作条例》，建立健全重大信访信息报告制度。各级各部门对本单位、本部门和本系统发生的重大信访隐患和集体访等重大信访信息，都要及时准确报送，包括容易诱发群众集体访、影响社会稳定的难点热点问题，群众反映集中、强烈的问题，倾向性、苗头性、突发性重要情况，有可能越级集体访的，或行为激烈，妨碍正常工作、生活、交通秩序的集体访都要立即报送。要建立信访案件排查调处协调会制度，目的是把排查调处工作落到实处，落实责任制，制定切实可行的措施。

信访案件排查调处工作协调会议由各级信访部门负责组织实施，会前要将主要议题报分管党政领导，根据情况确定参加会议人员，由分管党政领导或信访部门负责人主持召开，原则上每月召开一次。

信访案件比较集中的地方或单位，除定期召开会议外，可视情况随时召开。每次会议必须形成会议纪要，写清排查调处信访案件内容及解决办法、责任单位和责任人，会议纪要要报告同级党委和政府以及上一级信访部门。排查调处工作要实事求是、不弄虚作假，对排查出的问题不夸大、不缩小、不隐瞒，如实上报。

信访案件排查调处工作要采取自下而上，按行业、系统和部门、地区，逐级、逐条、逐个进行。各级各部门都要把集中排查调处和经常性排查调处结合起来，采取集中力量整治的方法进行信访案件排查调处工作。同时，还要把信访排查调处作为一项经常性工作，形成制度、健全机制，长期坚持下去。

### （三）充分发挥各部门的职能作用

信访案件排查调处工作要坚持“属地管理”和“谁主管、谁负责”的原则，实行分级负责、归口调处的方法，把责任落实到部门、落实到单位、落实到人，是谁排查调处的，就要由谁来办理。决不允许推诿扯皮，把本部门、本单位的信访问题上推下卸。

涉及跨地区、跨部门、跨行业和两单位交叉的信访案件，由上一级信访部门进行排查调处。要形成信访部门组织协调、职能部门主动配合、党委和政府齐抓共管的信访案件排查调处工作格局。

要建立市、县（区）和市直单位，乡镇、街道和企事业单位，村（居）民委员会三级信访信息网络。县（区）、市直单位要逐步形成信访信息计算机网络，实现重大信访信息的网络传输，对全市的各种重要信访信息，都在网上实现逐级报送、分级管理、综合处理、资源共享。乡镇、街道和企事业单位以办公室为主，采用计算机网络电话传真等各种手段排查收集报送信访信息。村（居）民委员会要落实人员、明确责任，采用电话、口头、当面报告的方法，保证各种信访信息能够及时、准确报送。全市的三级信访信息网络要保持畅通无阻。

### （四）加强督促检查工作

各级各部门要采取有力措施，加强信访案件排查调处工作的督促检查。各级上报的重要信访信息和信访案件协调会确定的事项，都要由专门的部门和人员负责督促检查，县（区）和市直部门以下排查调处的信访案件，要在1个月内办结。需要市里协调解决的信访案件要在2个月内办结，报给市党政领导解决的案件一般在3个月内办结。

要严格落实信访案件排查调处工作的责任机制和工作机制。要把信访案件排查调处工作开展情况和实际效果与责任人的实绩和奖惩紧密挂钩。对工作得力、成绩显著的单位和个人，要记录在案，提请党政领导予以表彰奖励。对因工作不力或隐瞒情况，酿成重大群体性事件，造成严重后果的，要追究责任单位和主要责任人的责任。

# 第六章

# 信访其他相关业务

## 第一节　信访督促检查

信访督促检查（以下简称督查）职能在整个信访制度中，可以说是灵魂、核心，是落实信访制度的关键所在。强化信访督查职能，就是要从制度上和实际行动中切实履行《信访工作条例》赋予信访部门的督查职能。从形式上看是使信访部门从空权单位变成了实权单位，但实质上却是改善和优化政府职能、节约行政成本、提高行政效率、推进法治进程、有效保障人权、实现社会和谐稳定发展的有效措施。

信访问题的消长变化正是民情民意的真实写照，直接关系着国家的长治久安和社会稳定大局。通过强化信访督查职能，信访工作人员既可一手紧抓眼前的来信来访处理工作，一手紧抓深入基层对信访案件督查的下访工作；

又可了解基层群众的思想动态，切实掌握群众中不稳定因素的一手材料，为国家长治久安提供可靠信息。《信访工作条例》强调信访督查职能，其立法初衷也包含切实加强排查潜在的社会不稳定因素力度之意。

## 一、督查工作概述

督查工作是党委和政府工作的重要内容，是保证党委和政府决策顺利、有效实施的重要手段和环节，是为党委和政府服务的一项重要职能。督查工作是通过督查调研为领导决策提供情况、预案，当参谋出主意；作为一种领导行为，督查是党委和政府领导工作的重要组成部分，是决策执行程序中必不可少的环节，是确保政令畅通和党的路线、方针、政策及重要工作部署落到实处的重要手段，是党政领导机关、单位改进工作作风，提高工作效率的有效措施。

督查工作坚持以习近平新时代中国特色社会主义思想为指导，树牢“四个意识”、坚定“四个自信”、做到“两个维护”，深入贯彻落实习近平总书记关于狠抓落实做好督查工作的重要论述精神，不断增强新时代督查工作的政治性、权威性、针对性、实效性。督查工作以《中共中央关于加强新形势下党的督促检查工作的意见》《国务院办公厅关于进一步加强政府督查工作的意见》《政府督查工作条例》为依据，坚持政治督查定位，把坚决贯彻落实习近平总书记重要指示批示和党中央重大决策部署作为首要政治任务，充分发挥督查抓落实、促发展的“利器”作用；坚持和加强党的领导，牢固树立以人民为中心的督查理念，坚持统一归口、分级负责、突出重点、务求实效的原则，推动政策落实和问题解决，力戒形式主义、官僚主义。

## 二、督查工作的作用

实践证明，督查工作的作用越来越重要。其突出作用主要表现在以下四个方面：

1. 推动作用

通过督查可促进工作开展，规范操作程序，提高工作质量，确保决策落实。这是督查工作最基本的作用。

2. 桥梁作用

通过深入基层、深入实际，可以加深人民群众对党和政府的了解和信任，使群众看出各级领导干部是全心全意为人民服务的，从而改善党群干群关系，提高党和政府的威信。

3. 助手作用

督查人员把在基层督查过程中看到的、听到的、查到的新情况、新问题，及时向领导反馈，为领导查漏补缺、及时纠正基层工作中的失误、解决存在的问题，从而当好领导发现问题的“耳目”、堵塞漏洞的“助手”。

4. “外脑”作用

通过深入基层直接了解决策实施过程中的深层次问题，同时站在全局的高度，把群众和基层单位提出的意见建议作为了解决策在基层贯彻落实情况和社情民意的重要渠道，定期汇总，对新情况、新问题和发现的决策不完善方面，进行归纳、分析，提出新思路、新措施，作为党委和政府安排部署工作、完善决策的重要参考，增强领导决策的科学性、针对性，从而当好领导的“外脑”。

## 三、督查机构职责和分工

督查工作在党委和政府统一领导下，建立以主要负责同志负总责、各单位主要负责同志负专责、处室主要负责同志盯办、承办人具体落实的责任体系，构建信访部门牵头抓总、各单位分工负责的督查工作格局。

信访部门归口管理党委和政府的督查工作，负责督查工作的组织、统筹、协调、指导、推进，建立及时、顺畅、高效的督查工作联系机制，对督查事项进行立项、交办、检查和督办，负责督查情况的汇总、报告等。

各单位承担抓督查和抓落实的双重主体责任，既负责本单位督查工作的组织开展，同时又负责本单位承办的督查事项的办理落实。各单位主要负责人是督查工作第一责任人；综合管理部门（办公室）主要负责人为督查工作联络员，指定专人（督查专员）具体负责督促检查事项的登记、督促、检查、报告等工作；业务处室指定专人（业务承办人）具体负责工作落实、督促、报告等工作。

## 四、督查工作方式

督查机构可采取书面督查、电话督查、网上督查、实地督查等方式动态跟踪工作进展。

### 1. 书面督查

督查机构通过督办通知或督查台账的形式，明确督查事项的承办单位、反馈时限、办理要求。

### 2. 电话督查

对于情况比较紧急或内容比较简单的事项，督查机构可通过电话督查方式了解办理进展。承办单位应根据督查机构要求，口头或书面反馈。

### 3. 网上督查

督查机构通过综合办公管理平台督查督办系统，实现督查立项与公文流转相衔接、督办催办与结果反馈相结合，提升督办工作效能。

### 4. 实地督查

督查机构可采取随机访谈、专题座谈、明察暗访、督查督导、考核评估等方式开展实地督查，现场了解掌握工作落实情况，“督帮一体”解决实际问题，推动工作落实落地。

## 五、督查工作队伍建设

（1）建立健全各级信访督查机构，形成综合部门组织协调、业务部门分工落实的督查工作格局；

（2）重视督查队伍建设，明确责任人员，保证必要的工作条件，对督查工作给予经常性指导；

（3）抓好政策、法律法规、业务知识等方面的学习培训，建设一支政治强、业务精、作风好、纪律严的信访督查工作队伍。

## 六、信访工作督查

《信访工作条例》第三十八条规定，各级党委和政府应当对开展信访工作、落实信访工作责任的情况组织专项督查。信访工作联席会议及其办公室、党委和政府信访部门应当根据工作需要开展督查，就发现的问题向有关地方和部门进行反馈，重要问题向本级党委和政府报告。各级党委和政府督查部门应当将疑难复杂信访问题列入督查范围。

《信访工作责任制实施办法》第九条规定，各级党政机关应当将信访工作纳入督查范围，对本地区、本部门、本系统信访工作开展和责任落实情况，每年至少组织开展一次专项督查，并在适当范围内通报督查情况。

信访机构主要负责人是督查工作的第一责任人，副职协助主要负责人抓好所承担的督查工作，内设各部门按职责分工负责具体督查工作。

### （一）信访督查原则

（1）按照法律、法规、规章和政策办理；

（2）党政同责、一岗双责，属地管理、分级负责，谁主管、谁负责；

（3）实事求是、注重实效；

（4）突出重点、优质高效；

（5）依靠地方党委和政府及其职能部门。

## （二）信访整改事项

上级机关、单位发现下级机关、单位在承办信访事项中有下列情形之一的，应当责令改正：

（1）对收到的信访事项不按规定登记、转送、交办、办理、复查、复核的；

（2）对信访事项应当履行督办职责而未履行的；

（3）信访事项的终结意见确有错误的。

被责令改正的下级机关、单位应当在上级机关、单位规定的时间内予以改正，并书面反馈情况。

## （三）督查工作检查

（1）每半年开展一次督查工作情况分析，总结经验、查找不足，研究改进措施，写出书面材料报本级领导和上级信访部门。

（2）上级机关、单位每半年对下一级信访部门的督查工作进行一次检查和调研，并写出汇报材料。检查结果纳入年度信访工作绩效考核范围。

（3）上级机关、单位对下级机关、单位重要信访案件及督查事项办理情况每半年进行一次通报，提出表扬与批评，对反映情况严重失实或故意瞒报、收到交办事项拒不办理或不上报等情况，并造成后果的，由上级机关、单位向有关机关、单位提出给予其领导和直接责任人员行政处分的建议。

## 七、信访执法检查

### （一）信访执法检查概述

（1）通过信访执法检查对信访工作人员遵守有关法律法规等情况进行调查了解。

（2）信访执法检查工作由信访管理机关、单位组织实施，明确执法检查的目的、内容、方法和范围等。执法检查形式可分为全面检查和专项检查。拟订计划时可以会同其他有关部门人员共同研究或征求其他部门意见。执法检查计划须经分管领导审核同意，报主要领导批准后组织实施。

（3）信访执法检查由 2 名以上执法人员参加。因工作需要，经领导同意，可以安排其他部门信访执法人员参加。凡需要其他部门参加检查的，应提前与有关部门负责人协调、商定。

（4）开展信访执法检查，应提前 5 日告知被检查对象，并制作信访工作执法检查告知书，在检查时当场交予被检查对象。

### （二）执法检查内容

（1）信访部门及有关单位近两年来贯彻实施《信访工作条例》的具体工作情况；

（2）贯彻实施《信访工作条例》，做好信访维稳工作；

（3）贯彻实施《信访工作条例》存在的具体问题；

（4）进一步做好信访维稳工作的思路。

### （三）执法检查方法

（1）听取被检查单位对群众信访工作的情况汇报；

（2）查阅近两年来信访工作有关资料；

（3）座谈了解领导干部下访活动的工作情况。

### （四）信访执法检查现场操作程序

（1）信访执法人员向被检查对象宣读信访执法检查告知书，说明检查依据、检查内容、检查人员，以及相关权利和义务等；

（2）参加检查人员出示两人以上信访执法检查证，表明合法身份；

（3）听取被检查对象说明、介绍相关情况；

（4）现场检查并询问有关情况；

（5）检查组负责人向被检查对象口头反馈检查意见。

### （五）信访执法检查的信息反馈

信访执法检查结束后，检查组成员必须在5日以内制作信访工作检查意见书交信访领导组负责人初审，报请领导审核批准后送达被检查对象。对信访执法检查中发现问题需要整改的，由信访领导组监督落实，适时组织回访复查。

## 第二节　信访绩效管理工作

信访工作绩效考评的重点是：各级机关、单位工作人员履行信访工作职责，依法受理、办理信访事项，维护信访人合法权益与成效的情况；建立健全信访工作领导责任体系，明确分管领导，认真落实信访工作领导责任制和责任追究制，形成强有力的领导机制；建立科学的信访工作考评办法，将信访工作情况作为领导班子和领导干部考核的内容；关心、支持信访部门正确履行职责，分管领导要经常组织信访部门排查信访案件，指导信访部门制定解决方案，及时听取进展情况汇报；对上级交办的信访案件，要积极组织落实。

绩效考评的主要目标是建立信访维稳工作绩效考评体系，强化源头控制和结果控制，推进信访维稳工作的制度化、规范化和法治化建设，促进构建“统一领导、部门协调，统筹兼顾、标本兼治，各负其责、齐抓共管”的信访维稳工作新格局的形成。

## 一、目标管理

信访工作实行目标管理的主要包括四个方面内容。

### （一）组织领导

组织领导目标管理主要包括：确定分管领导；配备专职或兼职信访工作人员；领导阅信、接访、查办案件，定期召开信访工作例会，主持研究信访案件和工作中的问题；建立信访工作网络和联系点，进行信访工作指导。

### （二）制度建设

制度建设目标管理主要包括建立收信、接访、登记、立案、查办、转办、结案、复信、档案管理等工作制度。

### （三）案件查办

案件查办目标管理主要包括规定立案率、上级要结果案件按期结案率、年终结案率、自办案件结案率、重信重访和越级上访率、复信率等。

### （四）信访信息

信访信息目标管理主要包括：每季度、每年度向部门领导和上级组织部门提供有价值的信访信息条数及各级组织采纳的条数；反映信息的方法、渠道，建立信息网络、联络员制度等。

## 二、绩效考核

### （一）绩效考核的含义

为切实提高信访工作绩效，加强新形势下的信访工作，根据国家有关规定，结合信访实际，对各级领导班子、领导干部和工作人员依法履行信访工作职责的绩效情况进行全面客观、科学系统的考核评价。

### （二）绩效考核的原则

信访工作绩效考核，坚持实事求是、客观公正的原则；注重实绩、群众公认的原则；实行平时与定期考核的原则；定性与定量相结合的原则；奖励与责任追究并举的原则；简便易行的原则。

### （三）绩效考核的内容

各单位领导对本地区信访工作负责，各部门对职能范围内的信访事项负责。主要负责人负总责，分管负责人负直接责任，其他负责人按“一岗双责”对分管部门和单位的信访工作负责。

（1）各单位坚持科学、民主、依法决策和依法行政，认真贯彻落实党中央、国务院和省、市、县关于信访工作的重要部署，各部门认真贯彻落实上级主管部门和本级党委、政府信访工作各项要求，努力把人民群众反映的信访问题解决在基层，把上访群众稳定在当地，从源头上预防和减少信访问题的发生。

（2）各单位实行定期研究信访工作制度，重大信访问题和突发事件随时研究。及时研究解决存在的信访突出问题，提出加强和改进信访工作的意见，部署安排和督促检查本地区信访工作，定期向党政领导报告信访工作情况。

（3）各单位实行定期研究部署信访工作、协调信访事项制度，及时研究解决重大信访问题，采取措施妥善处理信访突出问题，定期向上一级主管部门报告信访工作情况，对本系统信访工作进行督查指导。

（4）各单位设立工作机构，机关和有关单位确定负责信访工作的部门或者人员，并为信访部门提供必要的人员、经费、信息系统等保障，支持其依法行使信访工作职权。

（5）建立群体性上访事件应急处置预案和工作机制，及时妥善地处理群体性上访事件。发生越级访、集体访或突发性上访事件，有关领导干部要及时跟踪劝返、现场妥善处置，切实防止恶性事件发生。

（6）坚持落实领导干部信访接待日、阅批群众来信、包案下访、一岗双责、矛盾排查调处，落实责任制和责任追究制等制度。

（7）各单位领导干部认真履行信访工作职责，切实加强对信访工作的领导，对上级交办及重大信访事项亲自处理，对分管范围内的信访事项亲自督办，对重点地区和单位实行重点管理。

（8）各单位领导干部依法规范信访工作行为，认真办理上级交办的信访事项，按期办结牵头处理的信访事项，积极配合做好参与处理的信访事项，及时跟踪督办转送、交办的信访事项。

（9）公务员、工作人员严格按照或参照《公务员法》《信访工作条例》等有关规定受理、办理信访事项，认真履行信访工作职责：

1）依法行政，切实维护群众的合法权益；

2）恪尽职守、秉公办事，查明事实、分清责任，宣传法制、教育疏导，及时妥善处理信访事项；

3）对事实清楚，符合政策、法律法规、规章和其他有关规定的投诉请求给予支持；

4）按照规定程序和期限受理、办理信访事项；

5）严格遵守信访工作纪律，带头维护信访秩序，不打击报复信访人。

## （四）绩效考核的方式

（1）信访工作绩效考核，主要采取信访工作年度责任目标考核、结合领导班子和领导干部年度考核或考察、结合工作人员年度考核以及专项考核方式进行；

（2）信访工作年度责任目标考核，由信访工作领导小组组织实施、信访部门承办，每年一次；

（3）结合领导班子和领导干部年度考核或考察，按照干部管理权限，由各级党组（党委）对领导班子、领导干部进行年度考核或考察时，将信访工作绩效作为一项重要内容进行考核；

（4）结合工作人员年度考核，按照干部管理权限，由所在单位党组（党委）或考核委员会在组织实施工作人员年度考核时，将信访工作绩效作为一项重要内容进行考核；

（5）专项考核由信访部门及相关部门组织实施，主要是对信访工作中存在的突出问题或领导交办的重要信访事项等进行考核。

## （五）考核结果运用

### 1. 作出奖惩决定

信访工作年度责任目标考核和专项考核结果，作为评价领导班子和领导干部信访工作绩效的依据之一，以及对机关、单位年度目标任务综合考核中有关信访工作评定的基本依据。对领导班子、领导干部信访工作绩效的考核结果，作为评价领导班子政绩、领导干部选拔任用、表彰奖惩的重要依据。

工作人员信访工作绩效的考核结果，作为公务员年度评先评优、选拔任用的依据之一。

**2. 予以通报表彰**

（1）被评为信访工作先进单位的地区和单位，或全年没有发生群众赴省到京上访，或无集体上访的单位，予以通报表彰。

（2）连续两年被评为信访工作先进单位的地区和单位，或者连续两年没有发生群众赴省到京上访，或者集体上访的单位，给予表彰，并对主要负责人和分管负责人给予通报表彰。

（3）经信访工作年度责任目标考核和专项考核需要追究责任的，视情予以通报批评、责令检查、诫勉和党纪、政纪处分。

通报批评和责令检查适用于对领导班子及其主要负责人的责任追究；诫勉适用于对领导干部的责任追究；党纪、政纪处分适用于对有关责任人、工作人员的责任追究。实施责任追究，按干部管理权限由纪检（监察）机关或主管单位按有关程序办理；需追究刑事责任的，依法移送司法机关处理。

（4）有下列情形之一的，予以通报批评：

1）对党中央、国务院，以及各级党委、政府关于信访工作重要部署重视不够、落实不力，信访工作长期处于被动局面的；

2）被列为年度信访工作重点管理地区或单位的；

3）因决策失误或工作失职，严重损害群众利益，或对信访人反映的问题处理不当，导致发生较大群体性上访事件，围堵冲击机关、单位，堵塞道路，非法聚集的；

4）对赴省到京上访信息事先不报告，事后未按规定时间到现场疏导劝返，导致上访人员滞留，造成不良影响的；

5）对赴省到京集体上访、重复上访、上级交办的重要信访事项，未实行领导包案，或领导接访、带案下访的信访问题处理不当，造成越级重复上访，造成严重后果的。

（5）有下列情形之一的，责令作出检查：

1）被列为信访工作重点管理地区或单位的；

2）因决策失误和工作失职，或对信访人反映的问题处理不力，导致发生重大群体性上访事件，围堵冲击机关、单位，阻断交通的；

3）对发生的重大群体性上访事件处置不当，造成较大影响或经济损失的；

4）对上级交办的信访事项处理不当，造成恶性事件的；

5）对群众赴省到京上访反映问题处理、稳控不当，导致发生恶性行为，造成严重影响的。

（6）有下列情形之一的，对领导干部予以诫勉：

1）连续两年被列为信访工作重点管理地区或单位的；

2）对群众反映强烈的合理问题敷衍塞责、作风粗暴，导致矛盾激化，引发特大群体性上访事件，围堵县级以上机关、单位，冲击重要场所，阻断交通或发生打、砸、抢、烧等恶性事件的；

3）对发生的重大群体性上访事件，不及时赶到现场指挥处置或处置不当，造成严重社会政治影响或重大经济损失的；

4）对上访群众反映问题处理不当，连续发生到京上访恶性事件的；

5）对上级交办的信访事项处理不当，造成其他恶性事件的。

受诫勉的领导干部在诫勉期间不得提拔、调动，个人和所在地区或部门不得作为先进的评选对象。

（7）因失职、渎引发信访事项造成严重后果，或在受理、办理信访事项工作中处理不当造成严重后果的，对直接负责的主管领导和其他直接责任人，依照有关规定给予党纪、政纪处分；构成犯罪的，依法追究刑事责任。

（8）工作人员违反《信访工作条例》等有关规定，支持、参与、组织、策划、煽动、操纵上访，干扰正常的信访秩序，依照有关规定给予党纪、政纪处分；构成犯罪的，依法追究刑事责任。

## 三、效能监督

### （一）监督评议的主体和范围

所有机关、团体、企事业单位和个人都可以对党政机关、单位、部门进行监督评议，又称外部监督评议。

### （二）监督评议目标

监督评议目标包括基本目标和预期目标：基本目标是指通过测评主体对效能考核对象服务满意度的监督评议，为年终效能考核提供比较准确的数据依据；预期目标是指通过建立网上测评系统，着眼于建立服务型政府，向社会公众展示考核对象的工作实绩，接受群众监督，吸纳群众建议，体现“问绩于民”。

### （三）监督评议方式

#### 1. 开展网上监督评议

通过建立机关效能监督评议网，便于所有机关、单位、团体、企事业单位和个人对考核对象进行监督评议，开展网上投诉、举报、建议。

#### 2. 开通热线电话监督评议

社会公众通过热线电话对机关效能建设有关问题进行投诉、举报、建议，热线办将处理结果交效能办录入机关效能管理信息系统。热线办可以采取随机抽样方式，开展电话调查。

### 3. 开展问卷调查

由效能办组织召开调查测评会，征求对机关效能建设的意见和建议，对考核对象直接进行测评。

## （四）服务满意度测评

开展机关效能监督评议，要通过服务满意度测评才能体现其结果。每年年终对所有考核对象服务满意度进行测评，纳入年度效能考核计分。

### 1. 测评主体、数量及权重

服务满意度是指直接服务对象对服务质量的总体感受。因此将直接服务对象确定为考核对象的测评主体，具体为：综合管理部门的测评主体为乡镇、管委会、市直各部门、垂直双管单位和代表委员；服务管理部门的测评主体为乡镇、管委会、企业、居民和代表委员；乡镇、管委会的测评主体为企业、居民代表委员、村（社区）和直属单位；垂直双管单位的测评主体为乡镇、管委会、企业、代表委员和居民。

测评主体数量和权重由效能办确定，主体数量多，权重可适当提高。

### 2. 测评内容及标准

测评内容包括政务公开、依法执政、工作效率、纪律作风、服务态度共5个方面，测评得分纳入考核对象年终考核得分。具体测评标准主要包括如下5个方面。

（1）政务公开

1）能够方便地查到该部门的职责范围、办事程序、办事时限，需要提交的全部材料目录、示范文本以及收费标准等；

2）能方便地查到相关政策和法律法规；

3）及时宣传相关政策和法律法规，主动为群众提供帮助。

（2）依法行政

1）行政处罚、行政收费做到开单和缴费分离；

2）严格按国家法律法规执行公务，并对依据的法律法规进行说明；

3）无滥用职权、徇私枉法行为；

4）无利用职权收受服务对象钱物、报销各种费用、提出购买指定商品、接受有偿服务以及吃拿卡要等问题。

（3）工作效率

1）整合窗口资源，提高一次办成率、现场办结率，办事服务无差错；

2）办事程序规范，手续简便易行；

3）实行一次性告知和首问责任制，无推诿扯皮现象；

4）工作计划周密、措施到位，在规定时限内解决问题；

5）注重实际效果，工作结果达到预期目标。

（4）纪律作风

1）上班无迟到、早退、串岗、网上聊天玩游戏、处理私事等现象；

2）工作中不饮酒，工作人员无赌博、打牌“带彩”、相互吃请、吃拿卡要和“四难”“四乱”等现象；

3）不出现垄断行业霸道作风、执法部门特权作风、科股长专制作风、工作疲沓作风和不给好处不办事的庸俗作风。

（5）服务态度

1）态度热情，无生、冷、硬、顶问题；

2）发生冲突或遇到疑难问题时，能做到耐心细致解释；

3）工作中使用文明礼貌用语。

**3. 测评方式**

服务满意度在年终考核时采取网上测评（内部网和外部网）、电话调查、召开测评会的方式进行。每年可根据具体情况确定 2~3 种测评方式。

（1）内部网测评。凡是纳入效能考核的单位通过局域网都可以在内部网进行测评。每个测评主体对测评对象仅限一次投票。

（2）外部网测评。采取随机抽样的方法确定具体的测评主体。首先信息系统随机生成一定数量的用户名和密码，效能办将用户名和密码密封，邮寄给随机抽取的测评主体。收到信件的测评主体按照提示的测评地址登录网络，凭用户名和密码登录机关效能监督评议网对各部门进行评估，对于不熟悉的部门可以放弃。由效能管理信息系统自动计算并汇总测评成绩。

（3）电话调查。根据测评主体的划分，由效能办随机抽取一定数量的测评主体，交热线办对考核对象服务满意度进行调查测评。

（4）召开测评会。根据测评主体划分，由效能办发放问卷调查表，组织召开测评会，将结果录入信息系统自动汇总。

**4. 测评计分办法**

服务满意度测评应设置基准值，以体现不同单位的工作难度。针对测评内容指标的5个方面，将重要度分为非常重要、重要、一般、不重要、极不重要5个等级，分别记为5分、4分、3分、2分、1分；现实表现记为非常满意、满意、一般、不满意、极不满意5个等级，分别记为5分、4分、3分、2分、1分。计算得分时，先将各项内容指标的重要度求和，再计算各项指标得分，最后计算总分。具体计算公式如下：

某指标的得分＝该指标的现实表现得分×该指标的重要度/∑所有指标的重要度

某类测评主体评估得分＝∑各测评主体评分/评估人数

评估最后得分＝∑（某类测评主体×测评主体权重）

计分系数＝评估最后得分/目标基准分值

满意度测评得分＝计分系数×年度考核基准分值

考虑到第一年基础数据缺乏，暂时各单位实行统一的目标基准分值为5

分，否决基准为 0.7（下一年度根据本年度各单位实际测评分的分布，考虑不同单位的工作难度，设置差异化的测评目标值和否决基准，由效能办统一拟定报效能建设领导小组批准后执行）。设测评计分系数为 $A$，当 $A<0.7$ 时，考核计分系数=0；当 $0.7 \leq A \leq 1.0$ 时，考核计分系数=$A$；当 $A>1.0$ 时，考核计分系数=$1.0+(A-1.0)\times 0.1$。

为了体现公平，在测评分数统计出来后，对难度较大的单位（部门），由效能领导小组决策是否调整该单位的测评基准分值，原则上基准分值下调不超过 20%。

## （五）机关效能外部监督评议平台

机关效能外部监督评议平台应与政府门户网站链接，让社会公众积极参与，推进机关效能建设升级。

机关效能外部监督评议平台主要开设“书记在线”“部门承诺”“实事工程”“重点工程”等栏目，对群众投诉、举报、建议由效能办进行提交、处理、反馈，并将结果纳入季度效能考核。

“书记在线”主要功能是：受理、处理群众对于机关效能建设的投诉、举报、建议。网上投诉、举报和建议可以选择匿名方式或实名方式进行提交，提交后由效能办根据来件的内容交由相关的责任单位（可以为多个单位或部门）进行办理。处理结果经效能办确认并给出最终的处理意见后反馈给群众和相关的单位。对投诉、举报经查证属实或对合理化建议采纳不及时的，一次扣 2~5 分。

“部门承诺”主要功能是：在网上公开各部门对办事程序、办事时间以及其他服务事项的承诺，接受社会公众对部门履行承诺情况的监督。部门被举报不履行承诺，经查证属实，一次扣 2~5 分。

“实事工程”主要功能是：政府年初根据人民代表大会确定的实事工程

公开承诺，按照责任分解，由相关部门完成。对完成进度和质量等情况每季度向全社会公开，接受社会公众监督。相关部门在实施过程中未达到工程进度和质量标准，或未按照相关程序实施等被投诉的，经查证属实，一次扣2~5分。

“重点工程”主要功能是：根据年初政府确定的重点工程在网上进行公开，按照责任分解由相关部门完成。对工程进度和质量等完成情况每季度在网上向全社会公开，接受社会公众的监督。凡是工程进度和质量达不到要求，或未按照相关程序实施等被投诉的，经查证属实，一次扣2~5分。

# 第三节 信访舆情信息

信访既有权利救济的功能，也有政治参与即民众反映社情民意的功能。信访一方面是群众表达舆情的渠道，另一方面也是相关信访部门上传舆情的通道，是党政机关、单位了解和把握舆情，并进行舆情疏导的重要途径。信访舆情信息真实，是反映群众真实诉求的透镜；信访舆情信息及时准确，可以起到社会预警的作用。信访舆情信息在社会主义和谐社会建设中具有重要作用，因此，强化舆情信息功能成为信访工作的迫切要求。

## 一、舆情信息工作概述

### （一）舆情、舆情信息与舆情信息工作

舆情信息是对舆情的一种描述和反映，从理论上讲，是指在对民众社会政治态度的收集、整理、分析、报送、利用和反馈的信息运动过程中，用以客观反映舆情状态及其运动情况的资讯、消息、音信、情报、指令、数据和

信号。

舆情信息与舆情是不同的两个概念。舆情是由舆情因变事项而引发的民众社会政治态度，不管你反映不反映，它都每时每刻存在于客观世界之中；而舆情信息则是人们有组织、有目的地对舆情进行采集并经过加工而形成的，是专门对某些特定舆情状态及变化情况进行描述、反映的一种载体形式，它所能触及的舆情事项只是很少的一部分。舆情信息与舆情的主要区别就在于舆情是客观存在的，而舆情信息只是舆情的一种反映形式。

广义上的舆情信息又叫社会舆情信息，它属于社会信息范畴，包括经过人们意识而产生的、能够对社会产生影响的各种知识、消息、信号、情报、讯息的总和。狭义上的舆情信息是指反映舆情状态及其运动情况的各种载体。宣传思想战线舆情信息工作中的舆情信息，特指经过舆情信息工作者对收集到的舆情，进行整理、分析、加工后形成的以文本形态（也可以其他形态）存在的一种反映民众社会政治态度的文字（也可有其他方式）材料。或者说，舆情信息是专门反映民众各种思想意识状态及其变化情况的以文字为主的书面材料。简单地说，舆情信息就是指反映舆情的文字材料，是宣传思想战线的一个重要的载体。

舆情信息说到底是民众思想状况的一种反映方式。无机界信息、生物界信息、科技信息、经济信息、社会信息、文献信息等都不属于舆情信息，只有人们接收这些信息后产生了普遍看法和认识后，这些“普遍看法和认识”才能称之为舆情信息。比如“非典”和新冠肺炎，其本身不是舆情而是舆情因变事项，只有发生了“非典”和新冠肺炎疫情，引起社会民众恐慌和不安而形成的某种民众社会政治态度、看法和意见，才能算是舆情。我们将人们的社会政治态度、看法和意见进行收集、整理而形成的文字材料，才是舆情信息。

这里应当特别强调的是，在实际工作中，人们往往区分不出哪些是工作信息，哪些是舆情信息，究其原因，是因为人们对舆情信息的概念还不是很清楚。其实，从内容上看，工作信息反映的一般是“事件”本身及“事件”发生的过程，而舆情信息所反映的是“事件”对“人”的思想产生的影响。比如，宣传某个典型，工作信息一般报道典型的经验、做法或如何宣传这个典型；而舆情信息报道的则是这个典型对人们产生了哪些启迪以及宣传这个典型人们有哪些思想反映。这就是舆情信息与工作信息最重要的区别。

## （二）舆情信息工作的基本概念

### 1. 舆情信息工作的主体

所谓舆情信息工作的主体，是指舆情信息工作的启动者和实施者。在舆情信息工作这个概念中，是指具体负责舆情信息工作的“单位和部门”，也即舆情信息工作者。舆情信息工作的主体一般由舆情信息工作的决策者、组织者和实施者三部分“人”组成，舆情信息工作的主体在舆情信息工作中始终处于主动地位，他们的素质如何对舆情信息工作影响极大。

### 2. 舆情信息工作的客体

所谓舆情信息工作的客体，是指舆情信息工作所要服务的对象，或者叫作舆情信息工作的受益者。舆情信息工作的服务对象主要是具有决策权力的决策者，它可能是某个拥有决策权力的个人，也可能是具备相应决策职能的集体或组织。就舆情信息工作而言，其客体一般包括两个层次：一个是同级党委或政府及其决策者；一个是上级党委或政府及其决策者。舆情信息工作能否顺利开展、能否顺畅，其成果能否被服务对象所接受，在很大程度上与舆情信息工作的客体密切相关。

### 3. 舆情信息工作的影响效应

所谓舆情信息工作的影响效应，是指舆情信息工作的目标经过舆情信息工作中实施的一切有组织的活动而得以实现的程度，它是舆情信息工作成效的体现，主要表现在两个方面：一是作为舆情信息工作客体的决策者，对作为舆情信息工作主体的舆情信息工作者的工作是否持积极肯定的态度；二是舆情信息工作是否对决策者的决策行为直接或间接地产生了积极的影响效应。

舆情信息工作的上述构成要素（主体、客体、影响效应），对舆情信息工作有着直接的影响作用。做好舆情信息工作，必须把握好舆情信息工作的相关基本要素，并弄清它们之间相互作用、相互制约、互相依存的内在关系，从而进一步把握舆情信息工作的基本规律。

### （三）舆情信息工作注意事项

#### 1. 加强组织领导

各单位都要明确一位领导具体分管舆情信息工作，并确定一名负责人为舆情信息联络员，具体负责本地、本单位舆情信息的组织、协调和上下联络工作，努力形成宣传思想战线齐抓共管舆情信息的新局面。

#### 2. 加强网络建设

按照舆情信息工作的有关要求，建立起自己的信息网络。要把触角伸向农村、企业、学校、社区等基层单位，要加强与党政机关、群团组织、高等院校的联系，将各类舆情资源纳入协作范围，形成一支没有编制的舆情信息工作队伍。特别是关注手机短信、微信，手机视频为代表的有关移动互联网，这些已成为干部群众表达心声、愿望、诉求的重要阵地，要加强对聊天室和论坛帖子及网评、手机微信、微博等内容的分析，收集网上重要舆情。总之，要尽可能地使舆情信息网络覆盖广泛、层次清晰、严密高效、反映快捷、渠道畅通。

#### 3. 建立良好的舆情信息工作机制

要认真总结实践经验，进一步建立和完善科学合理、运转灵活的舆情信息工作机制，要加强对舆情信息工作的领导和管理。

#### 4. 加强队伍建设

舆情信息工作是一项艰苦细致的工作，也是一项政策性、业务性较强的工作。这就要求舆情信息工作者必须具有服务大局的能力、洞察判断的能力、调查研究的能力、统筹协调的能力和文字驾驭的能力；这就要求我们务必高度重视舆情信息工作队伍建设，尽快提高工作者的素质。作为舆情信息工作者，要更好地适应工作需要，更好地服务党委和政府的决策，就必须加强自身学习，既要学习政治理论知识，又要结合业务工作的需要进行实践。只有知识水平不断提升，知识结构不断优化，做舆情信息工作才能驾轻就熟，才能占领舆情信息工作的制高点。

## 二、舆情信息工作流程

### （一）清楚了解舆情存在的空间

在实际工作中，抛开舆情存在空间的理论探究，会发现有这样一个规律：舆情经常发生在民意表达最为集中、舆情传播最为畅通的“场所”。因此，我们收集舆情，就要到民意表达最为集中、舆情传播最为畅通的“场所”去寻找。

#### 1. 从媒体上收集信息

媒体是舆论的汇集地，其信息来源十分广泛，包括各地区、各领域甚至世界各国的信息。媒体信息特别是网络媒体信息，没有过多的周转环节和层层报批的手续，受“长官意志”的干扰相对较少，揭露问题也比较尖锐、及时，我们从中会发现许多有价值的舆情点。通过媒体收集舆情应注意以下三点：

（1）中央重大决策、重大事件引发的舆情，要以主流媒体为准。其舆情收集除了自己对“事件”的第一反应外，更多地要关注媒体的评论和舆论的反映。

（2）社会思潮及理论动态舆情，要善于从媒体“理论版”“言论专栏”去收集，同时也要关注民间网站学术类论坛上的一些“言论”。

（3）社会热点问题及网上热点问题，要关注各大网站上的新闻评论和民间网站论坛。

**2. 从横向部门收集信息**

舆情信息工作的横向部门很多，除各级党委、政府、人大、政协等领导机关外，舆情信息收集最值得关注的是那些与群众利益相关性较强的职能部门，如公、检、法，工商、税务、财政，教育、社保、医疗、国土、城建、环保等。这些部门的相关政策及做法涉及群众切身利益较多，极易引起群众的思想波动和不满情绪，很容易引起和诱发社会不稳定因素，因此应当成为各级舆情信息工作部门关注的焦点。对这方面舆情信息的收集，要广泛建立纵横联系，不断强化立体收集。要在立足本地区、本系统的基础上，打通各种渠道，其他系统建立直接或间接的横向联系。要根据各地实际情况，逐步建立一些具有辅助功能的舆情信息联系渠道，培养一批专兼职舆情信息员，从而保证横向部门信息收集渠道的畅通。

**3. 从民间收集的信息**

舆情信息是反映民意的载体，从民间获取舆情是民意信息来源的最直接、最真实的渠道。从民间收集信息，要求舆情信息工作者要有强烈的民本意识和高度的责任感，要经常深入社会的各个阶层，同广大人民群众保持经常性和广泛性的联系；要善于从民间广为流传的民谣、“顺口溜”以及各种街头巷尾的议论、“小道消息”“传言”中捕捉舆情点，从中发现倾向性、苗头性、社会性的舆情信息。从民间收集的舆情信息，一般都涉及群众的思想反映和民众的社会政治态度，而且比较直接，具有“原汁原味”的特点，因此应当作为舆情信息收集的重要渠道。

### （二）善于把握舆情发生的时间

舆情的发生是由舆情因变事项所引起的。所谓舆情因变事项，是指能够引起民众关注，且会对形成民众政治态度产生影响的所有事项的集合。它既包括执政者制定和实施的各类方针政策、制度法规、工作措施；同时又包括自然界、国家周边地区、甚至世界各国及宇宙间可能发生的一切能够对舆情产生刺激的事项。由于舆情因变事项一般是在一定的时间条件下发生的，而舆情是伴随舆情因变事项的发生而发生的，所以舆情具有极强的时效性。也正因为如此，在实际工作中要特别注意舆情发生的时间。舆情发生的时间有以下几个规律：

#### 1. 舆情在舆情因变事项之后发生

从理论上讲，舆情因变事项发生以后，必然要引发相应的舆情，这是舆情发生的时间规律。比如，国家出台了一项政策，当这项政策公布以后，民众必然对这项政策有一些理解和看法。赞同、反对、漠不关心等心理反应和行为反应，都可能发生。当民众的这些情绪反应上升到一种“社会政治态度”的时候，就形成了舆情。因此，我们在实际工作中，当发现了某项舆情因变事项产生以后，就要分析可能产生的舆情，并在“第一时间”加以收集、整理和上报。

#### 2. 舆情同舆情因变事项同时发生

在现实生活当中，这种情况不在少数。比如，国家拟调整个人收入所得税的起征点，当时政策还没有出台，就已经引起了社会各阶层群体的广泛关注。个税起征点到底应定在多少收入为宜，恐怕不同利益群体的意愿是不会相同的。这种民众意愿的不同，正是多元民意的一种反映，而这种民意的走向，恰恰是我们必须关注舆情的焦点。这个例子说明，舆情因变事项的变化会影响舆情的变化。在实际工作中，就要善于在这种变化中抢抓舆情，并多角度收集和报送。

3. 舆情同舆情因变事项相伴发生

舆情的性质告诉我们，舆情可以对执政者的决策行为产生影响。当决策者因群众反映强烈，而不得不对已经做出的决策进行调整时，民众的社会政治态度会随着决策者决策行为的改变而改变，这时舆情会同舆情因变事项相伴发生。比如，居民商品房价格无限攀升问题，早已引起了老百姓的不满，其开发商的暴利和房地产市场的无序状态已成众矢之的。后来中央采取了宏观调整政策，抑制房价收到了一定的效果，受到老百姓的欢迎。在这个过程中，舆情是与舆情因变事项相伴发生的。在实际工作中，要善于观察舆情因变事项的动态变化，在其变化中捕捉有价值的舆情点，从而形成有价值的舆情信息。

## （三）准确判断舆情变化的走势

分析舆情是舆情信息工作的一项重要任务，对纷杂多变的舆情不进行深入分析，就不可能抓住舆情的本质，也不可能写出好的舆情信息。在实际工作中，进行舆情分析最关键的是要准确判断舆情变化的走势，具体来说要把握以下几个环节：

1. 分析舆情要注意层次性

舆情是民意的反映，对同一个事物，不同的利益群体所体现的民意是不相同的。这就要求我们在分析某一特定舆情时，要注意层次性。比如，某地发生了矿难，对于矿难中的死亡矿工的家属同矿主而言，其第一反应和关注的问题肯定是不同的；当地老百姓和政府管理部门的第一反应和关注的问题也是不同的。那么，如果我们要反映舆情怎么办呢？最好的办法是分层次反映，把不同群众的反映都收集起来，形成各方意见、意愿的集合。只有这样，才能完整地反映出因矿难引发的民意取向。

**2. 分析舆情要关注利益性**

舆情的本质是民众对自身利益的诉求和表达，离开了民众利益的诉求和表达，将不会写出好的舆情信息。这里所讲的“利益”是广义的概念，它包括民众的直接物质利益，同时也包括民众的精神利益。比如解决农民工工资问题，农民工的诉求，是对自身直接利益的诉求；而其他阶层民众之所以关注此事，是这些民众渴望社会公平的一种非物质利益的意愿的表达。因此，我们在实际工作中，对舆情的分析要以“利益性”为切入点，只有抓住“利益”这个核心，才能反映舆情的本质。

**3. 分析舆情要突出政治性**

舆情是民众的社会政治态度，说通俗一点，是民众对执政者及其行为的一种看法和评价。分析某项舆情，不仅要看民众意愿表达的方式、方法，更要看民众这种意愿所包涵的内在的政治态度。比如，春节联欢晚会广告问题，表面上看，民众对春节联欢晚会的广告不满是因为一些人用纳税人的钱宣传自己；而深层次上，是对国家就这个问题放任自流，从而使民众对国家政治产生了不满。所以，分析舆情一定要把民众的某些看法，同国家政治联系起来。只有这样才能抓住要害，才能对决策起到作用。

### （四）合理调整舆情信息写作的角度

整理、撰写舆情信息是舆情信息工作的重要环节，也是加工舆情信息“产品”的关键工序。写好舆情信息不需要华丽的辞藻，舆情信息文稿也没有什么固定的模式。文稿可长可短，结构可松可紧。那么怎样才能写好舆情信息呢？实践证明，写好舆情信息关键在于选准角度，合理调整写作的切入点。

**1. 有敏锐的舆情意识**

敏锐的舆情意识，是舆情信息工作者必备的素质。在实践中不断培养和提高舆情意识，是一名舆情信息员做好本职工作的前提。舆情意识集中反映在对舆情的敏感度上，一名合格的舆情信息员能够在小事中感悟出大道理，可以在纷杂的事物中抓住主要矛盾；能够在舆情因变事项发生后预测出可能发生的舆情，可以在人们街头巷尾的议论中捕捉到苗头性的问题；能够在日常生活的细微处看到影响社会和谐的隐含诱因；可以透过国内外舆论走势发现对国家政治、经济、外交政策取向产生影响的因素。要做到这些，就必须具有高度的责任心和使命感。

实践证明，调整好自身的角色是提高舆情意识的好方法。比如，当你写一篇反映农民意愿的舆情信息时，你要把自己角色转变成农民；当你写一篇反映工人思想状况的舆情信息时，你要把自己的角色定位成工人；如果你要向国家提出某种建议时，你就要把自己定位到国家决策者的“参谋”的高度。只有把自己定位为同你所反映问题的利益群众相同的角色，才能写出真正有价值的舆情信息。

**2. 多角度思考问题**

写舆情信息并不难，关键看你写的舆情是否“管用”。同一个舆情因变事项发生以后，由于写作的角度不同，主题切入点不同，其“管用”的程度也不同。比如，同样是矿难，可能写舆情的角度是多种的。你可以分层次写各利益群众的不同反映，也可以分析造成矿难的直接原因及对策；你可以通过民众的情绪感悟出人们对矿难频发产生的忧虑，也可通过网民的言论看到民众对矿难背后存在腐败问题的愤怒；你可以从矿难事件本身透视出相关制度缺失给矿工及家属带来的灾难，也可以深入分析民众的反映，了解到部分人对目前政府管理不足的不满和担忧等。

这个例子说明，同样一个舆情，可以从不同角度来反映。因此，当某个舆情因变事项发生后，你应当从不同角度去思考问题，从不同侧面去分析问题。只有多角度研究、多方面思考，才能选准主题的切入点。

### 3. 在情感中寻找灵感

写好舆情信息不仅要有责任心，更重要的是要有灵感。灵感从哪儿来？从“爱、恨、忧、思、盼”的情感中来。

“爱”，就是你自己爱什么，你爱的东西也就是你认为好的东西。比如，国家出台助学贷款政策，你认为是好政策，那么就会写出“积极评价”的舆情信息。

“恨”，就是你自己恨什么，你恨的东西也就是你认为坏的东西。比如，野蛮拆迁问题，你认为不好，那么就会写出“强烈反响”的舆情信息。

“忧”，就是你自己忧虑什么。比如，腐败问题，你感到腐败问题已严重影响社会秩序，对此深感忧虑，那么就会写出“表示担忧”的舆情信息。

“思”，就是你经常思考什么。比如，医改不成功问题，你经过思考有了解决医改的想法，那么就会写出“几点建议”的舆情信息。

“盼”，就是你自己盼望什么。比如，党的二十大即将召开，你很希望会议能解决一些你关心的问题，那么就会写出“干部群众对党的二十大有几盼”的舆情信息。

总之，在情感中找灵感，是尽快使自己进入舆情角色的好方法。

## （五）正确选择舆情信息报送的对象

舆情信息报送对象的选择，是实际工作中经常遇到的问题。舆情信息工作的任务是为决策服务、为领导服务。就一个地区的舆情信息工作而言，其服务的对象有两个：一个是为上级党委和政府服务；一个是为同级党委和政府服务。

比如，某市委宣传部的舆情信息工作部门，它的服务对象一方面是省和中央，另一方面就是本市委和政府。对上服务和同级服务同样重要，决不可人为偏颇。就舆情信息工作而言，做好两个服务，主要是要选择好舆情信息报送对象问题。

**1. 研究舆情区域性特征**

舆情的发生、发展和变化是以一定的舆情空间和区域为载体的，因而舆情效应的直接影响力将随其空间、区域的大小而有所不同。因此，根据舆情的影响范围，我们可以把舆情分为区域性舆情和全局性舆情两大类。

（1）区域性舆情。是指发生在特定地区（如某市、县、乡等），而且只对舆情发生地局部有直接影响的舆情。产生区域性舆情的舆情因变事项一般具有“地方性”。

比如，某市政府出台了某项政策，当地民众对该项政策的思想反映，显然只对当地政府的决策行为产生直接影响，而对其他地区不会产生直接影响。所以说，区域性舆情研究的作用是为区域内决策者决策服务的。

（2）全局性舆情。是指发生在特定地区，但对全国而言具有普遍意义，而且对国家最高决策层有直接影响的舆情。全局性舆情也可称之为全国性舆情。它的主要特点是，舆情效应的影响范围较大，而且影响面也较广。产生全局性舆情的必要条件是激活全国性民意的，在全国民众的思想意识中存在趋同性的舆情因变事项。区域性舆情与全国性舆情是相对而言的，而且会因某些因素的变比而相互转化。

比如，“孙志刚事件”和“刘涌案事件”，尽管两个事件分别发生在广东和辽宁，但因为其在全国民众心目中产生了广泛的共鸣，所以，由这两个事件而引发的舆情就从区域性扩展到了全局性，因而也就自然地演变成了全局性舆情。就一般而言，上报上级的舆情应以全国性舆情为主；报送同级党委和政府的舆情应以区域性舆情为主。

**2. 把握舆情报送的范围**

在报送同一级党委和政府的舆情信息时，有时还要考虑报送范围问题。比如，省级的专报、要报、摘报、清样等不同舆情刊物，报送的部门、领导也是不一样的。这一点对市、县（区）的同级服务上表现得更为重要。一般情况下，就一个市的舆情信息工作而言，什么样的舆情报市委书记和市长，什么样的舆情报市委常委和副市长，什么样的舆情报人大、政协、信访部门是有一定的要求的。因此，合理确定舆情信息报送范围，对于充分发挥舆情信息的功能，提高舆情信息的影响力，更好地为领导决策服务好非常重要。这也是做好舆情信息工作所必须考虑的问题。

### 3. 注重舆情报送的程序

舆情信息工作是政治性、政策性、保密性很强的工作，因此，必须严格按照程序来进行。一般而言，舆情信息的报送要经过相关领导的审核和签发。但实际工作中，经常遇到的问题之一，就是领导工作忙、会议多，经常不在办公室，而舆情信息报送的时效性又很强，有时等领导审完后，其实效性就没了。

这的确是一个矛盾，怎么办？经验告诉我们，解决这个问题有两个方面：一是放权问题；二是稳妥原则。对上报上级的舆情信息只要不涉及本地区负面的东西，应放权给具体从事舆情信息工作的人员，授权他们自我把握及时上报；对报送同级党委和政府的舆情信息，一般为稳妥起见，应由分管舆情信息工作的领导把关为宜。如果分管领导不在，可让其他领导过目。

总之，舆情信息报送是件严肃的事情，各地情况不同，也不可能套用一个模式。但不管怎样，程序要服从结果，只要对舆情信息工作有利，采用什么样的程序并不重要。

# 三、民意调查

## （一）开展民意调查

### 1. 改革和完善统计调查制度

以往的统计调查，其内容主要涉及经济发展方面，对社会发展尤其是民众意愿的调查相对薄弱。为更好、更快地实现社会经济发展的各个领域和谐发展，及时反映以改善民生为重点的社会建设的推进情况，非常有必要对现有统计调查制度进行改革和完善，对统计调查的内容和对象作出调整。因此，加强社情民意调查工作、健全社会舆情汇集和分析机制已是大势所趋。

**2. 在社情民意上主动服务**

在以前，对于社情民意的反映，主要是采取听证会、信访等，而民意调查作为反映社情民意的一种形式，则与前面所说的两种情况有所不同。与听证会的形式相比，民意调查的范围更广泛，调查方式更专业，结果也更有代表性。

同时，民意调查与信访也不同，信访是个案，而且是被动地反映民意；而民意调查则往往涉及一种社会趋势，与大多数公众甚至每一个人密切相关。

**3. 构建领导与百姓之间的“连心桥”**

通过民意调查，还可以在党政机关、单位与社会民众之间构建双向、畅通的政治传输渠道，使“听民声、查民意、知民情、得民心”落到实处，充分体现人民当家作主，真正做到把提高人民群众的满意度作为工作的第一标准。

**4. 衡量地方党政领导政绩的方法**

如何让光鲜的经济增长数字与百姓生活质量的提高保持同步，让老百姓的切身感受与领导干部的政绩单保持同步，是需要研究解决的问题。政绩考核不能只唯经济，还必须考虑经济以外的其他领域，特别是广大民众的意愿。要把社会发展领域难以量化的一些指标，整合到民意调查中，通过民意调查的方式来反映。

将民意调查引入政绩考核机制，将有助于让地方党委和政府从主要是对上负责，转为也要同样重视甚至更加重视对下负责，从根本上促进服务型政府转变，真正做到立党为公、执政为民。

## （二）民意调查的原则

### 1. 调查工作的独立性

从事民意调查工作的人员应坚持以科学求实的精神开展工作，杜绝先入为主的设置和外部的干扰，力求真实地反映民意，不作为某方面贴金或歌功颂德之事。

### 2. 调查设计的合理性

坚持按照统计学的原理进行问卷设计、抽样设计。一般地，在总体单位足够大时，精准的民意调查的样本量应不少于 600 个，并保证在 95%的置信度下，最大抽样误差在 4%以内。

### 3. 调查执行的准确性

调查培训、调查质量监控、样本回收等都应严格规范要求。

## （三）民意调查的方式和手段

### 1. 面访

传统的面对面访谈，俗称面访，包括入户访问、街头拦截等。由访谈者对被调查者提问，并将答案记录在问卷上，然后对问卷进行处理和数据录入。面访是电话访问的补充。有些特定对象，无法通过电话访问，必须进行面访。比如，对一些流动性较强的人群征求意见。

### 2. 信函访问、留置访问

向特定的调查对象发出调查问卷，由调查对象填好后发回。这种方式适合于一些深层次的调查研究。

### 3. 计算机辅助电话调查

从 20 世纪 70 年代开始，计算机辅助电话调查技术发展起来。问卷由相应的软件来设计生成。访谈者坐在显示器终端前，通过计算机拨打号码，用小型的耳机式电话向被调查者进行访问，并通过计算机记录结果。

4. 网络调查

信息技术和互联网的发展推动了民意调查方式的转变，电子邮件、网络调查目前已经成为业内广泛采用的一种调查手段，随着网络的发展与普及，这种方式目前在我国已经被普遍采用。

## （四）民意调查工作的积极作用

1. 反映社情民意

由于所选的民意调查议题通常是公众普遍关心的并有较大影响的问题，因此，民意调查结果往往能够成为党委和政府制定决策、实施政策的重要参考因素。而且民意调查结果通过媒体发布，有利于广泛地形成社会舆论，拓展决策部门倾听民声民愿的渠道，实现下情上达。

2. 监督社会环境

现代社会的快速发展是与社会风险的增大联系在一起的，这要求加强对社会环境的监督。而社会环境的监督总是通过一系列社会指标的数据采集和综合处理来实现的。民意调查机构所进行的公众满意度调查就发挥了一个很好的监督作用。

3. 引导社会舆论

民意调查结果在有关媒体上发布，往往会成为公众关心、议论和思考的问题，并对人们产生某种影响，引导着社会心理和舆论。从这个意义上说，民意调查在一定程度上形成了一种社会控制机制，它影响着社会成员的观念、态度和价值取向，进而对个人和社会的思想和行为方式具有导向和约束作用。如“市民文明礼仪”“培养健康生活方式”等调查正是在某程度上发挥了这个作用。

#### 4. 协助公共决策

民意，是一种社会大众的共同意见和一致态度，而态度和意见通常被认为是“行为的准备态”或“行为倾向”。既然人民群众是社会活动的主体，因此，政府决策要想做到现实可行和有预见性，就必须尽可能地了解民意、顺乎民意。我国已开展的不少民意调查正是在这个意义上发挥了协助公共决策的作用。

#### 5. 充实传播内容

民意调查大多与人们的社会生活有着广泛的联系，这为传媒提供了丰富而生动的传播素材。对于看惯了报道内政外交、精英人物等新闻的普通大众来说，对那些反映与自身关系更密切、与自己的意见更贴近的普通百姓的声音，无疑是更感兴趣的。

## 四、人民建议征集

### （一）人民建议征集工作意义

为充分发挥广大人民群众参政议政的积极性，进一步拓宽社会主义民主渠道，密切党和政府同人民群众的联系，促进决策的民主化、科学化，建立人民建议征集制度。

### （二）人民建议征集工作的范围与实施

（1）各级政府向本地区人民群众和所有关心本地区发展的海内外人士，公开征集对本地区改革开放、经济建设和社会发展等各方面问题的建议。

（2）人民群众和海内外人士向政府提出建议，主要以书面形式提出，也可以通过来访、电话、电子邮件等进行反映，还可以通过有关会议、新闻媒介等其他途径提出。

（3）政府部门根据实际需要，将不定期就经济建设和社会发展中的重大问题，如发展战略、发展规划、产业政策、改革方案和重要法规草案等，以及政府和政府各部门负责人的勤政廉政建设问题，专题征集人民群众和各界人士的建议。

（4）各部门应把公开征集和办理人民建议，作为一项重要工作列入议事日程。各级党委、政府、街道办事处和企事业单位，对人民群众依法行使民主权利，向党委、政府提出建议，应予以支持和鼓励。

（5）人民建议征集办公室设在各级信访部门，负责办理征集人民建议的具体工作。

（6）政府人民建议征集办公室对收到的人民建议，要认真研究，抓紧办理。对于重要建议，要及时报送政府领导；遇有关系全局的重大建议，可提请政府和部门领导亲自接谈，直接听取陈述；需要有关部门、单位或地方研究办理的，要及时转送并负责督办、协调落实。

有关部门、单位对于政府人民建议征集办公室转送的人民建议，要以积极、负责的态度研究办理，并及时将处理和采纳情况反馈政府人民建议征集办公室。

（7）人民建议的办理情况，各办理单位一般应在收到建议后两个月内向建议人作出函复或面复；对于同类建议，也可以采用座谈方式或其他方式统一答复。

（8）各新闻单位可在报纸、广播、电视上开辟人民建议专栏，对具有一定参考价值、适于在新闻媒介公开的建议，予以登载、报道。

（9）对重大合理化建议，且被采纳后取得明显经济效益或社会效益的，政府对提出建议的人员给予精神的和物质的奖励。

（10）人民建议征集办公室要在实践中不断总结经验，积极探索；各单位、各部门要密切配合、大力支持，推动人民建议征集工作的顺利开展。

## （三）人民建议征集工作的实施方法

### 1. 提高认识，做好新时期人民建议征集工作

人民建议征集工作是党和政府密切联系群众的渠道之一，既是实现又好又快发展的要求，也是推进决策科学化、民主化的具体体现；既是信访工作的延伸，也是提升信访工作水平的重要举措。各单位、各部门都要高度重视人民建议征集工作，进一步认清该项工作的重要意义，明确指导思想，增强做好新时期人民建议征集工作的责任感、使命感，积极引导和鼓励广大干部群众积极参与，多为城乡各项事业发展出谋划策，使人民建议征集工作更好地服务社会。

### 2. 建立网络，打好人民建议征集工作基础

高质量、有价值的建议往往来源于基层，来源于各行各业的专家学者。为了切实做好人民建议征集工作，建立和完善人民建议征集网络，提高征集人员的素质是十分必要的。各单位要完善网络并开展工作，各部门要培养 2~3 名政治素质强、业务水平高、善于观察和思考、文字综合能力好的工作人员，作为人民建议征集工作网络联络员，开展经常性的人民建议征集工作。

### 3. 形成机制，规范开展人民建议征集工作

（1）报送内容和要求。为使人民建议征集工作正常开展，各单位、各部门每季度向本级人民建议征集办报送 1~2 件人民建议，建议内容可涉及城市建设和管理，经济发展，文教卫，交通、劳动就业、农业农村、社会保障等方面。

（2）征集的形式。开展人民建议征集的形式可以多样化，既可以采取向专家学者发函征集，也可以召开各界人士座谈会或通过报纸、网络进行专题征集。

（3）建议的办理。各部门将征集到的建议形成书面材料报人民建议征集

办，征集办将对建议进行分析归纳，根据具体情况交办有关职能部门处理或摘报领导。对优秀建议将召集有关专家学者和建议人等对建议进行研讨后报建议征集办，并按上级或领导要求进行处理。

### （四）建立健全奖励机制

为激励各界有识人士关心和参与社会各项事业发展，贡献自己的聪明才智，每年将对人民建议进行评选，对评选出的优秀建议将进行表彰和奖励。同时应将评选出的优秀建议报送上级人民建议征集办，参加上级优秀建议评选活动。

第七章

# 我国信访工作演进史

我国古代并不存在“信访”一词及其概念，但有关信访行为和信访制度也是客观存在的，不可因名而废实。研究信访历史，有利于认识信访现实问题，有利于站在历史角度展望信访发展的未来。

## 第一节　我国古代和近代信访活动

### 一、古代中国信访及其特点

#### （一）古代中国信访制度

**1. 尧舜的进善旌与诽谤木**

《大戴记·保傅》《淮南子·主术篇》等古籍记载，尧在位时，于庭前设进善旌，听取天下百姓的建议，后又立诽谤木，“使天下得攻其过”；舜“置敢谏之鼓”，“使天下得尽其言”。舜时，还首置龙为纳言。进善旌、诽谤木、敢谏之鼓是中国信访制度的源头，纳言也可谓中国最早的信访官职。

**2. 西周的路鼓与肺石**

西周时期，周王朝设立了路鼓和肺石制度。《周礼·夏官·大仆》记载：“建路鼓于大寝之门外而（大仆）掌其政，以待达穷者遽令，闻鼓声，则速逆御仆与御庶子。”此外，周朝还设置肺石，以使民有不平，得击三石鸣冤。《周礼·秋官·大司寇》记载：“以肺石远（达）穷民，凡远近惸独老幼之欲有复于上，而其长弗达者，立于肺石，三日，士听其辞，以告于上而罪其长。”这里的“士”就是专职的信访官员。

**3. 秦汉的公车司马与诣阙上书**

秦汉时期，宫城外门设有公车司马令一职，其副手为公车司马丞，他们的职责之一是接待和安排上书或请求面见皇帝陈言的吏民，也是兼管信访事务的官员。《汉官仪》云：“公车司马掌殿司马门，夜徼宫中，天下上事及阙下所征召皆总领之，令秩六百石。”汉朝实行“周鼓上言变事”的制度，要求官吏须提供方便，不得随意阻断刁难，若不及时向上转达，满半月以上将受惩罚。在西汉时代，又设有诣阙上书制度。它是汉代提起诉讼的一种方式，指案件受害人或其他受到冤屈的人到京师向中央的司法机关提出诉讼，是一种典型的越诉行为。此外，汉代吏民上书信访的形式还有御驾前“庶行上书”“因嬖人奏之”等，而御驾前“庶行上书”，是后代“邀车驾”或“告御状”这种信访形式的源头。

**4. 魏晋的登闻鼓与华表木**

自魏晋开始，设置登闻鼓制度，并成为历代直诉的一种重要方式沿用至清代，是古代信访活动中的一项重要制度。据《魏书·刑罚志》记载：“世祖阙左悬登闻鼓，以达冤人。”晋代在设有登闻鼓的同时，还继续设置诽谤木，并改称为华表木、表木。晋崔豹《古今注·问答释义》中载："程雅问曰：尧设诽谤之木，何也？答曰：今之华表木也。"这是华表木见之最早的古籍记载。因诽谤木系受舜命而立，而舜又名重华，所以又称为华表木或表木。这应该是后人为纪念舜而改称的。

**5. 南北朝的谏鼓谤木与邀车驾**

南朝设有谏鼓和谤木，听取天下臣民的意见。梁武帝时，改为在"诽谤木旁设一木函"。《梁书》卷二载："山阿欲横议，投谤木函。"北朝北魏太武帝时，宫阙左面悬登闻鼓，人有冤则击鼓，由主管官吏公车上奏其表。在北齐时期，还正式出现了邀车驾这种上访形式，即在皇帝外出时，阻拦皇帝的车马申诉。《北史》记载："后欲邀车驾论修义罪状，左仆射萧宝夤谕之，乃止。"这种信访形式一直延续到清代。

**6. 隋唐的谒者台与匦使院**

隋代，隋炀帝设置了谒者台，以谒者大夫为主官，下隶有通事谒者等属官，负责吏民申奏冤屈等事。据《隋书》记载，谒者台"受诏劳问，出使慰抚，持节察授，及受冤枉而申奏之。驾出，对御史引驾"。其主要职责是在出使抚慰的过程中了解民风政情，纠正冤假错案。同时，隋代继续保留谏鼓制度。

唐代继承前代的做法，继续设有肺石和登闻鼓。清人黄本骥《历代职官表》载："唐代于东西朝堂分置肺石及登闻鼓，有冤不能自伸者，立肺石之上，或挝登闻鼓。立石者左监门卫奏闻，挝鼓者右监门卫奏闻。"而最有名的唐代信访机构莫过于武则天在位时创设的匦使院。武则天垂拱二年（公元686年）于朝堂东西南北四面置青、丹、白、黑四匦，上访书信分养民劝农、议论时政、陈诉冤屈、告天文密策四类依次投入。匦使院的设置，首开了一条使民间下情大量上达中央政府的渠道，掀起了一个历史上信访活动的高潮，建立起了比较正规的信访制度。此外，唐代一个非常重要的信访形式就是邀车驾，《唐律疏议》规定："诸邀车驾及挝登闻鼓，若上表，以身事自理诉，而不实者，杖八十。"

### 7. 宋代的鼓、检两院与理检司

宋代，信访机构的设置继承了唐代的登闻鼓院和匦使院两个系统，但是它的机构设置和运行机制更加严密和完善。登闻鼓院成为一个正式受理百姓信访的部门，"第院之始或起于本朝也"。宋初，该机构称为鼓司，太平兴国九年（公元 984 年）匦院改称登闻院。景德四年（公元 1007 年）又"以鼓司为登闻鼓院，登闻院为登闻检，检院亦置鼓"。淳化三年（公元 992 年）增设理检司。宋代对上访进状的程序也规定得很严密。百姓上访进状先由登闻鼓院受理，对未经鼓院者，检院不得收接。如果鼓院不受理，才可以到检院；如还不受理，即"判状付之，许邀车驾，如不给判状，听诣御史台自陈"。理检司设立后，对鼓、检两院不受理或受理迟滞的，可到理检司上访申诉。天圣七年（公元 1029 年）又另置匦函，处理累经申诉而未得辩明和事关机密的上书。

### 8. 元明的登闻鼓与邀车驾

元代有击登闻鼓、邀车驾等上访方式，同时，元朝把向地方政府的申诉作为向上级上访申诉的前提。《元史·世祖本纪》中记载："诸事赴台、省诉之，理决不平者，许诣登闻鼓院击鼓以闻。"

### 9. 明代的通政使司的设立

明代的信访制度继续保留登闻鼓、邀车驾等信访方式。将登闻鼓先置于午门外，"非大冤及机密重情，不得击，击即引奏"。后来，将其移至长安右门外，让六科锦衣卫轮流值班，接纳击鼓申诉上奏，不许阻遏。此外，明代设立了一个重要的信访机构通政使司。洪武三年（公元 1370 年），设察言司，收受天下奏章、申诉书信等，不久撤销。洪武十年（公元 1377 年），又设通政使司，位居卿寺之首。通政司是当时中央机关的总收文机构。

#### 10. 清代的叩阍与上控

清代信访制度中，设有叩阍制度。《清史稿 · 刑法志》记载：“其投厅击鼓，或遇乘舆出郊，迎击驾申诉者，名曰叩阍。”叩阍分两种方式，即鼓状和告御状。凡是上访的官民遇有冤抑之事，原审衙门不受理或审断不公时，可赴通政司击鼓诉冤，先由通政司讯供，如确属冤枉，奏报皇帝交刑部查办。这一信访制度一直沿用到清末。而告御状就是从前代一直延续下来的邀车驾的上访申诉形式。此外，清朝信访制度中还有上控制度，具体分为地方上控与京控。地方上控就是对州县衙门的审判不服，而向上一级机关申诉的制度。而百姓“其有冤抑赴都察院、通政司或步军统领衙门呈诉者，名曰京控”。清朝对上控有严格的程序规定，不得越级上控，即不得越级上访申诉。“若越本管官司辄赴上司称诉者，笞五十。”

### （二）古代官府的信访接待制度

#### 1. 投诉公车，必须采纳

中国从汉朝起就有接纳庶民来访的专职机构。两汉以公车署为中央信访接转机构的制度沿袭到魏晋南北朝，总体上看，该机构一直是君主于行政、司法乃至监察系统以外直接了解社情民意的通道。如北魏文成帝在太安元年（公元 455 年）发过一份诏书，说是特派尚书穆伏真等 30 人巡行州郡，民众对地方长官或褒或贬及冤屈等事，可以直接向这些中央特使反映，如果“使者受财，断察不平，听诣公车上诉。”，就是说假定巡视团也腐败了，还有一条赴公车上访投诉的门路。

#### 2. 公车署必须接纳

北齐的制度规定，凡行政系统不予受理，而当事人认为有枉屈要申诉的，公车署必须接纳；倘判定应予奏闻的，就要递呈皇帝。

**3.“民言事，咸为申达”**

作为君主耳目之设和知达下情的信访接转机构，汉魏南北朝的公车署前，大多竖有谤木和肺石当作标志。后来又添置了在朝堂外设登闻鼓的措施，取名“登闻”，意思是臣民有谏议或冤情要诉，却遭压制，可以径去阙前击鼓，登时上闻。《晋书·卫瑾传》里有“挝登闻鼓”的描述，说明晋时已有。北魏太武帝也曾有“阙左悬登闻鼓以达冤人”的诏令，是承袭前朝，其后唐宋传承，一直存在到明代。

**4.“屋漏在上，知之在下”**

南朝的梁武帝尤擅显示关心民瘼，多次颁诏解说“屋漏在上，知之在下”的道理，要求各级政府必须做到“细民有言事者，咸为申达”。他刚即位时还有个创新，诏令“于公车府谤木、肺石傍各置一函”，凡批评时政、说言谏议而当官者不肯代为奏闻的，可以投书谤木函中；凡受豪门欺凌、官长压制而“欲自申”的，可以投书肺石函。由于这两个信箱都是密封的，写信人可以相信它能不受任何阻隔地直呈御览。

**5. 来京上访，疏导管理**

唐初，君臣鉴于隋二世即亡的教训，对全面而随时了解下情的重要性大多有清醒认识。武则天对下情上通更为重视，有个参加徐敬业叛乱而获免的鱼保家为表忠诚，写信给她，“请铸铜为匦以受天下密奏”，其实就是梁武帝搞大信箱的办法。

铜匦放在开放性的庙堂上，并设匦使院为专职机构，选谏议大夫、补阙等言官为知匦使，专管接受来信来访；侍御史等为理匦使，专司受理分析和据状奏闻。后来中书门下、御史台也择员参与知匦理匦，使之成为一个具有较高专业水平的信访受理班底。

再如，当时尚无全国联网的民办邮政，如果不能托人代为投匦，许多从外地来京投匦者的性质其实就是“上访”，假如疏导管理不当，也是令人挠头的问题。对此，唐文宗时任理匦使的李中敏在总结以往经验的基础上，搞了一套措施，大致意思是：凡来投函者进入光顺门时，应该由负责京师治安的金吾卫问清姓名、住居、去处，或由金吾“责定住处”。匦使院收状后，“便差院子（杂役）审复”，再照会京兆府备案，既方便本司及有关部门在受理时“或要召问”，又避免了外地来京上访人员任意行止的无序化。“如过旬日无处分，即任东西”，大概就是若在10天期限内没有答复，便要离京等候结果。

此外，投匦还要付费。《客语》云：“凡投匦有费。谓如投匦，亲事官每名两贯文，大率费不下一二万。”登闻院收到上书后，除事关紧急约时通进外，要把投函放进特制的铜匣里，按5日一通进的规定，送进宫内，负责抬、背铜匣进宫出宫的吏卒就称“亲事官”。假如这项工作至少有两个亲事官搭配做，那么投匦一次的付费就是四贯文即四千钱。比照《宋会要》记载的“和买夏税纳绢每匹折纳价钱二贯文足”，就是两匹绢的价值。这还是政府的“和买”价，市价又过于此，可见上书的代价不低。既然每年能收费“不下一二万”，说明上书者还是不少。

这种亲事官都由皇城司即宫城警卫局属下的禁卒充任，并不属于登闻院编制。这样看来，付款投匦多半不是祖宗定制，而是皇城司自己搞出来的收费项目。由于这笔可观的进项既打不进登闻院的“机关收入”，也非亲事官个人所得，故《客语》又说：“而两院及亲事官等不喜人来投匦，多深藏匦，置人所不见处。”

## 二、我国近代信访及其特点

1840年以后，中国社会剧烈动荡。随着西方思想涌入中国，中国政治制度和法制理念发生深刻变化，上书上访制度也打上了这一时代的烙印。清朝末年的上书上访制度属于封建主义范畴，与古代上书上访制度一脉相承。

### （一）半封建半殖民地社会信访活动

半封建半殖民地社会基本不会有信访活动，当时的统治者也不可能容许这种带有民主性质的活动产生和存在。如果说下情上达的主要形式也只能按照各特定时期归纳总结。

#### 1. 公车上书

历史上所说的公车上书，是指清光绪二十一年（公元 1895 年），康有为率梁启超等数千名举人联名上书清光绪皇帝，反对在甲午战争中败于日本的清政府签订丧权辱国的《马关条约》。这被认为是维新派登上历史舞台的标志，也被认为是中国群众的政治运动的开端。

公车上书提出了如下四个解决办法：

（1）下诏鼓天下之气；

（2）迁都定天下之本；

（3）练兵强天下之势；

（4）变法成天下之治。

康有为指出，前三个还只是权益应敌之策，第四个才是立国自强的根本大计。

公车上书标志着酝酿多年的资产阶级维新变法思潮已发展为爱国救亡的政治活动，对社会的影响和震动很大。康有为从此取得了维新运动的领袖地位。

#### 2. 戊戌变法

农历戊戌年，以康有为为首的改良主义者通过光绪皇帝进行了一场资产阶级政治改革，即戊戌变法，是中国清朝光绪年间（公元 1898 年）的一项政治改革运动。其主要内容是：学习西方，提倡科学文化，改革政治、教育制度，发展农、工、商业等。这次运动遭到以慈禧太后为首的守旧派的强烈反对，同年 9 月，慈禧太后等发动政变，光绪皇帝被囚，维新派康有为、梁启超分别逃往法国和日本，谭嗣同等 6 人（史称“戊戌六君子”）被杀害，历时仅 103 天的变法终告失败。因此戊戌变法也叫百日维新。

### 3. 洋务运动

洋务运动又称自强运动，是指咸丰十年（公元 1861 年）底开始至公元 1894 年，清朝政府内的洋务派在全国各地掀起的“师夷之长技以制夷”的改良运动。经过两次鸦片战争后，清政府的统治阶级对如何解决一系列的内忧外患分裂称为洋务派与守旧派，洋务派主张利用取官办、官督商办、官商合办等方式发展新型工业，增强国力，以维护清政府的封建统治。这对中国迈入现代化也奠定了一定基础。

### 4. 义和团运动

义和团运动，又称义和拳、义和团事件、庚子事变，或被统治阶级贬称为“拳匪”“拳乱”“庚子拳乱”等，是 19 世纪末中国发生的一场以“扶清灭洋”为口号，针对西方在华人士包括在华传教士及中国基督徒所进行的一场大规模群众暴力运动。

义和团本来是长期流行在山东、直隶（今河北）一带的民间秘密会社，清朝有人认为与白莲教等传统民间秘密团体有关，这一观点为现今大多数人所接受。然而也有部分人认为义和团源于一种勤王的民团组织。他们利用设立神坛、画符请神等方法秘密聚众，其中掺杂有大量教授信众“刀枪不入”的愚昧思想成分。

最初义和团同当时清朝大部分秘密团体一样，反对满族统治，以“反清复明”为口号，遭到镇压。随着中国近代史形势的发展，以帝国主义侵略为先导的西方势力的冲突代替华夷之辩、满汉之争成为主要历史矛盾，义和团开始支持清朝抵抗西方，改名为“虎神营”，口号也改为“扶清灭洋”。

在义和团运动中，有 240 多名外国传教士及 2 万多名中国基督徒死亡

（根据教会方面的统计），也有许多与教会无关的其他国人被义和团杀害，数量远超被害教民，难以统计（单北京死于义和团手下的有十数万人）；死亡的义和团拳民、义和团支持者以及其他国人也不计其数，数量未有统计。义和团进北京时也有奸淫掳掠的劣迹。因此，义和团事件通常与八国联军攻打北京这两件事合在一起。

**5. 立宪运动**

立宪运动是中国清朝政府继自强运动（洋务运动、公元 1861—1895 年）、维新运动（公元 1895—1898 年）之后推动的第三次大型改革，其目的是使大清帝国成为君主立宪政体的国家。

清政府在义和团运动面临列强干涉后，实施了“庚子后新政”（公元 1901—1905 年），派遣大臣前往海外考察列强各国实施的宪政内容。慈禧太后根据清宗室载泽、端方等五大臣的意见，于光绪三十三年（公元 1906 年）下诏预备立宪。

1907 年，清政府在中央筹设资政院，在各省筹设咨议局，张謇、汤寿潜等人在上海成立预备立宪公会，之后各地立宪公会纷纷建立。清政府在各地（特别在湖广、两江一带）主张立宪的政治团体陆续发表宣言，鼓吹实行君主立宪政体，同时发起国会请愿运动，提出速开国会、颁布宪法、缩短预备立宪期限等诉求。

1908 年，清政府颁布《钦定宪法大纲》，规定大清帝国万世一系，同时宣布“九年后实行立宪”。

1909 年（清宣统元年）9 月，各督、抚次第奏报举行各省咨议局选举。

1910 年（清宣统二年）9 月 1 日，资政院举行第一次开院礼。资政院开议前后，国会请愿运动也进入最高潮。直隶、山西、河南、四川、福建等省先后出现数千人集会，要求督抚代奏请愿呈稿。湖北集会倡议“不开国会，不承认新捐”。北京方面，国会请愿代表团屡屡向资政院和摄政王上书，资政院除代奏请愿外并通过了陈请速开国会专折。在声势浩大的请愿运动压力下，18个督抚、将军、都统由东三省总督锡良领衔，联名奏请立即组织内阁、翌年开设国会。清朝廷震惊之下，宣布缩短预备立宪期限为5年，国会开设之前先设责任内阁。

1911年（清宣统三年）5月8日，清政府废除军机处，发布内阁官制与任命总理、诸大臣。成员名单中过半数为清宗室（皇族）与满人，被讥嘲为"皇族内阁"。立宪派、舆论对此多感失望，甚至引起不满，认为清政府实无诚意推行宪政，乃逐渐同情、倾向革命。清政府遂于宣统四年（公元1912年）垮台，中华民国诞生。

**6. 辛亥革命**

辛亥革命是指发生于中国农历辛亥年（清宣统三年），即公元1911—1912年，旨在推翻清朝专制帝制、建立共和政体的全国性革命。狭义的辛亥革命，指的是自1911年10月10日（农历八月十九日）夜武昌起义爆发，至1912年元旦孙中山就职中华民国临时大总统前后这一段时间中国所发生的革命事件。辛亥革命广义上亦可指自19世纪末辛亥年成功推翻清朝的统治，在中国出现的连场革命运动。

作为民主革命，辛亥革命成功推翻了清朝的统治，结束了中国的封建帝制，开启了民主共和新纪元，使共和观念深入社会中上层人士思想中。作为民族革命，辛亥革命的成功也对中国国内的民族关系及同时期亚洲其他国家的民族解放运动产生了重要影响。辛亥革命前后的一系列事件不仅结束了此前立宪派实行君主立宪的努力，而且对此后中国宪政与法治发展、中央及地方政治、中央与地方关系等都起到了关键的影响。

**7. 反对"二十一条"的运动**

1915年年初，日本向袁世凯政府提出旨在灭亡中国的"二十一条"。时在日本的中国留学生3 000多人群起反对，并以集体罢学归国的形式表示抗议。他们归国后，通过向中央政府上书、请愿，筹划、组织召开国民大会，以及发起“劝用国货、抵制日货”运动等方式，揭露日本企图吞并中国之野心，力阻政府与日本签订密约，鼓励国民坚持斗争到底。在留日学生的鼓动和组织下，反对“二十一条”斗争以上海为中心，迅速波及全国各地，这是中国留日学生第一次因中日政治事件而大规模集体罢学归国。尽管运动最终失败，但它沉重地打击了日本帝国主义的侵略野心，有力地推动了国内人民反对签订类似“二十一条”等不平等条约斗争的开展。

## 三、新民主主义革命时期信访活动

### （一）五四运动

1919 年 5 月 4 日，在北平爆发了中国人民彻底的反对帝国主义、封建主义的爱国运动，史称五四运动。五四运动是中国旧民主主义革命的结束和新民主主义革命的开端，也是新文化运动的继续和发展。1915 年，陈独秀创办《青年杂志》，次年改称《新青年》，举起“民主”和“科学”两面旗帜，猛烈抨击封建主义旧文化，提倡新文化。随后，还提倡白话文代替文言文，并在“文学革命”的口号下，提倡新文学。1917 年，俄国十月社会主义革命的胜利，对中国人民产生了巨大的影响，中国的先进分子开始用无产阶级的宇宙观作为观察国家命运的工具。1918 年 11 月，李大钊发表《庶民的胜利》《布尔什维主义的胜利》等文，代表了中国先进分子的新觉醒。新文化运动不仅为五四运动做了思想准备，同时随着这次运动而更加深入发展，使社会主义思潮逐渐代替资产阶级思潮而成为运动的主流，并在思想上和领导干部培养方面为中国共产党的诞生做了准备。

五四运动后，中国革命从此进入了一个新的历史时期，中华人民共和国建立后，中央人民政府政务院于 1949 年 12 月正式宣布以 5 月 4 日为五四青年节。

五四运动是中国革命史上具有划时代意义的事件。中国工人阶级从此登上了政治舞台，拉开了中国新民主主义革命的序幕，显示了中华民族的进一步觉醒。有学者指出：这个新政治是从对政治的拒绝中、在“思想战”的硝烟之中产生的，文化和伦理居于新政治的核心。这是现代中国的第一轮“文化与政治的变奏”，我们将在短促的二十世纪一再听到它的回响。

### （二）抵制日货

1923 年因旅顺、大连问题，又一场抵制日货运动爆发了。

1925 年，因上海日本纱厂工人为抗议投资方无理开除工人而罢工，日本厂主开枪打死工人顾正红，打伤十余名工人，激起上海各界抗议。5 月 30 日，英国巡捕在镇压游行时，开枪射击，当场打死 11 人，被捕、受伤者无数，造成震惊中外的“五卅惨案”。接着，省港大罢工爆发，矛头针对英国，日货成了抵制的陪衬，因此对日本影响不大。此次，中国国民党有组织介入抵制洋货运动，并在 1927—1928 年大显身手。

### （三）济南惨案

1927 年，蒋介石统率的北伐军兵锋直指山东，日本内阁于 5 月份决定以保护日侨的名义出兵山东。6 月 1 日，日本驻满洲第十师团步兵三十二旅团在青岛登陆，在青岛与中国民众发生冲突，民众死伤无数，激起国人对日仇恨，抵制日货局部开展。日本不顾中国政府抗议，持续增兵，次年制造了“济南惨案”（因发端 5 月 3 日，故又称“五三惨案”）。日军会同在华日侨组建的“义勇团”，在济南攻击北伐军、屠杀平民，甚至残杀国民政府山东特派交涉员蔡公时及 16 名外交人员，蔡公时被挖去舌头、眼睛。此一惨案震惊世界，力量不济的北伐军忍辱负重撤出济南，绕道北伐，同时也将抗争的重点转向经济层面，引发了空前的抵制日货运动。在国民党的统筹下，“全国反日会”成立，并在各地建立分会。“全国反日会”通过《对日经济绝交计划大纲》，第一次系统提出“经济绝交”战略。

此次运动历时两年，成果斐然。美国 1930 年研究表明，抵制期间，一些日本商品已经无可挽回地被中国的民族商品所替代，日本的火柴和棉纺织生产企业和产品从中国被彻底清除。当时的美国认为，中国严峻的经济形势已经逼迫日本必须尽快结束与中国的对立。

### （四）民主宪政运动

1944 年春，国民党统治区的民主党派和民主人士在重庆、成都、昆明、桂林等地组织各种群众团体，要求民主自由，实行宪政的运动。

1939 年 9 月 9 日，第一届国民参政会第四次会议在重庆召开，中国共产党和各民主党派的参政员，要求国民党结束党治、实施宪政。中共参政员毛泽东、秦邦宪等 7 人在《我们对于过去参政会工作和目前时局的意见》中，提出要实现战时民主，严惩对民众和青年的非法压迫行为，切实保障人民有言论、出版、集会、结社及武装抗战之权利，加强抗战党派之精诚团结。章伯钧等 36 人向大会提出《请结束党治、立施宪政，以安定人心、发扬民主，而利抗战案》，救国会参政员王造时等 37 人提出《为加紧精诚团结以增强抗战力量而保证最后胜利案》，也提出了开放民主、实行宪政等要求。9 月 16 日，经过激烈争论，大会审议通过《请政府明令定期召开国民大会，制定宪法，实施宪政案》。会后，国民参政会议长蒋介石根据大会的决议，指定各党派和无党派参政员董必武、黄炎培、张澜、左舜生、罗隆基、史良、褚辅成、钱端升、罗文干等 19 人组成宪政期成会。其任务是协助政府修改宪法草案，促成宪政。同年 11 月，国民党召开五届六中全会，表示接受国民参政会的决议，决定于 1940 年 11 月 12 日召开国民大会，制定宪法。

1939年10—11月，由张澜、沈钧儒等发起，在重庆先后召开了4次宪政问题座谈会，中国共产党参政员董必武、秦邦宪出席并参加了领导工作。第四次座谈会决定成立宪政促进会，选举黄炎培、沈钧儒、李璜、董必武等85人为筹备委员。同时，重庆30多个妇女团体发起妇女宪政座谈会，青年代表25人发起青年宪政座谈会，成都、桂林等地也先后组织了宪政座谈会和宪政促进会。

1940年2月20日，毛泽东在延安各界宪政促进会成立大会上发表演说，揭露了国民党蒋介石所谓实行宪政的欺骗宣传，指出国民党顽固派历来就是反对宪政的人，现在却口谈宪政，“他们是嘴里一套，手里又是一套”，“他们一面谈宪政，一面却不给人民以丝毫的自由”，“他们是在挂宪政的羊头，卖一党专政的狗肉”。“中国人民所要的宪政是新民主主义的宪政，国民党顽固派口谈的宪政，是旧式的，已经变成反动的东西，我们万万不能要。”“他们口里说要这种宪政，并不是真正要这种宪政，而是借此欺骗人民。”民主宪政运动兴起后，国民党当局便采取各种手段加以打击和破坏，对讨论宪政的各团体采取钳制与高压的办法，禁止和限制争取宪政的活动，限制报刊刊登关于宪政的文章，派特务在宪政座谈会和宪政促进会上捣乱，中央社捏造取消宪政促进会的消息等。

1940年9月18日，国民党中常委以“各地交通受战事影响，颇多不便”为借口，宣布国民大会不能按期召开，会期另定。这暴露了国民党坚持一党专政的反动本质。

从1944年起，一些争取民主宪政的团体又活跃起来。1月1日，民主人士创办的《宪政月刊》在重庆出版，发行人是黄炎培，主编为张志让。1月3日，各民主党派人士沈钧儒等26人发起宪政问题座谈会。董必武在会上发言指出，民主是讨论宪政的先决条件，民生更是今天动员人民参加抗战、加强团结的先决条件。没有民主，没有言论、出版、集会、结社的自由，就不能实现人民总动员，也不能认真地由人民研究宪章，宪法草案也就不可能实现。1月5日，宪政月刊社召集宪政座谈会，与会人员纷纷要求实行民主。

1944年3月1日，中共中央给各中央局、中央分局并各区党委发出《关于宪政问题的指示》，中共中央决定共产党参加此次宪政运动，以期吸引一切可能的民主分子于自己周围，达到战胜日本与建立民主国家之目的。除中共代表已参加重庆方面国民党召集的宪政协进会会议外，延安亦已举行宪政座谈会。各根据地亦可于适当时机举行有多数党外人士参加的座谈会，借以团结这些党外人士于真正民主主义的目标之下。

1944年3月12日，周恩来根据中共中央的指示精神，在延安各界纪念孙中山逝世19周年大会上发表《关于宪政与团结问题》的演说。周恩来指出：我们主张要实行宪政必须保障人民的民主自由，开放党禁，实行地方自治。这是最重要的先决条件。当前各地人民的宪政运动，一致要求实施宪政，要先给人民以民主自由，只有有了民主自由，抗战力量才能源源不断地从人民中间涌现出来，反攻准备才有坚实的基础。他提出：应在抗战期间召开国民大会，实施宪政。

1944年5月，中国民主政团同盟发表《对目前时局的看法与主张》，批评了国民党排斥异己、拖延训政、拒绝民主的态度。工商界代表在宪政月刊社组织的座谈会上，呼吁实行政治民主、生产自由，取消统制政策。由国民党内的民主派李济深、柳亚子等倡议，在广西成立了“抗战动员宣传工作委员会”和“桂林文化界抗战工作协会”，主张立刻动员民众、坚决抵抗，痛斥抗战中的失败主义者。于是，重庆、成都、昆明各界人士纷纷响应。在成都，张澜等发起组织的“民主宪政促进会”，提出对国事的10项主张，要求切实施行约法，尊重人民的自由权利，刷新政治，革除目前征兵、征实、征税中的各项弊端，给予各级民意机构以必要的权力，实施全民动员、组织人民、武装人民，以保国家复兴之基地等。6月以后，桂林、成都、乐山、城固等地大学生纷纷举行讲演会、座谈会，要求以实际行动，争取民主与自由。云南大学、中法大学、西南联合大学等校学生 3 000 余人，在“七七事变”纪念日联合举行的时事座谈会上，要求改革政治。

1944 年 9 月 15 日，中国共产党参政员林伯渠在第三届国民参政会第三次会议上提出：希望国民党立即结束一党统治的局面，由国民政府召集各党各派、各抗日部队、各地方政府、各人民团体的代表，开国事会议，组织各抗日党派联合政府。

1944 年 10 月 10 日，周恩来在延安各界举行的双十节庆祝大会上发表题为《如何解决》的演说，提出成立联合政府的具体步骤：

（1）各方代表由各方自己推选，人数应按各方所代表的实际力量比例规定；

（2）国事会议应于最近期间召开；

（3）国事会议根据革命三民主义的原则，必须通过切合时要、挽救危机的施政纲领以彻底改变国民党所执行的错误政策；

（4）在共同施政纲领的基础上，成立各党派的联合政府，以代替目前的一党专政的政府；

（5）联合政府有权改组统帅部，成立联合统帅部；

（6）联合政府成立后，立即准备于最短期间内召开真正人民普选的国民大会，以保证宪政的实施。

这样，就把民主宪政运动集中到建立民主政府的目标上来了。中国共产党的主张，得到各党派的热烈响应。中国民主同盟在《对抗战最后阶段的政治主张》中，要求召集各党派会议建立联合政府。其他党派和民主人士在发表的宣言、文章和谈话中，也拥护建立统一的民主联合政府。国民党统治区的民主运动出现新的高潮。

## 第二节　我国现代信访工作

新中国信访制度的确立，最早可追溯至新中国成立之初。早在 1949 年 3 月，中共中央迁到北平，当年 8 月就正式成立了中央书记处政治秘书室，负责处理人民群众来信来访。由于当时来信来访很多，中央人民政府系统几乎同时在 3 个单位成立了受理人民群众来信来访，即中央人民政府委员会办公厅、中央人民政府政务院秘书厅和总理办公室。不久全国人大常委会办公厅又设置了人民接待室，作为专门处理人民群众来信来访日常工作的具体办事机构。

到 1954 年，中央人民政府各部委和直属机构大多建立了信访机构或配备了专兼职信访干部，全国有很多省甚至县也按照中央的要求建立了相应机构。这一时期逐渐形成了信访工作“分级负责，归口办理”原则。

1954—1957 年，人民群众来信来访猛增，信访机构进一步完善，中央有接待任务的 50 多个机构都建立了信访机构，配备了信访干部。在接下来的运动中，更多的是上面的工作队下来，抛开各级党政机关，直接由上下访，然后是受到鼓励的农民再纷纷把“情况”（主要是对基层干部的不满）反映给他们，这如果算是信访的话，应该是一种特殊时期特殊类型的信访。“文化大革命”开始后，信访基本处于瘫痪状态。“文化大革命”结束后，国家机关逐渐恢复了信访机构，并制定相关工作规程，如 1980 年 6 月 20 日发布的《最高人民法院信访处接待来访工作细则》，1986 年 12 月 10 日发布的《最高人民检察院发人民检察院控告申诉检察工作细则》。1995 年国务院颁布了《信访条例》，随后中央各政府部门、全国很多省市政府也陆续发布了条例、信访工作办法、暂行规定、守则等。

## 一、新中国成立初期的信访工作

新中国成立初期，由于之前的战乱，大量工人、知识分子失业，中国共产党和人民政府面临着恢复国民经济、巩固新生政权、稳定社会局势的重大任务。这一时期，既是社会经济迅速发展的时期，也是社会变革频繁、各种社会矛盾凸显和集中的时期。人民群众出于对党和政府的信任与支持，通过来信来访的方式反映大量的社会问题，从不同的侧面反映着新中国在进行社会建设和变革时涉及的每一个社会成员的切身利益。党和政府本着全心全意为人民服务的宗旨，正确对待和处理人民的来信来访，为群众排忧解难，及时地化解各种社会矛盾。

### （一）对社会建设的重要作用

新中国成立初期的信访工作是关系新政权能否巩固、发展和社会能否稳定的大问题，对当时的社会建设起着重要作用。

在新中国，人民相信只有依靠党和政府才能解决他们的生活困难问题，于是纷纷向各级党委和政府写信、走访，要求解决工作、救济、就学等。据政务院秘书厅统计，1949 年涉及城市失业问题的来信占来信总数的 15%。

1951 年 4 月 30 日，《中共中央办公厅秘书室关于处理群众来信的报告》中说：1 月来信 4 680 封，2 月 3 544 封，3 月 11 436 封。来信中除了反映抗美援朝、土地改革和镇压反革命三大问题最多外，在“找事类”里，50%是旧公教人员，他们已长期失业，地方政府不能解决，要求“给以在新社会里生活和工作的权利”“实现三个人饭五个人吃的诺言”。这些来信以山东、河北、热河等地较多。从 1951 年冬天开始，反映失业救济的信访进一步增多。

1952 年 1 月 1 日至 6 月 6 日，政务院秘书厅处理人民群众来访 115 起，要求就业的 34 起，占 29. 6%；受理人民群众来信 947 件，要求就业的 140

件，占 14.8%。其中，知识分子要求就业的比例很大。同年 1—4 月，中共中央办公厅收到这类来信 645 件，其中知识分子来信占 32%，工人、店员占 24%，遣散的国民党的党政军人员占 20%，城市贫民占 10%。随着抗美援朝战争的结束，内务部接待的来访人员中最多的是复转、残废军人，其次是军属。来信来访中要求解决治病、生活、就业问题的居多，成为当时的突出问题之一。

1953 年 6 月，河北省发生了退伍军人到省城聚集的事件，许多是因受伤得不到及时治疗和救济到当时的省会保定市上访的。1953 年，光毛泽东本人就收到有关失业问题的来信 800 封。

失业问题解决得好与坏，将会影响人民民主政权的巩固和社会的安定团结。实际上，早在新中国成立前夕，毛泽东同志就针对上海局势提出：必须对失业工人和失业知识分子救济，有步骤地帮助失业者就业，三个人的饭五个人匀吃；对于自己无办法生活而又已经被裁减的人，应予收回，给以饭吃；现在无事做，也应给以饭吃，维持他们，使他们活下去，否则政治上对党和国家极为不利。大量的来信来访使毛泽东和各级领导干部更加重视这一问题。

为了解决知识分子失业问题，党和政府一方面在教育、卫生、贸易、合作等部门注意吸收失业知识分子，另一方面帮助少数可以投考高等学校或中等专业学校者，使他们继续深造，以适应国家建设进一步发展的需要。到 1951 年 12 月，安置知识分子近 100 万人就业。

对失业工人、旧军官、旧官吏则采取登记、教育、改造、使用的方针，帮助他们就业。1952 年冬天，北洋政府的五个旧官员李玉麟、陈文运、丁锦、李炳之、张联菜曾向民主人士李济深写信要求接受共产党的领导，参加工作。后经毛泽东介绍，都得以安排在各部就业。到 1953 年 9 月，已有 207 万失业工人就业，87 万人以工代赈，共解决了 294 万人的就业问题，占失业工人总数的 78%。

这样，通过信访的渠道，党和政府了解了人民群众的困难和呼声，及时解决了就业问题，提高了人民生活水平，稳定了社会局势，促进了经济发展。特别是在处理有关失业问题的信访工作中，体现了中国共产党为人民群众着想、执政为民的优良传统，同时也密切了党群、干群关系。

### （二）对批评监督违法乱纪、官僚主义的重要作用

早在中共七届二中全会上，毛泽东同志就曾告诫全党务必要继续保持谦虚谨慎、不骄不躁的作风，继续保持艰苦奋斗的作风，防止官僚主义的产生和资产阶级“用糖衣裹着的炮弹”的袭击。

中国共产党由乡村进入城市后，一方面大大改变了旧社会遗留下来的奢侈习气；另一方面，和平的建设环境使生活有了初步改善，资产阶级的腐朽思想和生活方式使某些意志薄弱者滋长了一种奢侈浪费和官僚主义的风气。党和政府通过信访工作，及时了解了这一方面的情况，对胜利地完成 1951 年 7 月开始的“三反”“五反”运动，对解决党政部门和工矿企业部门的官僚主义、宗派主义、违法乱纪、贪污浪费、偷工减料等问题起了重要作用。

据中央一级政府机关等受理来信来访的内容统计：1951 年 7 月至 1954 年 6 月，有关检举、控告、批评的来信来访，在中央一级政府机关中占总数的 18%，在政务院秘书厅中占总数的 15.5%；冀、津、沪、石等 6 省市中占总数的 26%。河北省 1952 年上半年“据省监委及通县、沧县、天津三个专区监察系统的 2 550 个案件统计，其中属于检举违法乱纪者 861 件，占总数的 33.8%；批评干部官僚主义失职者 400 件，占 15.7%；反映强迫命令者 188 件，占 7.4%；反映贪污问题者 411 件，占 16.1%；申诉复议和违反规章制度者各 75 件，各占 2.9%；询问问题者 540 件，占 21.2%。”仅前 4 项就占了 73%。

新中国成立后大量反映一些党员干部不负责任和违法乱纪、官僚主义的

来信来访以及对重大信访案件的严肃处理，表明中国共产党赋予人民群众批评、监督的权利，并对这些权利给予保护。这也体现了中国共产党让群众来监督政府、让群众来监督国家工作人员，使之更好地全心全意为人民服务的宗旨。

### （三）在农业、农村、农民工作中的重要作用

农业、农村、农民问题在新中国成立后一直是事关国计民生的话题，加快农业发展、改善农村环境、减轻农民负担是党和政府从新中国成立以来一直都在努力解决的重大问题。农民是相信党和政府的，他们把自己不能解决的问题，通过来信和来访的形式向党和政府反映，要求予以公正地解决和评判。在人民群众来信来访工作的推动下，党和政府不断做出政策调整。

由于连年战争和旱涝灾害，新中国成立初期，缺粮少棉的现象严重，某些干部的官僚主义作风又加重了人民生活的困苦。许多农民和干部写信要求救济，如 1952 年河北省的三位农民写信反映某些干部为了争当“丰收模范县”，不认真贯彻中央有关灾区要减免公粮的政策，造成部分群众的生活困难。毛泽东同志指示华北局进行调查处理。华北局通过召开受灾地区村干部会议，检查政策执行情况，减轻了农民负担，纠正了类似的错误倾向。当地群众激动地说：“只有毛主席、共产党才能这样办！”

实行粮食统购统销后，反映粮食问题的人民来信来访比较突出。据河北省委 1954 年 1 月 4 日到 5 月 5 日的处理人民来信工作情况简报统计：共收信访 517 件，其中反映粮食收购问题的就有 113 件，干部违法乱纪 83 件。从信访人成分看，其中脱产干部 148 人，农民 145 人，转业、现役军人 66 人，工人、店员 30 人，农村党员干部 18 人，匿名 71 人。

大量的信访案件，从一个方面使党和政府觉察到粮食统购统销工作中出现的问题。经过研究，中共中央、国务院于 1955 年 3 月 3 日发出《关于迅速

布置粮食购销工作安定农民情绪的紧急指示》，除将 1955 年 7 月 1 日至 1956 年 6 月 30 日的粮食年度内的征购任务由 929.7 亿斤减为 900 亿斤（后又两次核减，最后减为 830 亿斤）外，决定实行粮食“三定”（定产、定购、定销）制度，要求各地在春耕开始以前，以乡为单位，将全乡的计划产量大体确定下来，并将国家对本乡的购销数字向农民宣布，使农民预先知道自己全年生产多少、国家收购多少、留用多少、缺粮户供应多少。在确定“三定”政策时，毛泽东同志提出：粮食定产要低于实产，要使农民多留一点，多吃一点，多喂一点，多自由一点，做到“人不叫，猪不叫，牲口不叫”。

### （四）解决了信访工作找谁的主要问题

在当时，在处理人民来信来访的过程中也发现有不负责任的情况。例如，有的工作人员因上访人员没有区、村介绍信就不受理，在各级机关中也存在强调手续和介绍信、使民主权利受到限制的现象。因此很多群众反映：“控告干部，人家还会给开介绍信吗？没法告就算了吧！”为此，1953 年河北省作出决定：“为了便利人民直接检举、控诉和要求解决问题，除中央人民政府公布者外，一律取消各地自行规定的限制人民的‘打官司必须村、区开介绍信’，‘结婚、离婚到区政府登记时由村乡干部开介绍信’等违法规定；各有关部门、机关和团体，在接受人民检举、控诉和请求时，均不得向群众要介绍信；如因群众无介绍信而拒绝受理者，则以渎职论。”并规定如有打击报复行为，以违反法纪论处。

还有一种情况是对信访工作的重要意义认识不足，一些专职或兼职工作人员有时被抽调，致使来信来访不能及时处理。例如，上海市党政领导机关在 1952 年 9—10 月检查市、区各机关处理人民来信工作时，发现 13 个市级机关和 19 个区积压的人民来信件数，据不完全统计达 22 134 件。其中有几个单位接到人民来信后，连信封都没拆就归了档。山东省政府积压了 7 万多件人民来信没有处理，省以下各级党政组织也积压了不少信件，其中有许多是控告干部“无法无天”的行为而应当迅速处理的。后来山东省对这些问题结合整党进行了处理。1953 年 1 月 5 日，毛泽东同志批示：请各部门“仿照山东办法在一九五三年结合整党建党及其他工作，从处理人民来信入手，检查一次官僚主义、命令主义和违法乱纪分子的情况，并向他们展开坚决的斗争……凡典型的官僚主义、命令主义和违法乱纪的事例，应在报纸上广为揭发。其违法情形严重者必须给以法律的制裁，如是党员必须执行党纪。各级党委应有决心将为群众所痛恨的违法乱纪分子加以惩处和清除出党政组织，最严重者应处极刑，以平民愤，并借以教育干部和人民群众”。毛泽东同志的这一批示大大推动了信访工作。《人民日报》及各地的机关报纸刊物，刊登了大量的人民来信来访，主要是反映经济建设中的浪费工业建筑材料、干部有严重的官僚主义和命令主义作风等问题，曝光了许多重大的违法乱纪案件。这对干部和群众起了很大的宣传教育作用，得到了广大群众的热烈拥护，进一步密切与巩固了党和广大群众的联系，增强了群众揭发坏人坏事的勇气。

总之，新中国初期，信访案件集中于失业问题、干部官僚主义和违法乱纪问题以及“三农”问题。党和各级政府从人民群众的来信来访中发现各项方针政策在执行过程中的优点与不足，然后继续调整政策，不断地改正缺点。正确对待信访工作是正确处理人民内部矛盾、坚持群众路线，为人民办实事的重要体现，是充分发扬人民民主、完善群众监督、实现社会主义民主政治的重要途径。信访工作做得好不好，直接影响人民群众的民主权利，影响群众的情绪，进而影响政府与群众的关系。中国共产党的最大政治优势就在于坚持了群众路线，使党充满生机和活力，群众的信任和支持、人民的勤劳和智慧是我党不竭的动力之源。中国共产党充分利用这一优势，把矛盾尽量消灭在萌芽状态，及时化解各种社会矛盾，这是各项工作取得重大进展的根本保障，也是提高自身执政能力、巩固执政地位的重要保障，更是提高人民生活水平、构建社会主义和谐社会的重要环节和重大课题。

## 二、“文化大革命”结束时期的信访工作

“文化大革命”时期，信访工作和其他工作一样，也遭到严重干扰和破坏，基本被弃置。粉碎“四人帮”后，我们国家进入了历史发展的新时期，百业待举、百废待兴。1978 年，党的十一届三中全会的召开，党和国家实现了伟大的历史转变，给信访工作带来了春天。为平反“文化大革命”期间造成的冤假错案，落实党的方针政策，针对当时的信访形势，根据党中央的指示，1979 年党中央、国家机关和各省、自治区、直辖市陆续成立了处理信访问题领导小组或信访工作领导小组，充实和加强了信访工作机构，各级信访工作机构得到了恢复和发展。从中央到地方，相继召开信访工作会议，提出了新的历史条件下信访工作的目标和任务，各级党委、政府也把信访工作摆到了更加突出的位置。

其中关于冤假错案的平反和解决好历史遗留问题的规定主要如下：

（1）要提高对落实政策重大意义的认识；

（2）纠正冤假错案和解决历史遗留问题，要突出重点、抓住关键；

（3）坚持实事求是，走群众路线；

（4）要自始至终认真做好政治思想工作。

纠正冤假错案、解决历史遗留问题，要着重从政治上解决问题。要把平反、恢复名誉、安排工作和消除影响等工作做深做细，切实分清功过是非，充分调动当事人的社会主义积极性。对于“文化大革命”前由于错处理而涉及的工作、工分、财务，原则上不搞补发、补偿。对于确由错案而造成现实生活有很大困难的，可酌情给予适当的补助或救济，要教育被落实政策的干部和群众，不要计较个人一时的得失。

## 三、改革开放时期的信访工作

党中央、国务院高度重视新时期信访工作，各地各部门认真贯彻落实，全面推动信访工作适应新形势新任务的要求。历届党和国家主要领导人在改革开放的不同时期，对信访工作先后做出一系列重要指示和批示，党中央、国务院多次专题研究信访工作，为新时期信访工作指明前进方向。

改革开放之初的信访工作从指导思想到工作机构、制度，都难以满足现实需要。根据当时的形势和任务，1978 年 9 月和 1982 年 2 月，中央先后召开第二次和第三次全国信访工作会议，要求各地各部门进一步抓紧落实党的政策，解决历史遗留问题，做好善后工作。

随着改革开放不断推进，出现了许多新情况和新问题。1989 年 11 月，中共中央办公厅、国务院办公厅印发《关于加强信访工作的通知》，明确了新形势下信访工作的指导思想、工作任务和原则方法。1995 年 10 月，中央召开第四次全国信访工作会议，提出加强和改进信访工作的措施，强调信访工作必须服从服务于全党全国工作大局，在正确处理改革、发展、稳定三者关系中发挥应有的作用。

跨进新世纪，社会上长期积累的深层次矛盾和问题开始显现，并通过信访渠道大量反映出来，人民内部矛盾进入凸显期。中央审时度势，先后召开第五次和第六次全国信访工作会议，明确了“信访形势怎么看、信访工作怎么干”的问题，确立了以中国特色社会主义理论为指导，以服务党和国家工作大局为中心，以维护群众合法权益、及时反映社情民意、促进社会和谐稳定为目标，实现信访工作新格局、新秩序、新机制和制度化、规范化、法制化的总体工作思路；明确了信访工作是党和政府的一项重要工作，是构建社会主义和谐社会的基础性工作，是为人民群众排忧解难的工作，是党的群众工作的重要组成部分；明确了“属地管理、分级负责”“谁主管、谁负责”

的信访工作原则，形成了统一领导、部门协调，统筹兼顾、标本兼治，各负其责、齐抓共管的信访工作新格局。

## 四、新时代信访工作

党的十八大以来，党中央对信访工作作出一系列重要决策部署，习近平总书记就加强和改进人民信访工作作出一系列重要指示批示，为做好新时代信访工作提供了根本遵循。随着中国特色社会主义进入新时代，我国社会主要矛盾已转化为人民日益增长的美好生活需要和不平衡不充分的发展之间的矛盾，信访工作面临着许多新情况和新问题，必须主动适应形势的变化和任务的需要，全面加强党对信访工作的领导，全面提升信访工作的规范化、法治化、制度化水平，更好担负起为民解难、为党分忧的职责使命。

党中央着眼于健全为人民执政、靠人民执政的制度，对制定《信访工作条例》作出部署安排。按照党中央要求，国家信访局党组深入学习贯彻习近平总书记关于加强和改进人民信访工作的重要指示，认真总结党的十八大以来推进网上信访、诉访分离、依法分类处理等信访工作制度改革成果，全面吸收融合 2005 年发布实施的国务院《信访条例》内容，广泛征求吸纳各方意见，反复修改完善，形成《信访工作条例（送审稿）》报请党中央审议。

2022 年 1 月 24 日，习近平总书记主持召开中央政治局会议，审议批准《信访工作条例》。2 月 25 日，中共中央、国务院发布《信访工作条例》，自 5 月 1 日起正式施行。《信访工作条例》以习近平新时代中国特色社会主义思想为指导，深入贯彻习近平总书记关于加强和改进人民信访工作的重要思想，总结党长期以来领导和开展信访工作经验特别是党的十八大以来信访工作制度改革成果，坚持和加强党对信访工作的全面领导，理顺信访工作体制机制，进一步规范和加强信访工作，是新时代信访工作的基本遵循。其重要意义主要体现在如下三个方面：

（1）《信访工作条例》是坚持和加强党对信访工作领导的重要制度安排。制定出台《信访工作条例》，坚持党中央对信访工作的集中统一领导，坚持和加强党对信访工作的全面领导，对于提高党领导信访工作的制度化、规范化水平具有重要意义，必将充分发挥党总揽全局、协调各方的领导核心作用，确保信访工作始终沿着正确的政治方向前进。

（2）《信访工作条例》是坚持人民至上、保持党和政府同人民群众血肉联系的重要举措。制定出台《信访工作条例》，坚持以人民为中心的发展思想，构建人民群众提出批评、建议、申诉、控告或者检举的通道，对于推动信访工作充分发挥了解民情、集中民智、维护民利、凝聚民心的作用，当好党和政府联系人民群众的桥梁纽带具有重要意义，必将进一步增强人民群众对党和政府的信任，厚植党长期执政的群众基础。

（3）《信访工作条例》为加强和改进新时代信访工作提供有力制度保障。制定出台《信访工作条例》，站在新的历史起点上纵深推进信访工作制度改革，进一步理顺信访工作体制机制，对于提高信访工作能力和水平，及时反映人民群众呼声，着力化解突出问题具有重要意义，必将推动信访工作实现高质量发展，更加适应形势和任务需要，更好服务党和国家工作大局。

各地各部门深入贯彻落实中央的决策部署，把信访工作作为一项严肃的政治任务摆上了更加突出的位置。广大信访工作人员坚持从解决群众最关心、最直接、最现实的利益问题入手，全力解决问题、化解矛盾。经过不懈努力，逐步扭转了信访总量从 20 世纪 90 年代初以来持续 12 年上升的势头，推动了信访形势的持续好转，为经济社会发展创造了良好环境。

### （一）信访工作渠道不断拓展

改革开放之初，群众信访渠道比较单一，信访工作处于被动接访、办理来信的层面。随着群众信访诉求的增多和内容日趋多元，各地各部门大力拓展信访渠道，全面依法规范信访秩序。

各级机关、单位普遍向社会公布网络信访渠道、通信地址、咨询投诉电话、信访接待的时间和地点、查询信访事项处理进展以及结果的方式等相关事项，大力改善接待场所条件，开展人民满意窗口创建活动，对群众来访坚持文明接待，对群众来信和网上信访认真负责办理。

**1. 坚持领导干部接访制度**

坚持领导干部阅批群众来信、接待群众来访，积极开展开门接访、联合接访、下访约访等，使群众诉求得到及时反映和有效处理。

**2. 完善联系群众制度**

大力推广“市长专线”“县委书记大接访”等做法，建成全国信访信息系统，推行网上信访，构建高效便捷的反映民意、受理民诉、疏解民困的新渠道、新平台。

**3. 大力规范工作规则**

大力规范有权处理信访问题责任部门的工作行为，通过健全和完善科学规范的接谈、受理、交（转）办、解决、回复群众信访事项的工作规则，用制度确保信访事项及时进入程序，得到及时妥善处理。

**4. 强化信访法制观念**

进一步规范信访人的行为，教育和引导信访群众以理性合法的方式表达个人诉求，进一步强化信访人的法制意识。

改革开放以来，各级信访部门不断完善工作机制，落实信访工作责任，加大督查督办力度，充分发挥综合协调作用，着力推动“事要解决”，进一步密切了党和政府同人民群众的血肉联系。

**5. 主动排查解决信访苗头**

近年来，国家信访局按照中央要求，周密部署、主动出击，使一大批信访苗头和隐患化解在初始状态。

6. 集中解决信访突出问题

近年来，各地各部门针对信访突出问题，整合执政资源，集中时间和精力成批集中解决，大大减少了信访“存量”。特别是从连续三年的积案化解工作中，解决了大量上访老户的问题。

7. 督办解决长期积累的信访问题

2021 年以来，国家信访局组织重信重访，分批进行交办督办，办结率达 90%以上；认真组织“开展县委书记大接访”、中央和国家机关干部下访督导活动，解决了大量长期积累的信访问题。

8. 协调解决疑难复杂问题

对跨地区、跨行业、跨部门的疑难复杂信访事项，各级信访部门积极协调各方力量，采取综合调度、会诊会办等方式，压实责任，强化措施，督办解决。

9. 及时就地解决初信初访问题

各地普遍实行首问、首办责任制，坚持在第一时间、第一地点把问题解决到位、矛盾化解到位。

10. 专项治理重信重访

近年来，国家信访局出台措施，积极推动重复信访专项治理行动。全国县以上信访部门解决了大量重复信访事项，为整个信访形势持续好转奠定了坚实基础。

### （二）信访工作机构、设施不断完善

起初，信访工作还仅仅是各级党委、政府的“秘书型”工作，信访部门也还仅仅是各级党委、政府的“秘书型”机构。随着新形势新任务对信访工作不断提出新的要求，各级党委、政府进一步加强了对信访工作的组织领导，信访工作机构不断健全、干部队伍不断加强、工作职能不断拓展，信访部门

的职能实现了由“秘书型”向“职能型”的根本性转变，成为党和政府工作不可或缺的重要部门。

**1. 信访工作机构进一步健全**

1977 年，中共中央办公厅信访局成立；1980 年，国务院办公厅信访局成立；1986 年，中共中央办公厅信访局、国务院办公厅信访局合并，成立中共中央办公厅、国务院办公厅信访局；2000 年，在中共中央办公厅、国务院办公厅信访局基础上组建成立国家信访局。各地各部门的信访工作机构也得到全面加强，全国省级信访部门绝大多数成为正局级机构并增加了内设机构，设置更加合理，职能更加强化，推动问题解决的能力不断提高。

**2. 信访工作基础设施进一步完善**

各地各部门普遍加大对信访工作的投入，加强基础设施建设，改善办公条件，大力加强群众来访接待场所建设，有的建起了明亮宽敞的来访接待大厅，有的建起了温馨人文的“群众之家”。

**3. 信访干部队伍建设进一步加强**

各地各部门把信访部门作为培养锻炼干部的重要基地，注重在工作一线锻炼干部、发现干部、培养干部。国家信访局党组以“工作一流、群众满意”为目标，先后在全国信访系统开展了“创建活动”和“学习建设活动”。广大信访干部在信访工作实践中磨炼意志、拓展思路、增长才干，涌现出以吴天祥、张云泉、潘作良等同志为代表的一大批优秀信访干部，他们以自己的实际行动彰显了信访工作者的风采。

多年来，各级党委、政府不断推进信访工作制度化、规范化和法治化建设。1982 年 4 月，中共中央办公厅、国务院办公厅印发《党政机关信访工作暂行条例（草案）》。1995 年 10 月，国务院颁布我国第一部信访工作行政法规——《信访条例》，标志着信访工作迈入法制化、规范化轨道。

2005 年 1 月，国务院修订并颁布新的《信访条例》。随后，国家信访局制定下发办理群众来信、接待群众来访、督查督办等方面的工作规则，各地也相继制定与之配套的法规和制度，绝大多数省份颁布实施了信访工作法规；60多个党中央和国家机关或单位修订出台了信访工作办法、规则，形成了比较完整的信访工作法规制度体系，为扭转当时信访工作被动局面、依法处理信访问题发挥了重要作用。

2007年3月，中共中央、国务院印发《关于进一步加强新时期信访工作的意见》，实现了在更高层面对信访工作的指导，成为信访工作发展史上具有里程碑意义的重要文献。

2008年7月，中共中央纪委印发《关于违反信访工作纪律适用〈中国共产党纪律处分条例〉若干问题的解释》。监察部、人力资源社会保障部、国家信访局联合印发《关于违反信访工作纪律处分暂行规定》，从制度层面强化了信访工作责任，这是新中国成立以来第一次就信访工作责任追究作出专门规定。

2022年1月24日经中共中央政治局会议审议批准、2022年2月25日由中共中央、国务院发布，2022年5月1日施行《信访工作条例》，共6章50条。

### （三）信访工作实践经验弥足珍贵

（1）必须坚持党对信访工作的全面领导，把党的领导贯彻到信访工作各方面和全过程，确保正确的政治方向。构建党委统一领导、政府组织落实、信访工作联席会议协调、信访部门推动、各方齐抓共管的信访工作格局。

（2）必须坚持以人民为中心，践行党的群众路线，倾听群众呼声，关心群众疾苦，千方百计为群众排忧解难。

（3）必须坚持落实信访工作责任，党政同责、一岗双责，属地管理、分级负责，谁主管、谁负责。

（4）必须坚持依法按政策解决问题，将信访纳入法治化轨道，依法维护群众权益、规范信访秩序。

（5）必须坚持源头治理化解矛盾，多措并举、综合施策，着力点放在源头预防和前端化解，把可能引发信访问题的矛盾纠纷化解在基层、化解在萌芽状态。

（6）必须坚持改革和完善信访制度。

（7）必须坚持建设高素质信访工作队伍，选优配强领导班子，配备与形势任务相适应的工作力量，建立健全信访督查专员制度，打造高素质专业化信访干部队伍。

# 第八章

# 新时代信访工作及其发展趋势

我国当代信访制度是中国共产党治国理政的经验总结，其雏形出现于20世纪50年代初。从那时起，它作为表达民愿、参与政治和解决纠纷的一种特殊手段，在化解社会矛盾、稳定社会秩序方面曾发挥了重要的作用，其基本特色彰显着和谐社会的构建思想。

信访作为我国较为普遍的一种社会活动，其制度则是我国特有的一种人权救济方式——一种非诉救济方式。信访这种救济方式曾因体制不顺、机构庞杂、功能错位、责重权轻、程序缺失、立案不规范以及信访人的法律救济意识淡薄等诸多原因，致使公民权利救济的重要渠道不断发生拥堵，个别地方还引发了比较严重的冲突事件，导致各种问题和矛盾焦点向中央聚集，在客观上造成了中央政治权威受损，从体制上也动摇了现代国家治理的基础。从实践的效果看，我国的信访制度承担了大量的公民权利受到损害的救济工作，它是在行政体系内部、信访部门通过监督等方式办理信访事项的机关、单位切实履行好相关责任、补偿公民受到侵害的重要制度。

信访部门根据“党政同责、一岗双责，属地管理、分级负责，谁主管、谁负责”的原则，将受到侵害的信访人及时反馈到办理部门，通过督促相关机关、单位履行其职责，就地依法解决相关问题，既做到对信访人权利的救济，又实现了党和政府对社会依法管理的基本职能。

## 第一节　新时代信访工作

当代信访制度地位的确立，信访制度功能的发挥，既体现了信访制度在实践中规范化的意义和价值，也是为了追求信访制度的法制统一、秩序井然所进行的探索和努力。信访制度的功能效用性，才使得信访制度的规范化具有实质意义。信访制度的“群众路线”特色会使和谐社会的构建思想由于有着厚实的群众基础而更加先进和成熟。

### 一、信访制度基本依据

#### （一）信访体现了“人民当家做主”的民主理念

信访制度在现实中，极易演化为传统观念之下的一种个人权利救济的重要手段，并因此多少还带有中国传统政治文化中的“青天”情结和古代“击登闻鼓”“邀车架”“告御状”等做法的痕迹，倚重于对行政权的救济期待，并负载着补足司法救济制度的权利救济和保障功能的重荷。

我国现行《宪法》为其第四十一条所列举之各项权利构架了较为周全的保障和限制的规范体系，第四十一条规定了所列举权利的界限——“不得捏造或者歪曲事实进行诬告陷害”，以及与权利相对应的公权力的义务内容，即一种对权利程序意义上的保障——“对于公民的申诉、控告或者检举，有关国家机关必须查清事实，负责处理。任何人不得压制和打击报复。”第五十一条还规定：“中华人民共和国公民在行使自由和权利的时候，不得损害国家的、社会的、集体的和其他公民的合法的自由和权利。”然而，权利的实效性取决于对其实际的保障。由于具有实效性的宪法审查制度或宪法上的权利救济途径尚付阙如，我国在实践中形成的基本权利的保障倾向于相对保障模式。《宪法》第四十一条所列举之权利的保障就主要依赖于行政救济手段，信访即是其中的一种制度设计。

反观实行宪法审查制度的国家，对请愿权有效的法律保障是通过宪法审查机构在判决中确立审判标准以明晰请愿权的具体内涵与边界的。这种请愿权的内涵本身就包含了政府的受理和答复义务，明确要求一个开放的沟通渠道。

《信访工作条例》中所规范的信访即是一种行政监督和行政救济的补充制度，而其制定主体以及该条例事实上成为其他党政机关、单位制定信访制度的规范版本这一事实本身，也折射出这种行政主导的倾向。

一种本来以政治监督为初衷的制度，其所设定的规范中自然亦明显呈现出政治监督的特性。然而，囿于权利司法救济的不足以及传统“无讼”“畏讼”的文化观念，信访制度实际上成为个人权利救济的一种途径。

### （二）信访在确立之后面临诸多制度上的困惑

新中国成立后，政务院 1951 年 6 月 7 日颁布的《关于处理人民来信和接见人民工作的决定》一般被视为信访制度正式确立的起点。1982 年以前的信访反映的问题多是“政治型”，在解决个人政治问题上，信访制度曾发挥了一定的作用。1982 年以后的信访可以概括为“安定团结型信访”，信访制度的主要功能是化解纠纷、实现救济。理论上，解决“安定团结型问题”主要体现为化解纠纷和调解矛盾，而权利救济、惩治腐败、制止乱收费等问题应该由司法部门解决。但1982年后直到今天的信访工作主要是解决这两个方面的问题，这就说明功能错位是信访制度的一个突出问题。信访人想反映的问题涉及土地、基层选举、腐败、乱收费、打击上访等各个方面，但信访部门并不具备解决这些问题的能力。

既然信访部门没有权力和能力解决这些问题，那他们又怎样或用什么方式和手段来处理这些问题呢？据了解，相当一部分信访事项的处理运用的是法治以外的方式，如强压、妥协、哄骗等。同时由于面对大量的群体信访或矛盾激化的各类个体信访，上有领导指令化解的压力，下有群众极端不满的怨气，信访部门在解决信访事项的过程中处于两难的境地。因此在这种工作状况下，信访机构错位、越位的现象屡见不鲜，预期的社会稳定的目标非但没有实现，反而陷入一种更为可怕的恶性循环之中。同时，信访人也往往把信访看成了优于其他行政救济、甚至国家司法救济的一种特殊权利。他们在认为当地有关部门解决不了问题或解决得不尽如人意时，动辄越级上访，这直接导致了司法权威在人们心目中的弱化，最初只是供人们提意见、建议的信访制度，后来却异化为一种权利救济的最佳方式，这种异化对我国的法治建设将产生十分不利的影响。

### （三）具有中国特色的信访制度逐步形成

（1）1957年5月，党中央在北京召开了第一次全国信访工作会议，中共中央办公厅主任杨尚昆、国务院秘书长习仲勋在会上讲话，起草并通过了《中国共产党各级党委机关处理人民来信、接待群众来访工作暂行办法（草案）》，初步形成了具有中国特色的信访制度。

（2）1963年9月20日，中共中央、国务院发出《关于加强人民来信来访工作的通知》，同年10月15日由国务院秘书厅整理出《国家机关处理人民来信和接待人民来访工作条例（草稿）》，其中重申了人民写信或上访的民主权利，并对信访功能做了更全面的总结，即了解社情民意的渠道、群众监督的方法、思想政治教育的途径、调解矛盾的手段，同时指出信访还可以起到调动人民群众积极性、巩固人民民主专政、促进社会主义革命和建设事业的作用。

（3）1978 年 9 月，第二次全国信访工作会议在北京召开，会议的主要议题是研究群众信访中反映的政策性问题，推动有关部门研究和制定有关政策。这次会议对于党的十一届三中全会后拨乱反正、平反冤假错案，以及落实各项政策并解决实际问题起了很大的作用。

（4）1982 年 2 月，第三次全国信访工作会议在北京召开，会议主要任务是分析形势、交流经验、制定措施，提高对新时期信访工作重要性的认识。这次会议通过了《当前信访工作的形势和今后的任务》和《党政机关信访工作暂行条例（草案)》两个文件。

（5）1989 年 11 月，中共中央办公厅、国务院办公厅印发《关于加强信访工作的通知》，明确了新形势下信访工作的指导思想、工作任务和原则方法。

（6）1995 年 10 月，中央召开第四次全国信访工作会议，提出加强和改进信访工作的措施，强调信访工作必须服从服务于全党全国工作大局，在正确处理改革、发展、稳定三者关系中发挥应有的作用。

（7）1995 年 10 月 28 日，国务院令第 185 号发布《信访条例》，根据此条例，各级人民政府、县级以上各级人民政府所属部门都制定了本部门的相关信访工作制度。

（8）2005 年 1 月 10 日，国务院令第 431 号，颁布新修订的《信访条例》，该条例自 2005 年 5 月 1 日起施行。

2005 年国务院对 1995 年版《信访条例》进行修订，主要体现在以下几点内容：

1）增加了畅通信访渠道的内容，以更好地加强党和政府与人民群众的联系，及时了解社情民意并化解社会矛盾；

2）增加了创新信访工作机制的内容，以提高处理信访事项的效率和效果；

3）完善了切实维护信访秩序的内容，以更好地保护广大信访人的合法权益，维护社会稳定；

4）增加了强化信访工作责任的内容，以促进群众反映的合法、合理问题及时得以解决。

经过修订后的《信访条例》，贯彻党的十六大、十六届四中全会精神，体现了坚持以人为本、构建和谐社会和加强民主法制建设的要求。它的颁布实施，对于密切党和政府同人民群众的联系、保护人民群众的合法权益，促进各级行政机关依法行政，推进信访工作的制度化、规范化和程序化，规范信访秩序，维护社会和谐稳定，发挥了重要的作用。

（9）根据近年来社会经济形势的发展变化，中共中央、国务院于2022年2月25日印发了《信访工作条例》，并发出通知，要求各地区各部门认真遵照执行。《信访工作条例》于2022年5月1日起施行，与此同时，2005年国务院《信访条例》废止。

通过对比发现，《信访工作条例》删除了《信访条例》第四十七条“经劝阻、批评和教育无效的，由公安机关予以警告、训诫或者制止”的规定。同时规定，对信访人滋事扰序、缠访闹访情节严重，违反治安管理或构成犯罪的，公安机关将适用《治安管理处罚法》《刑法》等相关规定追究其法律责任。

## 二、信访制度基本原则

《信访工作条例》把服务党和国家工作大局，维护群众合法权益，化解信访突出问题，促进社会和谐稳定作为信访工作的指导原则。为了落实这一指导原则，充分发挥信访制度在解决人民内部矛盾中的作用，《信访工作条例》确立了信访工作在五项基本原则的基础上，应当遵循的五项具体原则：方便信访人的原则；属地管理、分级负责，谁主管、谁负责的原则；依法按政策、及时、就地解决问题与教育疏导相结合的原则；治标与治本相结合的原则；责任原则。

### （一）方便信访人的原则

各级党政机关、单位要为信访人提出信访事项，了解信访事项的受理、办理信息等方面提供各种便利条件，促进信访人反映的情况、意见、建议和投诉请求得到迅速反馈和处理。为信访人提供各种便利条件，是“立党为公、执政为民”的要求在信访工作中的具体体现，是信访工作必须遵守的一个重要原则。为此，《信访工作条例》从信访事项的提出到信访事项的办理等各个环节规定了方便信访人的若干措施：

（1）在总则中规定，各级机关、单位应当畅通信访渠道，做好信访工作，认真处理信访事项，倾听人民群众建议、意见和要求，接受人民群众监督，为人民群众服务；

（2）更加强调畅通信访渠道环节；

（3）在具体条文中力求体现方便信访人的精神，如在信访人提出信访事项的形式、查询信访事项的办理进展情况等方面，都作了有关方便信访人的规定。

### （二）属地管理、分级负责，谁主管、谁负责的原则

这条原则是在总结信访实践经验的基础上提出的，体现了把问题解决在基层、把矛盾化解在萌芽状态的要求。同时，也有利于明确工作责任。“属地

管理、分级负责”就是信访事项原则上由事发地党委和政府解决，事发地党委和政府解决不了的，也可以由其上一级党委和政府解决，下级党委和政府不能将矛盾直接推给上级党委和政府。“谁主管、谁负责”就是在明确信访事项归哪一级党委和政府负责后，主管此项工作的机关、单位应当承担具体办理的责任，不能把矛盾推给党委和政府。

### （三）依法按政策、及时、就地解决问题与教育疏导相结合的原则

“依法按政策解决问题”，是指要依照法律、法规、规章和有关政策的规定，解决信访人提出的投诉请求。法律、法规、规章和政策，是判断是非、衡量各种要求是否合理的准绳，也是统一各方思想的依据。解决问题、纠正错误，都必须依法按政策办事。对于投诉事实清楚，符合法律、法规、规章或者有关政策规定的信访事项，要认真负责地予以解决；对于既缺乏事实依据又不合法的信访事项，要讲清道理、坚持原则，决不能“大闹大解决、小闹小解决”。同时，要提高处理信访问题的效率，依法迅速、快捷地在当地解决群众信访反映的问题，不能让小事酿成大事、小矛盾酿成大矛盾。

“教育疏导”，就是要做好说服、解释和思想政治工作，疏导群众情绪，并对群众进行法制宣传、教育，引导其知法、守法，依法信访，以理性、合法方式表达利益诉求。

依法按政策、及时、就地解决问题与教育疏导是一个有机统一的整体，不能只强调一个方面，需要综合运用。

### （四）治标与治本相结合原则

治标，就是采取认真负责的态度，及时解决已经发生的信访问题，化解已经产生的矛盾和纠纷。治本，就是严格依法按政策办理，从源头上减少和防止侵害群众利益行为发生。治标与治本相结合，重在治本。

（1）各级机关、单位应当科学、民主决策，依法按政策履行职责，从源头上预防导致信访事项的矛盾和纠纷，强调治本。

（2）强调及时化解矛盾。规定各级机关、单位应当建立统一领导、部门协调，统筹兼顾、标本兼治，各负其责、齐抓共管的信访工作格局，通过联席会议、建立排查调处机制、建立信访督查工作制度等方式，及时化解矛盾和纠纷。

（3）强调各级机关、单位负责人要亲自解决信访突出问题的重要性。规定各级机关、单位的负责人应当阅批重要来信、接待重要来访、听取信访工作汇报，研究解决信访工作中的突出问题。

这三个方面工作的有机结合，有利于推动信访工作逐步走向治标与治本相结合的良性轨道。

### （五）责任原则

责任是行政权的核心。责任原则是指处理人民来信来访是各级机关、单位的法定职责，如果不积极履行职责，认真处理信访事项，造成后果的，要承担相应的法律责任。责任原则的核心是通过强化责任，建立“事要解决”的长效机制。

为此，新实施的《信访工作条例》规定，各级机关、单位应当建立健全信访工作责任制，对信访工作中的失职、渎职行为，严格依照有关法律、行政法规的规定，追究有关责任人员的责任，并在一定范围内通报；各级机关、单位应当将信访工作绩效纳入公务员考核体系；在信访事项的受理、办理、督办等环节中，强化有关机关、单位信访部门的责任。

## 三、信访基本制度

（1）办信制度。本制度主要内容包括：受理来信、及时拆封、详细阅读、简明摘要、分级送阅、尽快转办、妥善处理。

（2）接访制度。本制度主要内容包括：文明热情接待、认真听取意见、耐心解释说明、公正恰当处理。

（3）领导接待日制度。本制度主要内容包括：做好领导每周一次预约接待，处理信访热点、难点问题，信访部门根据接待意见，跟踪督办、反馈办理结果。

（4）集访处理制度。本制度主要内容包括：引导集访群众到指定接待场所，维持正常信访秩序，耐心听取集访群众代表意见，会同有关责任单位，共同做好说服、疏导工作，稳定信访人的情绪，妥善处理群众反映的问题。

（5）越级访处理制度。该制度规定：获悉群众越级访情况后，按接访要求，与责任单位一道在规定时间赶赴现场，稳定群众情绪，疏导上访人员，采取有效措施，领回上访人员；督促责任单位在10天内书面报告处理结果或处理进展情况，避免重复越级访和缠访。

（6）逐级上访，分级管理制度。该制度规定：按照分级负责、归口办理的原则，妥善处理本级信访人反映的问题，严禁矛盾上交，对本单位难以解决或超出本单位权力的信访问题，在积极做好稳定工作的同时，及时向本级领导和上级机关、单位请示报告，协助上级共同解决问题。

（7）请示汇报制度。该制度规定：一般问题一日一报，热点、难点、苗头性、倾向性问题及时汇报，重大问题专项汇报，争取工作主动权。

（8）查办报结制度。该制度规定：对上级机关、单位和领导批办的重要信访件，进行跟踪、督查、书面汇报处理进展情况。

（9）分析排查制度。该制度规定：平时做到每半月排查一次，重大活动、重要会议、政治敏感时期分别进行分析排查，对排查出的信访问题，定人员、定任务、定责任，限期抓好落实，定期交账，做好防范工作。

（10）信访例会制度。该制度规定：每季度召开一次信访工作例会，总结工作、分析动态、通报情况、部署任务。

（11）信息调研制度。该制度规定：根据信访工作不同时期的任务和各个阶段的特点，确定调研课题，进行综合调研，努力将信访调研成果转化为本级党政领导的决策，当好领导的参谋助手。

（12）学习制度。该制度规定：组织政治和业务学习，熟悉掌握党的路线、方针、政策和信访业务知识，努力提高信访工作人员的政治素质和业务水平。

（13）保密制度。该制度规定：对党委、政府和上级下发的文件和资料，要精心收藏、妥善保管，对举报信件反映的问题及举报人要严加保密，不得泄露，对泄密者要进行批评教育，对泄密造成后果的要追究责任。

（14）档案管理制度。该制度规定：每年年终对所有的信访材料分门别类、立卷归档、装订成册，由专人负责、妥善保管。

## 四、信访制度的法治

### （一）信访制度与法治目标

谈到信访，目前有一种颇具“法制”色彩的观点，认为信访是计划经济时代的产物，与法治的目标相悖，应当随着国家法制的健全，逐步退出历史舞台。这种源于对信访工作性质认知模糊的错误论断，在相当程度上影响了人们对信访事物的判断。

在学界，特别是法学界，基于“我们国家还不是一个法治国家”以及“现代国家即是法治国家”的主流判断，往往以西方发达国家较为成熟的法律制度和法治思想，作为我国民主法制建设进程的参照物。但是，在宪政理论研究上，如果忽略了我国与西方发达国家在国家性质和政治制度上的根本差异，依靠这种研究方法得出的论断，往往存在相当的误导性。

按照西方的宪政思想和理论，当人民通过代议制度将治理国家的权力让渡给政府后，人民对政府权力的控制，主要通过两种途径来实现：一是以权力制约权力，即通过分权的制度设计，达到权力间相互制衡的目的；二是以权利制约权力，即通过人民行使保留的权利，达到制约政府的目的。这种人民保留的权利，主要是指“用手投票”的权利，即人民通过和平的方式对政府进行罢免的权利，以及在理论上存在的可以“用枪投票”的权利，即通过暴力的形式进行革命的权利，或者是“用脚投票”的权利，即通过迁徙以逃避暴政的权利。这就是说，在西方国家，人民虽然在法律上享有请愿、集会、游行、示威等诸多权利，但是除非罢免，否则政府对于人民发出的各种声音和主张，在法律上并不负有回应的义务。

我国是社会主义国家，实行的是源于“议行合一”思想的人民代表大会制度。因此，不能简单地套用西方的宪政理论来分析我国的政体。

依照我国宪法，“中华人民共和国的一切权力属于人民”；人民行使国家权力的机关是通过民主选举产生的国家和地方各级人民代表大会；人民享有“依照法律规定，通过各种途径和形式，管理国家事务，管理经济和文化事业，管理社会事务”的权利。为了从制度上将人民当家作主的权利落到实处，宪法在规定了选举权、罢免权等民主权利之外，把“对于任何国家机关和国家工作人员，有提出批评和建议的权利；对于任何国家机关和国家工作人员的违法失职行为，有向有关国家机关提出申诉、控告或者检举的权利。”作为公民的一项重要民主权利，在《宪法》第二章“公民的基本权利和义务”中加以规定。与此规定相对应，宪法规定，一切国家机关和工作人员必须“经常保持同人民的联系，倾听人民的意见和建议，接受人民的监督，努力为人民服务”。“对于公民的申诉、控告或者检举，有关国家机关必须查清事实，负责处理。任何人不得压制和打击报复。”这就是说，在我国，人民的声音和主张，不再是毫无意义的“口号”，而是由公民权利与国家机关义务组成的实实在在的法律制度。

由此可见，信访是我国公民的基本民主权利，是我国的基本民主制度，也是我国法律制度的有机组成部分。这种由宪法确认并加以保障的人民民主权利和相关的制度设计，是社会主义制度区别于资本主义制度的一个重要标志，是社会主义优越性的具体体现，与宪法确立的“依法治国，建设社会主义法治国家”的目标并不相悖。

### （二）辩证地看待信访问题

#### 1. 从历史的角度考量

我们确实可以从信访中看到古代封建社会“拦轿告状”“击鼓鸣冤”的影子，也不否认，信访与遗存在人们头脑里根深蒂固的“清官”情结和“拦轿告状”“击鼓鸣冤”的习惯思维相契合。但是，更应当看到集立法、司法、行政权于一身的封建君权时代与主权在民的现代法治时代在历史条件上的根本性区别，不能将“子民”告状与公民行使民主权利混为一谈。

#### 2. 从法治的角度考量

民主是法治的基石。信访作为我国宪法规定的公民基本民主权利，也是国家的基本民主制度之一。这种人民表达自己的意愿，实现当家作主的权利和制度，在现代法治国家绝不是可有可无的。信访不是人治的产物，而是完全符合现代法治思想的。

#### 3. 从信访权利的角度考量

如前所述，信访权利的实质是作为公民基本的民主权利，并可以进一步细分。但是，由于批评建议权的行使要受到公民的政治热情、受教育水平、参政议政能力等条件的制约，而申诉、控告与检举权行使，几乎没有什么条件要求，因此，在现实的信访活动中，形成了批评建议权相对失语与申诉、控告、检举权相对活跃的失衡状况。这种失衡的状况，在相当大程度上异化了信访的民主性质和民主功能的定位。但是，不应当就此淡化信访的民主功能，将信访视同公民告状的第二渠道。

**4. 从信访的办理角度考量**

各级党政领导要亲自接待、阅批信访，是立党为公、执政为民思想的本质要求，也有助于推动信访事项的解决。随着依法治国方略的实施，社会主义法律体系的建立与完善，依法办事已经成为各级党政领导处理政务的基本准则，同样，也是各级党政领导处理信访的基本原则。客观地看，近年来，公民的信访事项只要于法有据，基本都能在法律规定的框架内加以解决。

由上可见，信访无论是其制度设计，或是实际运作，都是符合法治的精神，在法制的轨道上运行。

特别在当前，随着改革开放的不断深入，经济社会生活中的深层次矛盾已经逐步显性化，利益格局的调整和利益关系的冲突渐趋激烈，长期改革过程所积累的结构性矛盾已经不可回避等情况下，社会稳定步入了一个新的敏感期。任何一项改革措施的出台或者调整，都需要党和政府机关、单位能够真正及时地了解民情、把握民心、顺乎民意，从而尽可能地使改革的力度、发展的速度与人民群众的可承受程度一致起来，确保改革开放进程的稳步推进和社会的稳定，最终维护和实现好最广大人民群众的根本利益。

## （三）信访制度与司法体制

在《信访工作条例》修订过程中，一种颇具影响力的观点认为，大量原本可以通过行政复议或者司法诉讼等途径解决的问题涌入信访渠道，对正常的诉讼法律制度和司法体制造成了冲击。进而有人提出，在依法治国的大背景下，信访不应当强化，而应当弱化。

这种观点，从信访工作的现状看，是有一定的事实作依据的。从目前中央到地方省、市、县的各级信访统计数据看，属于不服行政处理决定、法院裁判的信访和要求政府解决实际问题的信访，约各占总量的30%~40%；属于提出控告、检举的信访，约占总量的20%；属于对政府工作提出意见建议的信访，约占总量的10%。不容否认，这其中确实有大量原本可以通过行政复议或者司法诉讼等途径解决的问题涌入了信访渠道。

但是，由于这种观点对信访功能的认知上存在着模糊，其结论同样具有相当的误导性。

依照《宪法》第四十一条规定，公民的信访权由两大权利组成：

一是“对于任何国家机关和国家工作人员，有提出批评和建议的权利”（以下简称批评建议权）。

二是“对于任何国家机关和国家工作人员的违法失职行为，有向有关国家机关提出申诉、控告或者检举的权利”（以下简称申诉、控告与检举权）。

因此，宪法之所以未将批评建议权，申诉、控告权与检举权在立法上做进一步的细分，不是由于制宪者的疏忽，而是基于这些权利对于公民而言，都是属于公民的基本民主权利的性质定位；对于国家机关的公权力而言，都是起到监督、控制与制约并使之符合人民意愿的功能定位。其中，批评建议权，更多地侧重于保障人民当家作主、参政议政权利的功能；而申诉、控告与检举权，则更多地侧重于保障人民的合法权益，起到“权利保障（救济）底线”的功能。

由此可见，公民依照有关信访的法律规定行使申诉、控告与检举权，是信访制度本身设计的重要功能之一。

虽然，信访的申诉、控告与检举权，特别是其中的申诉权与控告权，与诉讼法上的起诉权、申诉权等请求司法救济的权利，存在着权利上的重合，但是，这种在法律制度上并存的公民权益保障的“双轨制”，在权利的性质以及解决问题的途径上是截然不同的，并不存在谁冲击谁的问题，更不能因为公民选择了解决问题较为直接、成本相对较低的信访途径，就片面得出信访冲击了司法制度的结论。

### （四）制定信访法时机已经成熟

信访作为发扬人民民主的重要形式和途径，随着依法治国方略的不断推进和民本思想的深入人心，不仅不会退出历史舞台，还将得到更进一步的坚持和发扬。因此，有必要进一步加强信访法制建设。

国务院早在 1995 年制定了《信访条例》，2005 年进行了修订，对行政机关的信访工作进行了规范。此后，全国绝大多数的省、自治区、直辖市，都相继出台了有关信访工作的地方性法规。其中，有的地方还根据形势的发展，如上海、辽宁等，对有关信访的地方性法规进行了修改。

中共中央、国务院 2022 年 2 月 25 日发布、自 2022 年 5 月 1 日起施行的《信访工作条例》，是新时代信访工作制度改革的标志性成果，为新时代推动信访工作高质量发展提供了制度保障。

《信访条例》《信访工作条例》和地方性法规的制定与实施，对于保障人民群众的信访权利起到积极的作用。但是，从行政法规和地方性法规在法律体系中的地位和效力等级来说，与信访在宪法中地位并不相称。信访作为宪法确认的公民基本民主权利和国家的基本民主制度，宜由全国人大制定具体的法律来加以保障。有关信访的地方性法规实施情况看，确实也有一些情况需要由全国人大来进行立法规范。

## 第二节　信访工作发展趋势

信访是社会矛盾的缓冲器、社会情绪的减压阀，是党和政府联系人民群众的桥梁和纽带，是维护社会稳定、促进社会和谐的基础性工作，是党的群众工作的重要组成部分，是了解社情民意、倾听群众呼声的重要窗口。

信访工作寄托了群众对党和政府的信任、信心和期盼。群众信访问题，大多集中反映在民生领域。从信访问题追溯、上升到政策层面，从根本上、制度上解决好民生问题，才是解决好信访问题的根本之道。要提高预防和化解矛盾的能力，进一步深入推进涉及群众切身利益的重大决策信访评估，做到有重大群体性信访隐患的政策不出台、绝大多数群众不支持的项目不立项或暂缓立项，从源头上预防和减少矛盾的发生。

要积极探索信访工作的规律，推动信访工作实现从表层汇总型信访向深层剖析型信访转变，从实务操作型向理论研究型转变，从参与保障型向参与决策型转变。社会主义市场经济体制的建立和不断完善，给新时代信访工作的改革与发展带来了机遇，同时，也使信访工作出现了许多新情况、新特点。如何正确认识新时期信访工作的特点和成因，有针对性地研究探讨相应对策，已成为各级机关、单位信访工作人员要认真研究的课题。

## 一、当前信访总的特点

### 1. 信访率高

从全国信访总量来看，数量还在高位上运行。

### 2. 止访难

重复信访问题大多是时间跨度长、具体情况复杂，虽经基层多次处理的问题，但仍难息信止访。

### 3. 社会危害大

一些群众抱着“大闹大解决、小闹小解决、不闹不解决”的错误思想不断重复信访，从到市重复上访发展到赴省进京越级上访，从开始的依法有序信访发展为异常访，有的甚至发展演变成群体性事件。

#### 4. 农村信访呈现新特点

农村信访呈现新特点，非法方式反映诉求不断增多，这也是社会矛盾的综合反映。

## 二、信访形式的多样化

#### 1. 博弈型的信访不断增多

不论是农村“七站八所”事业单位改革还是县以下国有集体企业改革推进过程中，都有大量人员被推向社会。这些原本待遇较有保障的人员，经过激烈的市场竞争，很多人的生存质量相对有所下降，甚至陷于贫困。出于对这些群体的同情和化解信访的目的，对有些问题基层开了些口子，由此导致同一群体的要求不断升级，其他群体竞相效仿，博弈型信访不断增多。

#### 2. 相近群体的组织化程度不断提高

各级党政机关、单位对信访问题都普遍比以前更加重视，近年来，越级信访有下降趋势，但是基层信访量仍然持续增加。信访人员彼此交流信访经验，通过信访获得了利益后炫耀攀比的现象很多，再加上通信方式的现代化给信访群体的联系以更大便利，信访群体的组织化程度呈现不断提高的态势。

#### 3. 涉法涉诉类信访不断增加

由于各级信访部门对涉法涉诉类信访也同样登记、受理和交办，很多当事人的案件正在司法机关审理过程中，就开始到各级信访部门信访，以达到对司法机关施加压力的目的。这种现象鼓励了当事人的信访，致使越级信访中涉法涉诉问题数量不断增加。

#### 4. 进京上访不断增多

很多信访群众知道省以上的机关、单位一般不直接处理群众信访反映的具体问题，一般是通过信访的登记、通报、催办督促基层政府解决问题。因而在进京上访时，上访人并没有指望到北京能解决具体问题，而只是通过进京向基层党委和政府施加压力。在一些地方甚至出现信访投机和职业化代理信访牟利的现象。

5. 违法方式反映诉求的信访不断增多

为了扩大影响，信访人在信中夸大问题的严重性，误导上级党政领导。为了施加压力，上访人经常采取围堵办公场所，打横幅、穿状衣等方式，甚至有意识散布谣言，鼓动不明真相的群众起哄。这类信访，极易酿成群体性事件。

## 三、信访增多的原因

### （一）社会转型时期利益格局大调整是群众重复信访增多的深层次原因

多年的社会变革，特别是以市场经济为趋向的改革，使利益格局发生了很大变化，各个利益群体总是想方设法去努力维护自己的利益。尤其是一些经济收入、社会地位、文化水平相对较低的利益群体，在解决诉求中能够动用的社会资源有限，而其他一些解决利益诉求的渠道有的门槛较高，有的成本较高，上访人在权衡比较之后往往“信访不信法”，选择通过坚持不懈的重复信访来达到目的。

### （二）有的基层领导和干部存在作风不实、就地化解矛盾能力不强的问题

（1）有的基层单位和部门对初信初访处理重视程度不够，对群众合理的诉求推诿扯皮、久拖不决，一些原本简单的问题发展成复杂的问题，引发重复上访。

（2）有的基层领导和干部解决信访问题的能力不强，不敢到第一线面对

面做群众工作；有的工作方法简单、作风粗暴，致使矛盾激化。

（3）少数基层领导和干部在处理矛盾和纠纷时，深陷人情网、关系网，存在为政不廉、处事不公的问题，引发利益受损方不断重复信访。一些越级或非正常上访问题之所以产生，许多是因为沟通不顺畅、信任不牢固造成的，特别是群众对基层组织的信任与否，直接影响正常的信访秩序和和谐稳定的大局。

### （三）疑难信访问题解决存在难协调的问题

当一些群众反映涉及多个方面的问题，需要几个部门协同配合调处时，往往出现互相推诿扯皮，难以形成综合处理问题的合力，致使问题久拖不决，最终造成了群众重复越级上访。

### （四）某些政策的制定和实施存在照顾群众利益不够的问题

#### 1. 政策制定不民主、不科学

一些涉及地方和部门利益的政策在制定和实施过程中受政绩观和利益观的影响，存在决策损害群众的具体利益的问题，造成群众为维护自身利益而不断重复上访，最终也使决策难执行。

#### 2. 政策的宣传不够，群众不理解

一些政策由于区域之间差异，历史条件不一，造成一些信访人不理解，仿效攀比，引发重复上访。

#### 3. 基层随意曲解政策的问题

有的政策虽深受群众欢迎，但在实施过程中却打了折扣，导致群众反响强烈。

### （五）缠访、闹访、无理访存在处置难的问题

当发生违法违规信访行为时，虽然《信访工作条例》第二十六条明确规

定对六类行为要依法予以处理，但由于现行有关法律法规具体规定不明确或操作性不强，导致依法处理不到位问题，致使一些群众产生了“闹一闹问题不大”的错觉，有些“上访老户”有恃无恐不断重复上访甚至制造事端。

### （六）信访部门建设与信访任务存在不相适应的问题

面对当前信访问题高发、接访处访难度加大的信访形势，虽然各级党委和政府高度重视信访工作，但有些地方和部门仍然存在信访机构建设落后，信访干部人员老化、力量配备薄弱，接访和办公场所狭小，工作经费难以保障等问题，难以适应规范化、法制化的信访工作新要求。

一些信访部门由于工作人员少，只能忙于应付接访办信等常规工作，而无力顾及信访问题的协调处理、督察督办、复查复核等工作，从而出现重接待、重交办而轻督办或协调不力，这也是一些信访问题久拖不决，造成重复信访上升的重要原因之一。

## 四、解决信访增多的对策

### （一）强化领导包案和责任追究，着力解决疑难信访问题

做好信访工作，关键在于解决问题、化解矛盾，真心实意地为群众排忧解难。因此，必须经常性地对本地区存在的疑难信访问题进行专项排查调处，对重复赴省进京上访、缠访、闹访不息的重大疑难信访问题实行领导包案调处，按照“包协调、包督办、包落实、包稳控”的要求，克服“包案不办案”“挂帅不出征”等现象。对因严重失职、渎职损害群众利益，因处理不及时、措施不得力、方法不妥当或重大信访问题失察，致使激化矛盾导致恶性事件发生，造成重大政治影响等，信访部门要敢于和善于履行好处分建议权，向党委和政府报告，对责任人严肃进行责任追究。

### （二）坚持科学民主决策，从源头上、体制上减少信访问题的产生

事关群众切身利益的政策措施出台前，要深入调研，认真听取群众和专家的意见，进行社会稳定风险评估，充分考虑群众的承受力和支持度，考虑政策措施的可行性和连贯性。政策出台后，要广泛宣传，规范运作程序，执行过程中出现问题应及时反馈决策层，及时研究调整。

### （三）及时办理好初信初访，切实维护好群众根本利益

要加强基层干部对成功办理初信初访的责任意识，要落实初信初访的“首问责任制”“首办责任制”，在群众信访问题产生的初始阶段将其解决好，避免造成群众越级信访或重复信访。同时要鼓励群众网上信访，继续实行好领导接待日和领导下访制度，畅通反映问题与解决问题的“双向渠道”，使群众的信访问题在刚产生时，就能得到就地就近及时解决，提高初信初访的办结率和群众满意率，减少群众越级上访。

### （四）加强基础工作，提高就地化解矛盾和解决问题的能力

必须加强信访重点地区的基层组织建设，要配备对群众有感情、善于做群众工作、有丰富的群众工作经验的干部担任主要领导。强调解决问题应该一步到位，能够解决的要及时彻底解决，不能解决的也要对群众讲清楚，防止因同一问题处置不当，引发群众重复信访。要完善基层考核机制，像考核经济工作一样考核社会稳定工作，把握导向，激励基层干部到矛盾多、困难多的地方去，与群众打成一片，增进感情、化解矛盾，巩固党的执政基础。

### （五）加强法制教育，加大依法处置违法上访的工作力度

和谐社会本质上是法治社会，建设法治社会就不能任由非正常信访问题

滋生蔓延。要按照建设法治社会的总体部署，深入贯彻《信访工作条例》，推动信访工作的规范化、法治化建设。必须坚持一手抓解决信访人的实际问题，一手抓加强法制教育、依法信访，既解决信访人的合理诉求，又不一味迁就、退让。

对组织策划大规模集体上访，严重干扰党政机关、单位办公秩序或社会治安秩序的骨干人员，要通过学习，加强法制教育；对多次赴京非正常无理上访的、组织非正常上访的信访“蛇头”、甚至在京闹事“告洋状”的，要加强警告训诫；对违法的，要做好证据固定工作，由司法部门进行依法处理，并通过以案说法，达到“处理个别，教育大多数”的目的，建立起“依法、逐级、理性、有序”的信访新秩序。

### （六）加强督查督办，认真开展复查复核，做好信访问题终结工作

必须切实履行好《信访工作条例》赋予信访部门在督促检查、协调指导、分析研究，及时提出改进工作和解决问题的建议等方面的职能。信访督查督办工作要与党委和政府办公室督查工作相互配合；与机关效能投诉中心连为一体，作为机关效能建设的一项重要内容，推动信访问题的有效解决。

要认真贯彻《信访工作条例》，全面推行信访事项终结制和信访问题听证制度，广泛开展复查复核。对信访人申请复查复核的信访案件，按照专业法律法规，依法行政，切实承担起复查复核任务。对重大疑难重复访案件要按照终结程序进行处理、复查与复核，并选择一些典型案件举办听证会。通过复查复核和听证工作，终结和息访一批重复访“老户”。

### （七）切实加强信访部门建设，努力提高信访工作水平

各级党委和政府要高度重视信访工作，把信访工作放在改革发展稳定的大背景下谋划，放到实现构建和谐社会、提高执政能力的大局中去推进。

要切实加强信访工作人员队伍建设，提高本地区本部门信访工作的能力和水平。信访工作人员身处社会矛盾的第一线，信访部门是锻炼工作人员的一个阵地，既要对信访干部严格要求，又要悉心爱护，切实做好他们的培养与交流工作，使信访部门和干部队伍富有生机活力。

要进一步改善信访部门的工作条件，积极为信访工作创造良好环境，在人、财、物上给予更大的支持，为有效处置各类信访问题提供必要的物质保障。

各级信访部门和信访工作人员也要高度认识在构建和谐社会中自己所肩负的艰巨而光荣的历史责任，科学把握当前人民内部矛盾的特点和规律，强化宗旨意识，自觉加强学习，努力提高工作能力和水平，认真解决群众合理诉求，着力化解重复信访问题，做好新时期的信访工作，为构建和谐社会做出贡献。

## 第三节　新时期信访面临的新问题

我国正在形成一个利益多元化的社会，失业工人要社会保障、拆迁户要拆迁补偿、农民要征地补偿、企业商工要待遇等。社会充满了各种各样的利益团体，有着各种各样的利益诉求；同时，公民的经济自由不断得到实现和扩展之后，公民主体的权利意识和对社会公益的关注也在日益加强，民主诉求的意愿不断增强，政治参与的积极性不断高涨。而公民政治参与的扩面和提升，无疑会推动我国的法治化进程。

因此，从这个角度看，虽然目前的信访工作还面临许多困难，但是信访在我国仍然有其存在的必要性和合理性，它对于维护社会稳定有着积极的意义。只要寻求新的出路，对信访制度进行准确的功能定位，就能使信访制度重新焕发青春。

## 一、信访工作面临的新问题

### （一）信访工作面临的难题

当前群众重访、缠访、闹访是制约信访工作开展的主要难题。

**1. 信访制度在实施中的错位**

从信访制度的初衷来看，是让人民群众通过信访方式向党政机关、单位提出有建设性的意见和建议，使政府权力始终处于被监督和检视的状态，不断推进法治信访进程。

但在现实工作中，上有领导指令化解的压力，下有群众不满的怨气，力求息事宁人和维护社会稳定，信访工作人员在解决信访事项时，不得已选择运用法治以外的方式，或进行制止，或施以恩惠，加之一些部门本位意识的作用，信访制度在实施中就可能出现以下问题：

（1）信访部门突破其定位，将信访权力无限延伸且不受制约，导致权力的越位；

（2）信访部门将自己的工作限定在问题的归口处，对问题处理流程和效果并不关心，就可能导致多数群体对政府产生更大的失望与不满，这是权力的不到位。

无论是越位还是不到位，都是信访部门在具体落实信访制度时的错误。

**2. 信访问题处置不当，导致矛盾升级**

在“稳定压倒一切”的口号下，部分工作人员在处理信访问题时，有的地方和部门以明显违反现行规定的代价来满足信访人的非分要求，或以某些领导直接过问，通过非正常行政手段满足上访人需求来解决问题。虽然达到了息事宁人的效果，却出现了更严重的问题，导致重复上访。非正常解决方法，会通过舆论、口头等方式迅速地在群众中传播，这个示范效应使一些信访人的目标和手段发生了扭曲，致使信访问题恶性循环，使大量的社会矛盾涌向信访渠道，信访方式也更极端化。信访问题如滚雪球一般越滚越大，成为影响当前信访工作的一个突出因素。更多人宁信访而不信法，从而形成对信访的依赖，造成对政策的不信任。

**3. 群众的期望值与政策效应反差大**

信访部门因其作用的特殊，扮演的是“社会安全阀”的角色，发挥的是“民意通道”的作用，被人民群众赋予了高度的期望。然而人民群众日益增长的物质需求越来越高，政府惠民政策一时难以满足群众需求，加之有些政府末端工作即直接服务于群众的乡镇、村级负责人处理问题时的不公正、不公平和保障措施的不完善、不到位，导致群众重访、越级访等。

### （二）信访工作的法治化建设

信访作为关系党和政府公信力的重要制度设计，在现行信访机制与法治要求存在差距的客观事实面前，我们不能简单作出取消这项制度的结论。实践表明，在法治社会下，建立合理的、符合法治要求和国情的信访机制对行政活动、司法活动和立法活动的良性发展都具有不可替代的积极促进作用。

同时应当看到，建设法治社会是一个渐进的过程，在目前司法救济不能充分满足公众获得权利保障需要的情况下，仍然必须为人民群众保留信访救济的权利。因此，解决现行信访的问题关键是要适应法治建设和社会发展的要求，对现行信访制度进行与时俱进式的制度改革与创新，即在确立司法救济核心地位的同时，及时将信访纳入法治化的轨道，使其在运作中不发生法律之外的作用，与国家法治建设的要求相吻合。

信访制度的法治化是一项系统工程，必须本着有利于确立司法的核心地位和权威，有利于实现对公民权利的有效救济，放在国家整个权利救济体系的建设中整体考虑和推进。一方面要遵循有权利就有救济的原则，进一步完善司法救济制度，保障公民的权利救济渠道畅通，逐渐确立司法救济的主导地位。另一方面要通过立法，合理界定信访的地位、职能、受案范围、处理机制、法律责任，解决现行信访依赖于行政权威的弊端以及职能定位不清造成的“什么都管、什么都管不了的”尴尬局面，避免各职能部门之间和上下级之间推诿责任“踢皮球”，减少人民群众的信访成本。

在目前，应当重点强化和完善行政诉讼、行政复议等制度，积极引导公民通过法律途径寻求救济，同时要积极完善相关制度，推进信访工作的规范化。要强化信访部门的调查权，逐渐推行重大信访案件调查结果向社会公布制度，将政府活动置于社会监督之下。

## 二、信访工作遇到的难点

### （一）信访工作是一项长期、复杂、艰巨的工作

在不同的历史时期，会出现不同的信访问题，呈现不同的信访特点。在当前的信访工作中，比较突出地存在以下三个方面的问题。

#### 1. 制定政策和执行政策中的随意性是信访问题产生的主因

一些地区和部门在制定政策时远离实际、违背民意，在一定程度上损害了群众的合法权益，造成了群众对政府的不满。而在执行政策的过程中，又往往灵活性大于原则性，损害了政策的严肃性和执法的公正性。违反科学规律的盲目决策和执行政策过程的不透明、不公正，是许多信访问题产生的根源。

#### 2. 群众对基层组织的不信任阻碍减控越级访目标的实现

《信访工作条例》明确规定信访工作要坚持属地管理、分级负责的原则，减控越级访也是各基层信访部门的工作目标之一。但实际情形是群众信访量

呈“倒三角”状，即级别越高的信访部门信访量及增幅越大。这种现象出现的原因，一方面是因为一些地方政府和基层部门对群众信访举报没有充分重视、恰当处理，把群众“逼”上了越级上访之路；另一方面则是因为少数信访人利用地方政府或基层部门怕群众越级上访的心理，通过越级上访来要挟当地政府满足其不合理的要求。

**3. “花钱买平安”观念与建设法治社会目标背道而驰**

一些部门在处理信访问题的过程中，往往突破政策的框架满足信访人的要求，以求钝化矛盾、息诉息访。这种做法短期内对维护稳定有一定效果，但长远来看，却可能产生如下严重的不良后果：

（1）对少数人“花钱买平安”，是对大多数不闹不访群众的不公平；

（2）无理上访可以得到额外利益，会起到反面的示范效应，引起更多的信访活动；

（3）可以决定突破政策框架的只能是地方、部门主要领导或上级部门，这就会刺激信访人撇开信访职能部门纠缠领导或越级上访；

（4）“花钱买平安”是“人治”的典型表现，与我国建设法治社会的目标背道而驰。

## （二）坚持以人民为中心，积极做好信访工作

要从根本上做好信访工作，就必须坚持以人民为中心，准确把握信访工作与中心工作的结合点，自觉地把做好信访工作与构建社会主义和谐社会的实践联系起来。

**1. 整合力量，构建大信访工作格局**

信访工作是一项复杂的系统工程，需要各级党委和政府协调配合、上下联动、各负其责。要继续完善“党委统一领导、政府组织落实、信访工作联席会议协调、信访部门推动、各方齐抓共管”的信访工作大格局并充分发挥

其作用。

**2. 科学决策，减少信访问题的产生**

要坚持标本兼治，从源头上防止和减少信访问题的产生。各职能部门在制定政策、开展工作的过程中，一要树立以人民为中心、执政为民的理念，既维护群众的长期利益，也考虑群众的承受能力；二要提高执政能力，坚持科学决策，按规律办事，防止和减少因为决策失误损害群众利益造成的信访问题。

**3. 关口前移，把问题解决在初始阶段**

充分重视初信初访，杜绝对信访问题决而不行、拖而不办、小事拖大、大事拖“炸”、新户拖成老户的情况。把及时、妥善、就地处理信访问题作为一条重要的基本原则来把握，努力从源头上预防和减少信访问题的发生。提高基层化解矛盾和解决信访问题的能力，切实做到矛盾不积累、不上交、不激化、不推向社会。

**4. 坚持原则，依纪依法办理信访**

一方面要用情办访，努力解决群众的合理诉求；另一方面要坚持原则，严格依照政策和法律的规定处理问题。要认真宣传《信访工作条例》及有关信访政策法规，教育群众依法有序上访，要让群众明白处理信访问题在基层而不是在上级，解决信访问题靠法规而不是靠领导。

总之，面对当前的形势，我们必须坚定信心，要以习近平新时代中国特色社会主义思想为指导，深入学习贯彻习近平总书记关于加强和改进人民信访工作的重要论述，深入贯彻落实党中央、国务院关于信访工作的重大决策部署，学习贯彻《信访工作条例》，精准把握新时代信访工作的基本原则和总体要求，牢记职责使命，主动担当作为，奋力谱写新时代信访工作高质量发展新篇章。

# 附录一　信访工作条例

## 信访工作条例

（2022 年 1 月 24 日中共中央政治局会议审议批准
2022 年 2 月 25 日中共中央、国务院发布）

### 第一章　总　　则

**第一条**　为了坚持和加强党对信访工作的全面领导，做好新时代信访工作，保持党和政府同人民群众的密切联系，制定本条例。

**第二条**　本条例适用于各级党的机关、人大机关、行政机关、政协机关、监察机关、审判机关、检察机关以及群团组织、国有企事业单位等开展信访工作。

**第三条**　信访工作是党的群众工作的重要组成部分，是党和政府了解民情、集中民智、维护民利、凝聚民心的一项重要工作，是各级机关、单位及其领导干部、工作人员接受群众监督、改进工作作风的重要途径。

**第四条**　信访工作坚持以马克思列宁主义、毛泽东思想、邓小平理论、“三个代表”重要思想、科学发展观、习近平新时代中国特色社会主义思想为指导，贯彻落实习近平总书记关于加强和改进人民信访工作的重要思想，增强“四个意识”、坚定“四个自信”、做到“两个维护”，牢记为民解难、为党分忧的政治责任，坚守人民情怀，坚持底线思维、法治思维，服务党和国家工作大局，维护群众合法权益，化解信访突出问题，促进社会和谐稳定。

**第五条**　信访工作应当遵循下列原则：

（一）坚持党的全面领导。把党的领导贯彻到信访工作各方面和全过程，确保正确政治方向。

（二）坚持以人民为中心。践行党的群众路线，倾听群众呼声，关心群众疾苦，千方百计为群众排忧解难。

（三）坚持落实信访工作责任。党政同责、一岗双责，属地管理、分级负责，谁主管、谁负责。

（四）坚持依法按政策解决问题。将信访纳入法治化轨道，依法维护群众权益、规范信访秩序。

（五）坚持源头治理化解矛盾。多措并举、综合施策，着力点放在源头预防和前端化解，把可能引发信访问题的矛盾纠纷化解在基层、化解在萌芽状态。

**第六条** 各级机关、单位应当畅通信访渠道，做好信访工作，认真处理信访事项，倾听人民群众建议、意见和要求，接受人民群众监督，为人民群众服务。

## 第二章 信访工作体制

**第七条** 坚持和加强党对信访工作的全面领导，构建党委统一领导、政府组织落实、信访工作联席会议协调、信访部门推动、各方齐抓共管的信访工作格局。

**第八条** 党中央加强对信访工作的统一领导：

（一）强化政治引领，确立信访工作的政治方向和政治原则，严明政治纪律和政治规矩；

（二）制定信访工作方针政策，研究部署信访工作中事关党和国家工作大局、社会和谐稳定、群众权益保障的重大改革措施；

（三）领导建设一支对党忠诚可靠、恪守为民之责、善做群众工作的高素质专业化信访工作队伍，为信访工作提供组织保证。

**第九条**　地方党委领导本地区信访工作，贯彻落实党中央关于信访工作的方针政策和决策部署，执行上级党组织关于信访工作的部署要求，统筹信访工作责任体系构建，支持和督促下级党组织做好信访工作。

地方党委常委会应当定期听取信访工作汇报，分析形势，部署任务，研究重大事项，解决突出问题。

**第十条**　各级政府贯彻落实上级党委和政府以及本级党委关于信访工作的部署要求，科学民主决策、依法履行职责，组织各方力量加强矛盾纠纷排查化解，及时妥善处理信访事项，研究解决政策性、群体性信访突出问题和疑难复杂信访问题。

**第十一条**　中央信访工作联席会议在党中央、国务院领导下，负责全国信访工作的统筹协调、整体推进、督促落实，履行下列职责：

（一）研究分析全国信访形势，为中央决策提供参考；

（二）督促落实党中央关于信访工作的方针政策和决策部署；

（三）研究信访制度改革和信访法治化建设重大问题和事项；

（四）研究部署重点工作任务，协调指导解决具有普遍性的信访突出问题；

（五）领导组织信访工作责任制落实、督导考核等工作；

（六）指导地方各级信访工作联席会议工作；

（七）承担党中央、国务院交办的其他事项。

中央信访工作联席会议由党中央、国务院领导同志以及有关部门负责同志担任召集人，各成员单位负责同志参加。中央信访工作联席会议办公室设在国家信访局，承担联席会议的日常工作，督促检查联席会议议定事项的落实。

**第十二条**　中央信访工作联席会议根据工作需要召开全体会议或者工作会议。研究涉及信访工作改革发展的重大问题和重要信访事项的处理意见，应当及时向党中央、国务院请示报告。

中央信访工作联席会议各成员单位应当落实联席会议确定的工作任务和议定事项，及时报送落实情况；及时将本领域重大敏感信访问题提请联席会议研究。

**第十三条** 地方各级信访工作联席会议在本级党委和政府领导下，负责本地区信访工作的统筹协调、整体推进、督促落实，协调处理发生在本地区的重要信访问题，指导下级信访工作联席会议工作。联席会议召集人一般由党委和政府负责同志担任。

地方党委和政府应当根据信访工作形势任务，及时调整成员单位，健全规章制度，建立健全信访信息分析研判、重大信访问题协调处理、联合督查等工作机制，提升联席会议工作的科学化、制度化、规范化水平。

根据工作需要，乡镇党委和政府、街道党工委和办事处可以建立信访工作联席会议机制，或者明确党政联席会定期研究本地区信访工作，协调处理发生在本地区的重要信访问题。

**第十四条** 各级党委和政府信访部门是开展信访工作的专门机构，履行下列职责：

（一）受理、转送、交办信访事项；

（二）协调解决重要信访问题；

（三）督促检查重要信访事项的处理和落实；

（四）综合反映信访信息，分析研判信访形势，为党委和政府提供决策参考；

（五）指导本级其他机关、单位和下级的信访工作；

（六）提出改进工作、完善政策和追究责任的建议；

（七）承担本级党委和政府交办的其他事项。

各级党委和政府信访部门以外的其他机关、单位应当根据信访工作形势任务，明确负责信访工作的机构或者人员，参照党委和政府信访部门职责，明确相应的职责。

**第十五条**　各级党委和政府以外的其他机关、单位应当做好各自职责范围内的信访工作，按照规定及时受理办理信访事项，预防和化解政策性、群体性信访问题，加强对下级机关、单位信访工作的指导。

各级机关、单位应当拓宽社会力量参与信访工作的制度化渠道，发挥群团组织、社会组织和"两代表一委员"、社会工作者等作用，反映群众意见和要求，引导群众依法理性反映诉求、维护权益，推动矛盾纠纷及时有效化解。

乡镇党委和政府、街道党工委和办事处以及村（社区）"两委"应当全面发挥职能作用，坚持和发展新时代"枫桥经验"，积极协调处理化解发生在当地的信访事项和矛盾纠纷，努力做到小事不出村、大事不出镇、矛盾不上交。

**第十六条**　各级党委和政府应当加强信访部门建设，选优配强领导班子，配备与形势任务相适应的工作力量，建立健全信访督查专员制度，打造高素质专业化信访干部队伍。各级党委和政府信访部门主要负责同志应当由本级党委或者政府副秘书长［办公厅（室）副主任］兼任。

各级党校（行政学院）应当将信访工作作为党性教育内容纳入教学培训，加强干部教育培训。

各级机关、单位应当建立健全年轻干部和新录用干部到信访工作岗位锻炼制度。

各级党委和政府应当为信访工作提供必要的支持和保障，所需经费列入本级预算。

## 第三章　信访事项的提出和受理

**第十七条**　公民、法人或者其他组织可以采用信息网络、书信、电话、传真、走访等形式，向各级机关、单位反映情况，提出建议、意见或者投诉请求，有关机关、单位应当依规依法处理。

采用前款规定的形式，反映情况，提出建议、意见或者投诉请求的公民、法人或者其他组织，称信访人。

**第十八条** 各级机关、单位应当向社会公布网络信访渠道、通信地址、咨询投诉电话、信访接待的时间和地点、查询信访事项处理进展以及结果的方式等相关事项，在其信访接待场所或者网站公布与信访工作有关的党内法规和法律、法规、规章，信访事项的处理程序，以及其他为信访人提供便利的相关事项。

各级机关、单位领导干部应当阅办群众来信和网上信访、定期接待群众来访、定期下访，包案化解群众反映强烈的突出问题。

市、县级党委和政府应当建立和完善联合接访工作机制，根据工作需要组织有关机关、单位联合接待，一站式解决信访问题。

任何组织和个人不得打击报复信访人。

**第十九条** 信访人一般应当采用书面形式提出信访事项，并载明其姓名(名称)、住址和请求、事实、理由。对采用口头形式提出的信访事项，有关机关、单位应当如实记录。

信访人提出信访事项，应当客观真实，对其所提供材料内容的真实性负责，不得捏造、歪曲事实，不得诬告、陷害他人。

信访事项已经受理或者正在办理的，信访人在规定期限内向受理、办理机关、单位的上级机关、单位又提出同一信访事项的，上级机关、单位不予受理。

**第二十条** 信访人采用走访形式提出信访事项的，应当到有权处理的本级或者上一级机关、单位设立或者指定的接待场所提出。

信访人采用走访形式提出涉及诉讼权利救济的信访事项，应当按照法律法规规定的程序向有关政法部门提出。

多人采用走访形式提出共同的信访事项的，应当推选代表，代表人数不得超过 5 人。

各级机关、单位应当落实属地责任，认真接待处理群众来访，把问题解决在当地，引导信访人就地反映问题。

**第二十一条** 各级党委和政府应当加强信访工作信息化、智能化建设，依规依法有序推进信访信息系统互联互通、信息共享。

各级机关、单位应当及时将信访事项录入信访信息系统，使网上信访、来信、来访、来电在网上流转，方便信访人查询、评价信访事项办理情况。

**第二十二条** 各级党委和政府信访部门收到信访事项，应当予以登记，并区分情况，在 15 日内分别按照下列方式处理：

（一）对依照职责属于本级机关、单位或者其工作部门处理决定的，应当转送有权处理的机关、单位；情况重大、紧急的，应当及时提出建议，报请本级党委和政府决定。

（二）涉及下级机关、单位或者其工作人员的，按照“属地管理、分级负责，谁主管、谁负责”的原则，转送有权处理的机关、单位。

（三）对转送信访事项中的重要情况需要反馈办理结果的，可以交由有权处理的机关、单位办理，要求其在指定办理期限内反馈结果，提交办结报告。

各级党委和政府信访部门对收到的涉法涉诉信件，应当转送同级政法部门依法处理；对走访反映涉诉问题的信访人，应当释法明理，引导其向有关政法部门反映问题。对属于纪检监察机关受理的检举控告类信访事项，应当按照管理权限转送有关纪检监察机关依规依纪依法处理。

**第二十三条** 党委和政府信访部门以外的其他机关、单位收到信访人直接提出的信访事项，应当予以登记；对属于本机关、单位职权范围的，应当告知信访人接收情况以及处理途径和程序；对属于本系统下级机关、单位职权范围的，应当转送、交办有权处理的机关、单位，并告知信访人转送、交办去向；对不属于本机关、单位或者本系统职权范围的，应当告知信访人向有权处理的机关、单位提出。

对信访人直接提出的信访事项，有关机关、单位能够当场告知的，应当当场书面告知；不能当场告知的，应当自收到信访事项之日起 15 日内书面告知信访人，但信访人的姓名（名称）、住址不清的除外。

对党委和政府信访部门或者本系统上级机关、单位转送、交办的信访事项，属于本机关、单位职权范围的，有关机关、单位应当自收到之日起 15 日内书面告知信访人接收情况以及处理途径和程序；不属于本机关、单位或者本系统职权范围的，有关机关、单位应当自收到之日起 5 个工作日内提出异议，并详细说明理由，经转送、交办的信访部门或者上级机关、单位核实同意后，交还相关材料。

政法部门处理涉及诉讼权利救济事项、纪检监察机关处理检举控告事项的告知按照有关规定执行。

**第二十四条**　涉及两个或者两个以上机关、单位的信访事项，由所涉及的机关、单位协商受理；受理有争议的，由其共同的上一级机关、单位决定受理机关；受理有争议且没有共同的上一级机关、单位的，由共同的信访工作联席会议协调处理。

应当对信访事项作出处理的机关、单位分立、合并、撤销的，由继续行使其职权的机关、单位受理；职责不清的，由本级党委和政府或者其指定的机关、单位受理。

**第二十五条**　各级机关、单位对可能造成社会影响的重大、紧急信访事项和信访信息，应当及时报告本级党委和政府，通报相关主管部门和本级信访工作联席会议办公室，在职责范围内依法及时采取措施，防止不良影响的产生、扩大。

地方各级党委和政府信访部门接到重大、紧急信访事项和信访信息，应当向上一级信访部门报告，同时报告国家信访局。

**第二十六条** 信访人在信访过程中应当遵守法律、法规，不得损害国家、社会、集体的利益和其他公民的合法权利，自觉维护社会公共秩序和信访秩序，不得有下列行为：

（一）在机关、单位办公场所周围、公共场所非法聚集，围堵、冲击机关、单位，拦截公务车辆，或者堵塞、阻断交通；

（二）携带危险物品、管制器具；

（三）侮辱、殴打、威胁机关、单位工作人员，非法限制他人人身自由，或者毁坏财物；

（四）在信访接待场所滞留、滋事，或者将生活不能自理的人弃留在信访接待场所；

（五）煽动、串联、胁迫、以财物诱使、幕后操纵他人信访，或者以信访为名借机敛财；

（六）其他扰乱公共秩序、妨害国家和公共安全的行为。

## 第四章 信访事项的办理

**第二十七条** 各级机关、单位及其工作人员应当根据各自职责和有关规定，按照诉求合理的解决问题到位、诉求无理的思想教育到位、生活困难的帮扶救助到位、行为违法的依法处理的要求，依法按政策及时就地解决群众合法合理诉求，维护正常信访秩序。

**第二十八条** 各级机关、单位及其工作人员办理信访事项，应当恪尽职守、秉公办事，查明事实、分清责任，加强教育疏导，及时妥善处理，不得推诿、敷衍、拖延。

各级机关、单位应当按照诉讼与信访分离制度要求，将涉及民事、行政、刑事等诉讼权利救济的信访事项从普通信访体制中分离出来，由有关政法部门依法处理。

各级机关、单位工作人员与信访事项或者信访人有直接利害关系的，应当回避。

**第二十九条** 对信访人反映的情况、提出的建议意见类事项，有权处理的机关、单位应当认真研究论证。对科学合理、具有现实可行性的，应当采纳或者部分采纳，并予以回复。

信访人反映的情况、提出的建议意见，对国民经济和社会发展或者对改进工作以及保护社会公共利益有贡献的，应当按照有关规定给予奖励。

各级党委和政府应当健全人民建议征集制度，对涉及国计民生的重要工作，主动听取群众的建议意见。

**第三十条** 对信访人提出的检举控告类事项，纪检监察机关或者有权处理的机关、单位应当依规依纪依法接收、受理、办理和反馈。

党委和政府信访部门应当按照干部管理权限向组织（人事）部门通报反映干部问题的信访情况，重大情况向党委主要负责同志和分管组织（人事）工作的负责同志报送。组织（人事）部门应当按照干部选拔任用监督的有关规定进行办理。

不得将信访人的检举、揭发材料以及有关情况透露或者转给被检举、揭发的人员或者单位。

**第三十一条** 对信访人提出的申诉求决类事项，有权处理的机关、单位应当区分情况，分别按照下列方式办理：

（一）应当通过审判机关诉讼程序或者复议程序、检察机关刑事立案程序或者法律监督程序、公安机关法律程序处理的，涉法涉诉信访事项未依法终结的，按照法律法规规定的程序处理。

（二）应当通过仲裁解决的，导入相应程序处理。

（三）可以通过党员申诉、申请复审等解决的，导入相应程序处理。

（四）可以通过行政复议、行政裁决、行政确认、行政许可、行政处罚等行政程序解决的，导入相应程序处理。

（五）属于申请查处违法行为、履行保护人身权或者财产权等合法权益职责的，依法履行或者答复。

（六）不属于以上情形的，应当听取信访人陈述事实和理由，并调查核实，出具信访处理意见书。对重大、复杂、疑难的信访事项，可以举行听证。

**第三十二条** 信访处理意见书应当载明信访人投诉请求、事实和理由、处理意见及其法律法规依据：

（一）请求事实清楚，符合法律、法规、规章或者其他有关规定的，予以支持；

（二）请求事由合理但缺乏法律依据的，应当作出解释说明；

（三）请求缺乏事实根据或者不符合法律、法规、规章或者其他有关规定的，不予支持。

有权处理的机关、单位作出支持信访请求意见的，应当督促有关机关、单位执行；不予支持的，应当做好信访人的疏导教育工作。

**第三十三条** 各级机关、单位在处理申诉求决类事项过程中，可以在不违反政策法规强制性规定的情况下，在裁量权范围内，经争议双方当事人同意进行调解；可以引导争议双方当事人自愿和解。经调解、和解达成一致意见的，应当制作调解协议书或者和解协议书。

**第三十四条** 对本条例第三十一条第六项规定的信访事项应当自受理之日起60日内办结；情况复杂的，经本机关、单位负责人批准，可以适当延长办理期限，但延长期限不得超过30日，并告知信访人延期理由。

**第三十五条** 信访人对信访处理意见不服的，可以自收到书面答复之日起30日内请求原办理机关、单位的上一级机关、单位复查。收到复查请求的机关、单位应当自收到复查请求之日起30日内提出复查意见，并予以书面答复。

**第三十六条** 信访人对复查意见不服的，可以自收到书面答复之日起30日内向复查机关、单位的上一级机关、单位请求复核。收到复核请求的机关、单位应当自收到复核请求之日起30日内提出复核意见。

复核机关、单位可以按照本条例第三十一条第六项的规定举行听证，经过听证的复核意见可以依法向社会公示。听证所需时间不计算在前款规定的期限内。

信访人对复核意见不服，仍然以同一事实和理由提出投诉请求的，各级党委和政府信访部门和其他机关、单位不再受理。

**第三十七条** 各级机关、单位应当坚持社会矛盾纠纷多元预防调处化解，人民调解、行政调解、司法调解联动，综合运用法律、政策、经济、行政等手段和教育、协商、疏导等办法，多措并举化解矛盾纠纷。

各级机关、单位在办理信访事项时，对生活确有困难的信访人，可以告知或者帮助其向有关机关或者机构依法申请社会救助。符合国家司法救助条件的，有关政法部门应当按照规定给予司法救助。

地方党委和政府以及基层党组织和基层单位对信访事项已经复查复核和涉法涉诉信访事项已经依法终结的相关信访人，应当做好疏导教育、矛盾化解、帮扶救助等工作。

## 第五章 监督和追责

**第三十八条** 各级党委和政府应当对开展信访工作、落实信访工作责任的情况组织专项督查。

信访工作联席会议及其办公室、党委和政府信访部门应当根据工作需要开展督查，就发现的问题向有关地方和部门进行反馈，重要问题向本级党委和政府报告。

各级党委和政府督查部门应当将疑难复杂信访问题列入督查范围。

**第三十九条**　各级党委和政府应当以依规依法及时就地解决信访问题为导向，每年对信访工作情况进行考核。考核结果应当在适当范围内通报，并作为对领导班子和有关领导干部综合考核评价的重要参考。

对在信访工作中作出突出成绩和贡献的机关、单位或者个人，可以按照有关规定给予表彰和奖励。

对在信访工作中履职不力、存在严重问题的领导班子和领导干部，视情节轻重，由信访工作联席会议进行约谈、通报、挂牌督办，责令限期整改。

**第四十条**　党委和政府信访部门发现有关机关、单位存在违反信访工作规定受理、办理信访事项，办理信访事项推诿、敷衍、拖延、弄虚作假或者拒不执行信访处理意见等情形的，应当及时督办，并提出改进工作的建议。

对工作中发现的有关政策性问题，应当及时向本级党委和政府报告，并提出完善政策的建议。

对在信访工作中推诿、敷衍、拖延、弄虚作假造成严重后果的机关、单位及其工作人员，应当向有管理权限的机关、单位提出追究责任的建议。

对信访部门提出的改进工作、完善政策、追究责任的建议，有关机关、单位应当书面反馈采纳情况。

**第四十一条**　党委和政府信访部门应当编制信访情况年度报告，每年向本级党委和政府、上一级党委和政府信访部门报告。年度报告应当包括下列内容：

（一）信访事项的数据统计、信访事项涉及领域以及被投诉较多的机关、单位；

（二）党委和政府信访部门转送、交办、督办情况；

（三）党委和政府信访部门提出改进工作、完善政策、追究责任建议以及被采纳情况；

（四）其他应当报告的事项。

根据巡视巡察工作需要，党委和政府信访部门应当向巡视巡察机构提供被巡视巡察地区、单位领导班子及其成员和下一级主要负责人有关信访举报，落实信访工作责任制，具有苗头性、倾向性的重要信访问题，需要巡视巡察工作关注的重要信访事项等情况。

**第四十二条** 因下列情形之一导致信访事项发生，造成严重后果的，对直接负责的主管人员和其他直接责任人员，依规依纪依法严肃处理；构成犯罪的，依法追究刑事责任：

（一）超越或者滥用职权，侵害公民、法人或者其他组织合法权益；

（二）应当作为而不作为，侵害公民、法人或者其他组织合法权益；

（三）适用法律、法规错误或者违反法定程序，侵害公民、法人或者其他组织合法权益；

（四）拒不执行有权处理机关、单位作出的支持信访请求意见。

**第四十三条** 各级党委和政府信访部门对收到的信访事项应当登记、转送、交办而未按照规定登记、转送、交办，或者应当履行督办职责而未履行的，由其上级机关责令改正；造成严重后果的，对直接负责的主管人员和其他直接责任人员依规依纪依法严肃处理。

**第四十四条** 负有受理信访事项职责的机关、单位有下列情形之一的，由其上级机关、单位责令改正；造成严重后果的，对直接负责的主管人员和其他直接责任人员依规依纪依法严肃处理：

（一）对收到的信访事项不按照规定登记；

（二）对属于其职权范围的信访事项不予受理；

（三）未在规定期限内书面告知信访人是否受理信访事项。

**第四十五条**　对信访事项有权处理的机关、单位有下列情形之一的，由其上级机关、单位责令改正；造成严重后果的，对直接负责的主管人员和其他直接责任人员依规依纪依法严肃处理：

（一）推诿、敷衍、拖延信访事项办理或者未在规定期限内办结信访事项；

（二）对事实清楚，符合法律、法规、规章或者其他有关规定的投诉请求未予支持；

（三）对党委和政府信访部门提出的改进工作、完善政策等建议重视不够、落实不力，导致问题长期得不到解决；

（四）其他不履行或者不正确履行信访事项处理职责的情形。

**第四十六条**　有关机关、单位及其领导干部、工作人员有下列情形之一的，由其上级机关、单位责令改正；造成严重后果的，对直接负责的主管人员和其他直接责任人员依规依纪依法严肃处理；构成犯罪的，依法追究刑事责任：

（一）对待信访人态度恶劣、作风粗暴，损害党群干群关系；

（二）在处理信访事项过程中吃拿卡要、谋取私利；

（三）对规模性集体访、负面舆情等处置不力，导致事态扩大；

（四）对可能造成社会影响的重大、紧急信访事项和信访信息隐瞒、谎报、缓报，或者未依法及时采取必要措施；

（五）将信访人的检举、揭发材料或者有关情况透露、转给被检举、揭发的人员或者单位；

（六）打击报复信访人；

（七）其他违规违纪违法的情形。

**第四十七条**　信访人违反本条例第二十条、第二十六条规定的，有关机关、单位工作人员应当对其进行劝阻、批评或者教育。

信访人滋事扰序、缠访闹访情节严重，构成违反治安管理行为的，或者违反集会游行示威相关法律法规的，由公安机关依法采取必要的现场处置措施、给予治安管理处罚；构成犯罪的，依法追究刑事责任。

信访人捏造歪曲事实、诬告陷害他人，构成违反治安管理行为的，依法给予治安管理处罚；构成犯罪的，依法追究刑事责任。

## 第六章　附　　则

**第四十八条**　对外国人、无国籍人、外国组织信访事项的处理，参照本条例执行。

**第四十九条**　本条例由国家信访局负责解释。

**第五十条**　本条例自 2022 年 5 月 1 日起施行。

# 附录二　为加强和改进新时代信访工作提供有力制度保障——国家信访局负责人就《信访工作条例》答记者问

## 为加强和改进新时代信访工作提供有力制度保障——国家信访局负责人就《信访工作条例》答记者问

日前，中共中央、国务院印发了《信访工作条例》（以下简称《条例》）。国家信访局负责人就有关问题，回答了记者的提问。

**问：请介绍一下《条例》制定出台的背景？**

**答：**我们党历来高度重视信访工作。党的十八大以来，党中央对信访工作作出一系列重要决策部署，习近平总书记就加强和改进人民信访工作作出一系列重要指示批示，为做好新时代信访工作提供了根本遵循。随着中国特色社会主义进入新时代，我国社会主要矛盾已转化为人民日益增长的美好生活需要和不平衡不充分的发展之间的矛盾，信访工作面临着许多新情况新问题，必须主动适应形势的变化和任务的需要，全面加强党对信访工作的领导，全面提升信访工作的规范化法治化制度化水平，更好担负起为民解难、为党分忧的职责使命。党中央着眼健全为人民执政、靠人民执政的制度，对制定《条例》作出部署安排。按照党中央要求，国家信访局党组深入学习贯彻习近平总书记关于加强和改进人民信访工作的重要思想，认真总结党的十八大以来推进网上信访、诉访分离、依法分类处理等信访工作制度改革成果，全面吸收融合2005年发布实施的国务院《信访条例》内容，广泛征求吸纳各方意见，反复修改完善，形成《信访工作条例（送审稿）》报请党中央审议。2022年1月24日，习近平总书记主持召开中央政治局会议，审议批准《条例》。2月25日，中共中央、国务院发布《条例》。

**问：《条例》的出台有何重大意义？**

**答：**信访工作是党的群众工作的重要组成部分，是了解社情民意的重要窗口。《条例》以习近平新时代中国特色社会主义思想为指导，深入贯彻习近平总书记关于加强和改进人民信访工作的重要思想，总结党长期以来领导和开展信访工作经验特别是党的十八大以来信访工作制度改革成果，坚持和加强党对信访工作的全面领导，理顺信访工作体制机制，进一步规范和加强信访工作，是新时代信访工作的基本遵循。第一，《条例》是坚持和加强党对信访工作领导的重要制度安排。制定出台《条例》，坚持党中央对信访工作的集中统一领导，坚持和加强党对信访工作的全面领导，对于提高党领导信访工作的制度化、规范化水平具有重要意义，必将充分发挥党总揽全局、协调各方的领导核心作用，确保信访工作始终沿着正确的政治方向前进。第二，《条例》是坚持人民至上、保持党和政府同人民群众血肉联系的重要举措。制定出台《条例》，坚持以人民为中心的发展思想，构建群众提出批评、建议、申诉、控告或者检举的通道，对于推动信访工作充分发挥了解民情、集中民智、维护民利、凝聚民心的作用，当好党和政府联系群众的桥梁纽带具有重要意义，必将进一步增强群众对党和政府的信任，厚植党长期执政的群众基础。第三，《条例》为加强和改进新时代信访工作提供有力制度保障。制定出台《条例》，站在新的历史起点上纵深推进信访工作制度改革，进一步理顺信访工作体制机制，对于提高信访工作能力和水平，及时反映群众呼声，着力化解突出问题具有重要意义，必将推动信访工作实现高质量发展，更加适应形势和任务需要，更好服务党和国家工作大局。

**问：《条例》的主要内容是什么？**

**答：**《条例》围绕做好新时代信访工作的体制机制、职责任务、处理程序、监督体系等进行顶层设计，共 6 章 50 条，主要有以下四个方面内容：一是规定做好新时代信访工作的总体要求。明确了《条例》的制定目的和依据、适用范围，对信访工作的地位作用、指导思想、主要原则及工作要求等作出规定。二是规定信访工作体制和工作格局。确立了党领导下的信访工作体制和格局，明确党委、政府、信访工作联席会议、信访部门以及各方力量在信访工作中的定位和职责，同时明确了信访工作保障措施。三是规定信访事项处理程序。明确各类信访事项提出、受理、办理的形式、渠道、程序和方式，体现了党的机关、人大机关、行政机关、政协机关、监察机关、审判机关、检察机关等处理信访事项不同的程序要求。四是规定信访工作监督体系。健全信访工作监督机制，对责任追究的情形和方式等作出明确规定。

**问：《条例》明确的适用范围是什么？**

**答：**《条例》适用于各级党的机关、人大机关、行政机关、政协机关、监察机关、审判机关、检察机关，以及群团组织、国有企事业单位等开展信访工作。公民、法人或者其他组织通过信访渠道，向上述各级机关、单位反映情况，提出建议、意见或者投诉请求等，应当符合《条例》规定要求。

**问：《条例》对信访工作定位是如何规定的？**

**答：**《条例》明确新时代信访工作“三个重要”的定位，即：信访工作是党的群众工作的重要组成部分，是党和政府了解民情、集中民智、维护民利、凝聚民心的一项重要工作，是各级机关、单位及其领导干部、工作人员接受群众监督、改进工作作风的重要途径。“三个重要”的定位遵循了习近平总书记关于加强和改进人民信访工作的重要思想，集中体现了信访工作的政治性和人民性，体现了信访工作在党和国家工作大局中的重要地位和承担的重要任务，进一步明确了新时代信访工作的发展方向和着力点。

**问：《条例》对信访工作体制是如何规定的？**

**答：**《条例》第二章“信访工作体制”，明确健全党领导信访工作的体制机制，构建党委统一领导、政府组织落实、信访工作联席会议协调、信访部门推动、各方齐抓共管的信访工作格局。在党委统一领导方面，明确党中央加强对信访工作的集中统一领导，规定地方党委领导本地区信访工作，贯彻落实党中央决策部署，执行上级党组织部署要求，统筹信访工作责任体系构建，支持和督促下级党组织做好信访工作。在政府组织落实方面，规定各级政府贯彻落实上级党委和政府以及本级党委部署要求，履行组织各方力量及时妥善处理信访事项，研究解决政策性、群体性信访突出问题和疑难复杂信访问题等职责。在信访工作联席会议协调方面，规定中央信访工作联席会议统筹协调、整体推进、督促落实全国信访工作，同时进一步规范地方信访工作联席会议的设置和运行。在信访部门推动方面，规定党委和政府信访部门是开展信访工作的专门机构，承担受理、转送、交办信访事项，协调解决重要信访问题，督促检查重要信访事项的处理和落实等工作职责，同时规定其他机关、单位应当根据信访工作形势任务明确负责信访工作的机构或者人员。在各方齐抓共管方面，规定各级党委和政府以外的其他机关、单位应当做好各自职责范围内的信访工作，拓宽完善社会力量参与信访工作的制度化渠道。《条例》还从信访部门建设、干部教育培训、经费支持等方面明确信访工作保障措施。

**问：《条例》对信访人提出信访事项有哪些要求？**

**答：**《条例》规定信访人可以采用信息网络、书信、电话、传真、走访等形式，向各级机关、单位反映情况，提出建议、意见或者投诉请求，并对信访人提出信访事项明确了三个方面的要求：一是规定信访人一般应当采用书面形式提出信访事项，提出信访事项应当客观真实，同时对信访事项已经受理或者正在办理的，信访人在规定期限内向受理、办理机关、单位的上级机关、单位又提出同一信访事项的等情形，作出了相关规定。二是规定信访人采用走访形式提出信访事项的，应当到有权处理的本级或者上一级机关、单位设立或者指定的接待场所提出；多人走访提出共同的信访事项，应当推选不超过5人的代表。走访提出涉及诉讼权利救济的信访事项，应当按照法律法规规定的程序向有关政法部门提出。进一步压实属地责任，规定各级机关、单位应当认真接待处理群众来访，把问题解决在当地，引导信访人就地反映问题。三是规定信访人在信访过程中应当遵守相关法律、法规，不得损害国家、社会、集体的利益和其他公民的合法权利，自觉维护社会公共秩序和信访秩序，不得有在机关、单位办公场所周围、公共场所非法聚集等行为。

**问：《条例》中对信访事项的受理办理程序是如何规定的？**

**答：**根据信访事项性质的不同，《条例》区分建议意见类、检举控告类、申诉求决类事项，分别明确了受理办理程序，保证合理合法诉求依照法律规定和程序就能得到合理合法的结果。针对建议意见类信访事项，规定有权处理的机关、单位应当认真研究论证；同时规定各级党委和政府应当健全人民建议征集制度，主动听取群众的建议意见。针对检举控告类信访事项，规定纪检监察机关或者有权处理的机关、单位应当依规依纪依法接收、受理、办理和反馈，党委和政府信访部门应当按照干部管理权限向有关部门和负责同志通报、报送反映干部问题的信访情况。针对申诉求决类事项，进一步细分为六种情形进行处理：一是涉法涉诉事项办理程序，适用于审判机关、检察机关、公安机关；二是仲裁程序，适用于仲裁部门；三是办理党员申诉等事项的党内程序，适用于党的机关；四是办理行政复议等事项的行政程序；五是依法履行查处违法行为职责，适用于行政机关；六是不属于以上情形的事项，听取信访人陈述事实和理由，并调查核实，出具信访处理意见书，适用于所有机关、单位。对属于第六种情形的事项，信访人可以申请复查复核。

**问：《条例》构建了怎样的信访工作监督体系？对违反规定的情形如何进行责任追究？**

**答：**有效的监督是确保责任落实的必要条件。《条例》构建了包括监督责任、监督机制、责任追究在内的监督体系。一是强化信访工作督查，规定党委和政府组织专项督查，信访工作联席会议及其办公室、信访部门根据工作需要开展督查，党委和政府督查部门将疑难复杂信访问题列入督查范围。二是强化信访工作考核，规定党委和政府每年对信访工作情况进行考核、通报，注重考核结果运用。三是强化信访部门提出改进工作、完善政策和追究责任“三项建议”的职责，建立信访情况报告制度，做好与巡视巡查工作、干部监督工作的衔接等。

同时，《条例》对需要进行责任追究的情形和方式作出明确规定。对机关、单位，规定引发问题责任、登记转送交办责任、受理问题责任、处理问题责任以及其他责任，对违反责任的机关、单位及人员依规依纪依法严肃处理。对信访人，规定滋事扰序、缠访闹访情节严重，构成违反治安管理行为的，或者违反集会游行示威相关法律法规的，由公安机关依法采取必要的现场处置措施、给予治安管理处罚；构成犯罪的，依法追究刑事责任。

**问：如何抓好《条例》的学习宣传和贯彻落实工作？**

**答：**党中央对各地区各部门做好《条例》学习宣传和贯彻落实工作提出了明确要求。中央信访工作联席会议、国家信访局将从以下方面督促指导抓好《条例》的贯彻落实。一是加强学习宣传。认真组织开展学习培训和宣传解读，全面准确把握《条例》基本精神和主要内容，以学习贯彻《条例》为契机，在全社会营造办事依法、遇事找法、解决问题用法、化解矛盾靠法的良好环境。二是健全体制机制。认真落实《条例》规定，完善配套措施，推动形成健全完备、运行有效的信访工作制度体系。推动各地区各部门做好《条例》实施和国务院《信访条例》按法定程序废止前的相关工作衔接，确保顺畅平稳过渡。三是做好落实情况的督促检查。适时开展专题调研和督导，深入了解《条例》贯彻落实情况，强化问题导向，推动解决工作中的困难，把党中央关于信访工作的方针政策和决策部署落到实处。信访工作联席会议、信访部门将牢记为民解难、为党分忧的职责使命，坚持人民至上，主动担当作为，以贯彻实施《条例》为统领，不断提高工作能力和水平，不断提升信访工作规范化法治化水平。